在长影拍片解密

我的电影创作回顾

华克 著

中国电影艺术家传记丛书

CFP 中国电影出版社

2015 · 北京

▶《创业》剧照，石油战士周挺杉（张连文饰）。

▶《创业》剧照，指挥华程（李仁堂饰）与周挺杉在决策时刻。

▶《创业》剧照，周挺杉、华程和地质师姚云朗（王者兰饰）与地质老总章易之（陈颖饰）争论。

▶ 华克1972年在大庆钻井队深入生活。

▶ 原大庆《创业》创作组成员：组长薛涛（后排左1）、副组长华克（后排左2）、成员门嘉骊（中排左1）、卢泽洲（前排左1）、王基（前排左2）。

▶ 华克与董蕴清为重写《踏遍青山》剧本走访云南地质队。

▶ 华克在青岛码头拍《诱捕之后》，右为演员梁同裕饰夏东岳，姜黎黎饰叶玉芝。

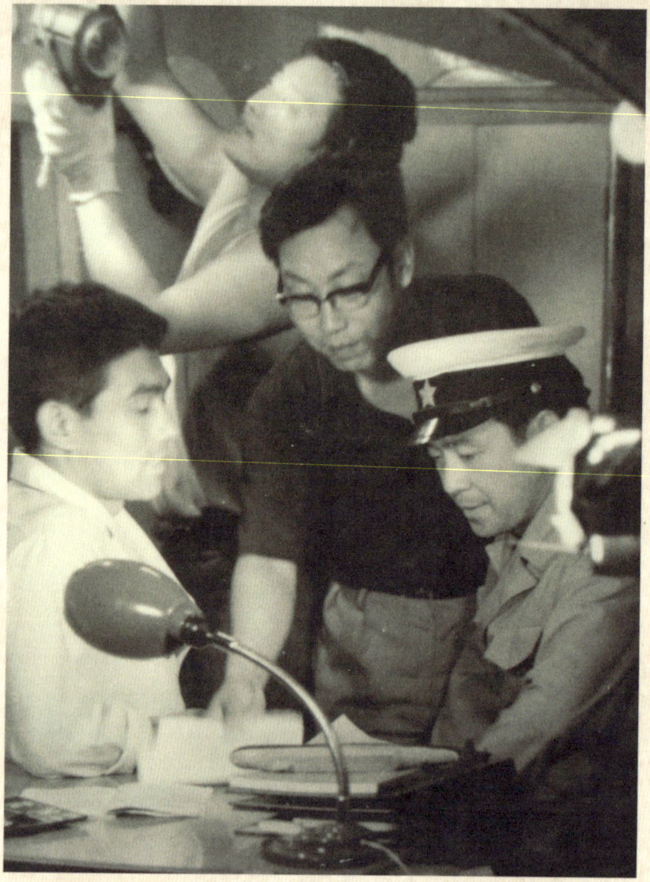

▶《蓝鲸紧急出动》拍艇舱工作照，朱时茂饰艇长，郝知本饰政委。

▶华克在海南拍潜艇“蓝鲸”出海现场。

▶ 华克在《密令截击》内景拍摄现场，甘雨洲饰日酋白川。

▶《密令截击》内景现场，苏彭城饰俊田，刘枫棣摄影。

▶《山雀儿》剧照，茹萍饰山雀儿。

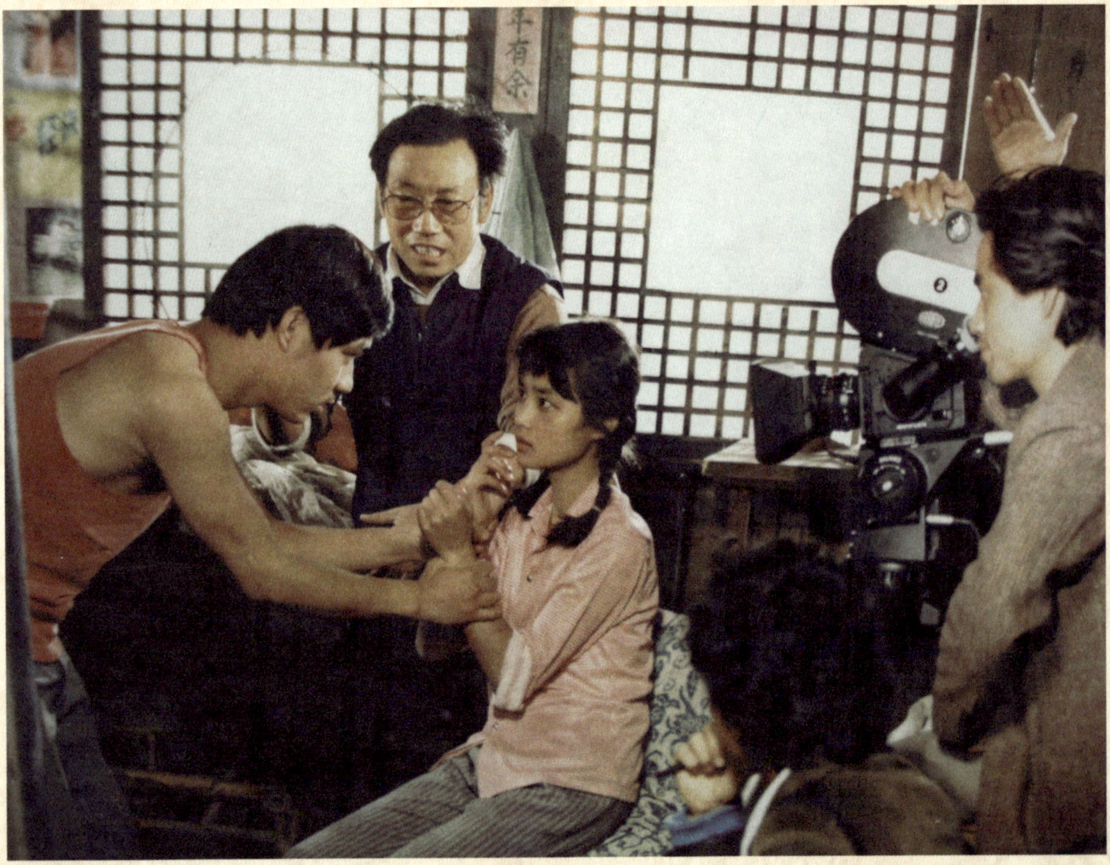

▶《山雀儿》内景拍摄现场。茹萍饰山雀儿，赵军饰铁头。摄影李俊岩。

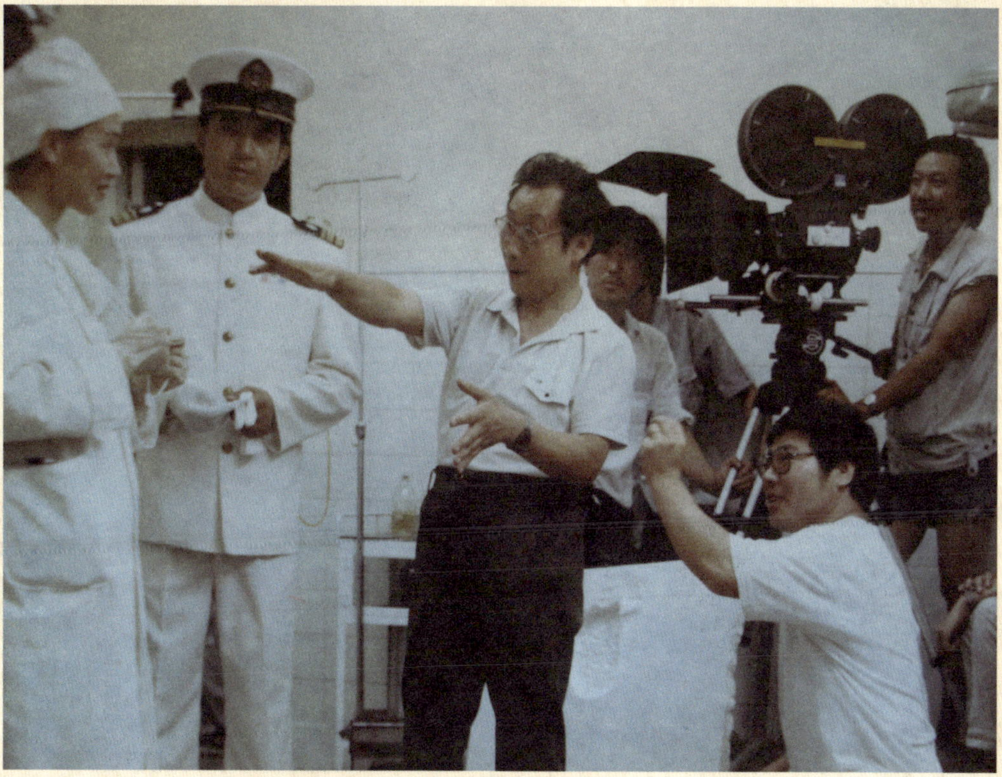

▶《枪访要塞》在旅大拍实景。杜振清饰夏侯亮，沈惠芬饰琴医生。

▶《毕业交响曲》工作照，导演与摄影赵跃林交谈方案。

▶《毕业交响曲》剧照，毕业典礼上的梁映霞。

▶在清华大学拍《毕业交响曲》，宫筱轩饰梁映霞，王海地饰路云涛。

华克与沈醉在石林交谈。

华克、韩子栋与沈醉（自左至右）。

《宝宁寺香客》剧照：自左至右——朗杰僧官、吉玛公主、扎西额驸和隆嘎喇嘛（扮演者略）。

拍摄十世班禅迎解放的央视剧《宝宁寺香客》剧组在青海草原。

▶ 央视献礼剧《焦作风暴》剧照：焦作煤矿工人反帝反封建的罢工斗争，为中共建党拉开序幕。（穆怀虎饰罢工领袖冯纪刚）。

▶ 华克与《血洒江阴》演员谈剧本，金安歌饰海军上将陈绍宽（右），许道临饰蒋介石（左二），侯勇饰副官（左）。

▶《创业》编剧（执笔）张天民

▶《创业》导演于彦夫

▶华克2009年国庆六十周年摄于天安门。

序一：艰辛拼搏的影坛战士

干学伟

华克同志是一位热情洋溢的艺术家——电影导演。

1956年，新中国创建了北京电影学院。新学院聘请了苏联著名电影导演鲍·格·伊万诺夫及摄影、录音、制片等方面的三位专家，建立了4个系。我作为导演系56级的主任教师兼教研组组长在全国招生，从800余名考生中录取了22名学生。经4年教与学、纪录片与故事片实习，有16人毕业，华克即是其中之一。他时年22岁，分配到长春电影制片厂工作。

当时，正是“大跃进”中一股浮夸风狂刮的时候，全国各电影制片厂大都建立了电影学校。其实，这些学校既无教师，又无设备，因而刚刚毕业的华克就成了刚“创建”的长春电影学院的教师。接着“庐山会议”及“文革”又耽误了他十四五年的创作年华。直到“文革”末期，他才参与编剧并担任副导演，协助导演于彦夫创作了《创业》这部轰动影坛的巨片。

“文革”中的文艺界，斗争尖锐复杂。1975年年初，《创业》被江青禁锢、封杀。经过很多曲折途径，《创业》剧组同志上书由邓小平同志支持，转呈毛泽东，获得了毛泽东对影片的批示：“此片无大错，建议通过发行。不要求全责备，而且罪名有十条之多，太过分了。不利调整党内文艺政策。——毛泽东。”至此，《创业》才让广大观众得以观看，得以欣赏！

任何观赏《创业》的观众，在看到英雄人物周挺杉（即铁人王进喜）在危急时刻奋不顾身地跳入泥浆池时，莫不为之震惊激奋，从而深为感动鼓舞！艺术家在创作精品时，总是贡献出全身心的热诚。因此我以为，作品的崇高激情，必然升华艺术家自身的心灵。此所谓“文如其人”也！

华克同志的一生，是艰辛拼搏的一生，他的创作生涯历尽坎坷。其作品引起观众的共鸣，是对他最大的鼓舞和慰藉。近20年间，他创作、导演了8部影片和4部电视剧。他的创作回顾，既是年轻一代学习电影的好教材，也可以为电影艺术家们提供参考和借鉴，并且还将为广大的读者所领悟和欣赏！

2009年1月28日于北京西花市南里（时年91岁）

（于学伟：电影导演、电影教育家）

序二：呼唤电影的现实主义精神

朱　晶

《在长影拍片解密——我的电影创作回顾》（以下简称《解密》），是一本活泼厚重的电影文集。作者华克，北京电影学院导演系首届毕业生，长影资深导演。他从参与电影《创业》拍摄到投身20世纪八九十年代长影的导演创作，跋涉过我国电影冲破樊笼、开放拓进的坎坷征程，因而，作为铭心的体验与观察，他的拍片经历回顾，对于透视新时期电影的发展道路，推进新世纪电影跨步前行，具有弥足珍贵的借鉴意义。

我和作者并不陌生。在我负责长影《电影文学》编辑部工作的年月，同厂内关注电影理论和写作的中青年导演多有交流，华克就是其中热情的一位。读了他的“创作回顾”，颇感亲切，可领会其中的甘苦。华克在《解密》中所记述的一桩桩往事，一次次波折，不仅真实披露了当年“四人帮”一伙影坛专制的史料秘闻，细致记录了思想解放初期各种电影观念的碰撞变化，而且通过剖白潜心深入生活、提炼素材和熔铸构思的编导过程，倾诉了银幕艺术创造之曲折艰难。概括而言，流贯全书的核心精神，即为对现实主义的不懈探求与深沉呼唤。

《解密》特点之一，是全书对电影创作要扎根于火热生活，必须破除各种陈旧观念束缚的翔实表述。

1975年7月，毛泽东针对江青一伙扼杀长影表现石油会战的影片《创业》，发出重要批示，成为当年文艺政策调整的重大事件。本书前四分之一篇幅，录载了事件内幕，内容丰富，观察冷静，让人读后皆感震惊。而作为《创业》拍摄与蒙难的亲历者华克，曾前后五年到大庆油田深入生活，所获素材，累计多多，如书中“让大庆会战史说话”等章节，其原型事迹读来生动如同小说。也正是华克有厚实的生活积累，受到大庆艰苦奋斗精神的强烈感染，《创业》风波之后，他与本厂编剧合作，再度来到大庆缝补厂并奔赴华北油田后勤部门补充素材，破除老套的正剧框框，调整构思创意，赋予男女主人公以新鲜面貌，初次执导便拍出了洋溢着轻喜剧色彩的《谁戴这朵花》（原名为《缝补大嫂》）。

华克1982年拍竣的《诱捕之后》，命途多舛，曾两次起死回生。其遭遇颠簸的因由，一是剧本改编自《人民日报》登载的小说《伍豪之剑》。1931年青岛地下党查奸除叛的真人真事，触碰了忌讳表现党领导人周恩来的底线，因而被当时电影局领导视为有“反现实主义”“歪曲地下党形象”倾向而险遭“枪毙”。华克起初以“素材真实”为由力争，但当厂领导亮出上方“文件”，并提醒艺术真实包含虚构时，他重获感悟：“文艺源于生活，又要高于生活。”于是他开动创作想象，依史料将背景与情节改为发展抗日武装初期的除奸斗争，规避了敏感“对号”，获得新生。而又一遇险之因，是某些领导者观念陈旧，忽视电影市场对健康娱乐片的需求，稍见不合口味的情节片或惊险片，便神经过敏，视其为离经叛道。顶着压力的华克，硬是带病把《诱捕之后》拍完并获通过，上映后观众反应强烈，发行拷贝达218个。

《解密》值得关注的又一特点，是作者坚信现实主义创作应紧扣时代脉搏，追求影片高尚的人文品格。

他发表于1986年的论文《当代银幕呼唤什么形象?》（见本书附录），针对当时影坛“脱离生活，格调低劣，拼命迎合某种庸俗趣味”的不良倾向，鲜明提出，只有“把塑造具有崭新时代风貌的社会主义新人形象，推到社会主义银幕突出的地位，因而也才能把展示我们民族的爱国主义精神，人民在现代化建设劳动中产生的美好品格和新型关系，当作一代人的精神丰碑那样来努力完成。”这一创作理念，也是他经历了“政治追风”“主题先行”而导致电影走进死胡同之后（见《〈踏遍青山〉何其难?》），而获得的清醒认知。

在华克回顾的作品中，他择取具有时代特征的各类题材，一向以拍出好故事，塑造“具有崭新时代风貌”的人物形象为目标。比如像“缝补大嫂”冯普英、地下党查奸除叛的夏东岳、人民海军舰艇指挥员武仲毅和周群、活捉日酋的抗日英雄罗北岳，以及我卧底特工夏侯亮等，都属于情操美好、有血有肉的银幕形象。若其不失感染力，或能留存于新时期电影画廊。更值得一说的是他拍的文艺片《山雀儿》：1988 年商业片大潮席卷电影界，制片厂加大经济压力，华克在困难条件下坚持自己的艺术追求，表现变革年代黔北一农村姑娘为争取婚姻自主的精神觉醒，影片感染力强，受到电影局、全国妇联和业内人士的普遍赞扬。思想理论家于光远说：“山雀儿形象之所以可喜、可贵，在于影片透过这个山村姑娘的婚姻遭遇，艺术地反映出我国在处于社会主义初级阶段中，新型农村女青年由于文化提高而迅速改观的精神状态。山雀儿的爱情从盲目，到自觉，是她摆脱封建残余羁绊，追求现代文明，实现自我精神解放和独立意志的标志。全片以抒情叙事的笔调，甚至带有某种悲剧色彩，来表现女主角两次婚姻选择中的痛苦历程，足以揭示出我国现代农村精神文明建设道路的曲折和艰难!”显而易见，现实主义的要义在于深刻揭示社会生活的矛盾关系，在真实冲突中展示人物命运，表现人物的精神面貌；并且不是用图解说教，而是善于创造独特的艺术语言，以形象的感染力征服观众。《山雀儿》正是这样一部充满人文情怀的获奖力作。

《解密》的第三个特点，是作者重视美学思考，不断增进新知扩大视野，保持艺术个性，探求风格创新。

现实主义从来不是一种封闭、僵化的诗学。作为现实主义电影家，华克一贯注重扩展创作领域，丰富艺术技巧与表现手段，努力在思想性、艺术性和观赏性的统一上打开新的空间。1986 年，他通过研读北影凌子风、水华和成荫三位大师作品，吸纳“第五代”电影新秀的创新意识，在《电影创作》上发表的《当代电影呼唤风格》（见本书附录），集中体现了其可贵的理论自觉。

华克曾被推为“军事惊险片”高手。他拍摄的《诱捕之后》《密令截击》《蓝鲸紧急出动》和《枪访要塞》，构成了最能体现其叙事风格的作品主轴。特别在《密令截击》的二度创作中，出于不满原剧本的单薄粗糙，开拍前又花大量精力，赴山西补充史料，重新设计情节。不但从中开掘了“军国主义鼓吹的武士道精神是虚伪欺骗”“日本人民也是侵略战争受害者”的新内涵，活化了日酋白川道貌岸然、阴险凶残的真实嘴脸，展现了军妓秋江、新派遣兵俊田的悲惨命运，也借鉴西方电影多元化的表现样式，集悬念、惊险和抒情等多种色调于一体，拍出了吸引力强烈，促人回味反思，并难得在中央电视台电影频道多年重播的一部抗日题材好电影，展现了他的艺术个性。

遗憾的是，随着商业化大潮对电影的冲击，制片厂投资日趋困难，导演们往往壮志难酬，徒生浩叹。从华克回顾《班禅东行》大片搁浅，转身投拍电视剧维系心愿，以及挣扎抢拍《毕业交响曲》的求乞告援之种种困境，主旋律电影落寞之状可见一斑……

现实主义文艺在中国，道路始终是坎坷的。当年时时受到“左”的势力之打压，近年又一直被商业化潮流所排挤。《解密》里，华克多次谈到中国影坛“喜欢刮风”。他不想夸大“电影的教育作用”，反感那种“夸奖某某影片是什么‘好教材’，发动各单位组织‘专场’‘包场’，观摩、讨论，直到观众倒了胃口”的现象。然而他也不赞成“票房至上”论，不欣赏那些“脱离生活，格调低劣，拼命迎合某种庸俗趣味”的“消遣”“娱乐”片。他尖锐地指出：“鼓励那些无视审美准则、失却艺术灵魂的烂片如洪浪袭来，无疑也会对振兴中国电影产业滋生伤害。”

时下，被人推波助澜的“国产片强势崛起”，其中很大成分就是“烂片的狂欢”（笔者赞同《新周刊》2015年第15期一些文章的评析）。以健康“娱乐片”追求“高票房”，当然不该否定，这表征了中国电影产业日渐成熟的一面。但是，如若无视或者纵容那些“烂片”对中国青少年一代电影“胃口”的败坏，那简直是莫大的悲哀，后果不堪设想。就这个意义上，华克《解密》一书出版适逢其时，它对电影的现实主义精神的呼唤，至今仍然有切中时弊、振聋发聩的效力。

中国电影的现实主义，愿其魂兮归来！

2015年8月12日于长春湖西路

（朱晶：原《电影文学》主编、吉林省作家协会副主席）

目　录

一、话启电影《创业》蒙难

一

2006年4月中旬，中央电视台《东方时空·电影传奇》栏目组的编辑打来电话，邀我前往录制采访资料。我问及访谈题目，编辑回答："谈电影《创业》的前前后后。"于是我霎时闪现两个念头：一是《创业》摄制于1974年，蒙难于1975年，事隔30余载，何以旧案重提？二是《电影传奇》栏目组是否和《创业》编剧（执笔）张天民、导演于彦夫已经谈过？我仅作为剧本前期的组稿人和该片副导演之一，为何此时此刻栏目组探踪寻迹，要对我访谈？

其实，我是《电影传奇》的热心观众，对这一栏目也有所了解。长影是新中国电影的摇篮，它原称东影（东北电影制片厂），初建于兴山。东北解放后移址长春，改名为长春电影制片厂（简称：长影）。这个几乎家喻户晓的老厂在新中国成立前后，不仅拍出了大量为全国人民所喜闻乐见的影片，而且还为后来的新影、北影、八一厂、科影以及再后来的西影、珠影、峨影等制片厂输送了不少人才，因而，人们将它誉为新中国电影的摇篮。不过，如今摇篮已破，旧貌换了新颜，但它的创作资料依然存在，各类片案堆积如山。崔永元慧眼识真金，他从大量故纸堆里找出闪光的片断，以别出心裁的构想，冠以

《电影传奇》之名，把逝去年代创造的光辉形象加以展示，着实令人叹为观止。这既在幕前再现了新中国电影昨日的辉煌，又于幕后解密了老一代电影人开创人民电影事业的坎坷与艰辛。它不仅让老一辈观众温故而知新，更让那些对老电影陌生的年轻人在经典之作面前大开眼界！

待我如约到达录制现场时，赵编导怀着沉重的心情告诉我说："张天民已去世两年，他生前我们和他接触不多，录迟了，留下了遗憾。而年前到老年公寓采访于彦夫时，见老导演已患痴呆症。他除了提起《创业》眼睛闪亮，能含笑点点头外，什么话也讲不出来。"于是我噙着泪水，惆怅地喃喃道："是啊，为什么不提前动手，早点记录他们的资料呢……"赵编导的回答同样无奈："老片子太多了！重要的影片资料、电影人物，我们一直在抢救、抢录。这不，小崔正在筹建资料库，准备把抢来的录音、录像都刻成光盘，永久保存下来。"啊，我恍然而有所悟，发自内心的感慨是：他们能把历史录制珍藏，真是功德无量啊！

摄影机在转动，我面对镜头，把《创业》剧本创作的曲折，影片拍摄的始末，上映蒙难后毛泽东对《创业》的批示，以及围绕批示江青在大寨的反扑与呵斥等，叙述了近5个小时。临走时，我情不自禁地发出一声长叹："录迟了，还是录迟了！我这个当年的小伙儿，如今已到'古稀'之年，头发谢顶，连记忆也有不少流失了！"

坦率地说，电影《创业》的创作，我是配角，但主角今已不在，由配角回顾，自然是责无旁贷。何况，我作为最初剧本创作的组织者，早摄制组一年奔赴大庆油田，先期接触这一题材，并且还通过组建创作组，深入井队走访，获取了大量素材。待翌年长影确定编导后，我配合他们继续参与剧本创作，进而又以副导演之职，参加拍摄。可以说在长影人员中，我既是剧作前期的知情人，也是影片摄制全过程的参与者；并且，我作为北京电影学院导演系的首届毕业生，《创业》也是我在走进长影11年之后得到的一次难得的创作机会，我为此前前后后忙活了近4年。而今，《电影传奇》要把《创业》蒙难的经历重新记载，作为影片的主创之一，打开尘封已久的记忆，披露鲜为人知的隐秘，这既是对历史档案的补白，也是对公众的一个交代。

不过我想，《创业》之所以被列入《电影传奇》，其看点并不在于影片本身，其更被关注、也更吸引眼球的，是它在经过创作者千辛万苦拍成之后，先是被大颂大扬，以塑造了铁人式的工人英雄形象而名震全国；紧接着又骇然生变，影片被突如其来的闷棍打翻，让创作者不寒而栗地蒙冤遭难！

二

一篇以《乱世影劫——电影〈创业〉蒙难记》为题的长篇报告，连载于1986年《电影文学》期刊。在其后出版的单行本序言中作者写道："不知在中国和世界电影史上，是否有过别的影片像《创业》那样大起大落、巨兴巨衰，忽而让人喜上眉尖，忽而叫人愁容惨淡，说好就好得天堂上坐，说坏就坏得地狱里卧……"的确，在十年"文革"的浩劫中，一部《创业》闯了"大祸"。自命为"旗手"的江青，高举大帽和大棒，将这部讴歌石油工人在荒原上为国创业的影片打翻在地，影响所及，震惊全国！

何尝不令人震惊啊？《创业》影片还未开拍，当时的黑干将——文化组（即后来的文化部）负责人于会咏、刘庆棠在审看剧本之后，便传出告诫："这是江青同志抓的重点片，一定要拍好，拍出水平，不可掉以轻心！"在那个文艺界一派荒芜、令人窒息的岁月中，这传话无疑等于"红都女皇"的懿旨，不可违抗的圣命。而实际情况又如何呢？

1972年11月，也就是我被派往大庆深入生活、组织创作整一年的时刻。一天晚上，我正在钻井队板房里整理材料，忽然值班员跑来，让我赶快回萨尔图东风招待所，说长影厂领导有要事找我通电话。我马不停蹄地赶回住地，果然在深夜11点左右，从电话里听到老厂长苏云的声音："华克，最近江青同志对大庆题材的电影创作有了指示，经厂里研究，决定让你赶快回来，听听大庆那里的情况，然后好做新的安排。"得此消息，我当时真是喜出望外。整整一年，我在油田里除了创作组伙伴陪着上下走访，东聊西谈，我这只放出的风筝，长影很少往回拉线。我在大庆深入生活的日子里，在钻井队同老石油工人的交谈中，几乎天天忆会战，时时受感动。可是，像大庆会战这样惊天动地的大题材，可歌可泣的人物是那样之多，各攻关战线创下的业绩又无比之大，虽说我对会战功臣已访谈了上百位，各类资料已累积300多万字，如果没有权威的创意指导来引领创作，只怕难于进行概括与塑造典型。长影领导之所以长期将我如同放鹰一般不肯收笼，我猜想，要么是怕在“文革”中挨批而心有余悸，要么是没有权威人士发号施令不敢轻举妄动。如今既然江青发话，大概有门儿了……想着想着，“呜——”一声笛鸣，特快列车把我送回了长春。

我抵厂后进会议室一看，顿时愣住了：嘿，到场的不仅有曾被打成“黑笔杆”的编剧张天民，挨过批斗的导演于彦夫，还有摄影师王雷、美术师王崇、录音师弘堤，以及服、化、道人员多名，一个强有力的摄制组俨然已经组成，可谓闻风而动，雷厉风行。主持开会的，是先前的长影军代表、而后的厂革委会主任戚某人。他一开场便直奔主题，先传达江青指示，原话是：“大庆红旗是毛主席树的，王铁人是站得住的。《中国文学》这篇文章很好（指上载报告《王铁人的故事》），可以以这个材料作为基础。不要写真人真事，不要用铁人的名字，用他的材料。不要局限在大庆，多跑几个地方，视野开阔些，要塑造典型嘛。”最后还有一句：“要从玉门写起，这是历史。”

所谓“这是江青同志抓的重点片”，其源概出于此。可是，纵观《创业》创作全程，江青都抓过什么？什么都没有。她既没驾临长影，更没到过大庆。她除了想借大庆红旗捞一点政治资本，颐指气使地霸占大庆题材、发几句自命不凡的所谓指令以外，她与同伙什么事情都没做。然而就是这样一个空头指令，待《创业》刚一拍成，便立刻被初登文化部长宝座的于会咏与副手刘庆棠之流窥中，他们居然视江老板为创始人，满以为能以此片向其邀功，于是自作主张地没等江青看片，便把《创业》当作江青推崇的优秀作品推出上映。可是没过几天，一声霹雳，《创业》突然被江青挥舞的闷棍打翻，严令停演，这难道不令人震惊吗？

令人震惊的事还不止于此。老实说，当时长影在接到江青指示时，并没有哪个敢视其律令有悖，几乎人人将它视为高见，诚惶诚恐地遵照执行。她说《中国文学》中《铁人的故事》这篇文章很好，可以以这个材料为基础。于是执笔编剧张天民率领创作组，一头扎进大庆，在深入井队与饱览素材的同时，将《铁人的故事》不知看了多少遍，后来的剧作正是以这个故事为主线展开的。江青说不要用铁人的名字，而剧本改稿多遍，王铁人早就化成了周挺杉。她指示要多跑几个地方，开阔视野，所以我们前后不仅跑了大港、胜利、江汉等多个油田，就连远在克拉玛依的石油老工人、工程师和技术员我们也进行了访谈。她提出要从玉门写起，我们不仅在玉门矿调研多天，影片开头周挺杉牵骆驼运油的场景，拍的就是玉门的戈壁滩；并且还特别表现了解放前玉门石油河闹罢工的场面……张天民后来曾说过这样的心里话："接受了执笔任务以后，我真想认认真真地照江青的指示办，想使她满意……"这话一点不假，在"江旗手"独霸影坛的气势下，不听她的话，敢吗？

同样，导演于彦夫在拍片中也是战战兢兢，反复学习了江青鼓吹的"三突出""高大全"的圣经。因而无论是镜头运用、化装造型，还是主要人物的刻画，他都努力以"样板戏"为标尺，严加要求，精益求精。记得在拍摄中，我作为副导演所处理的后景，于导演也都再三叮嘱，一定要再现会战生活真实，还原当年情景。不管是风是雨，是雪是冰，对于艰苦年代石油工人战天斗地的任何场景布设、道具使用，他都要求各部门一定要严格到位，绝不放松。

这样做江青就满意了吗？否。用老厂长苏云的话说，当时《创业》编导所领会的江青的指示，还仅仅限于表面，并没有真正理解她话里话外的隐言。是的，张天民和于彦夫作为严格遵循现实主义创作原则的作家和艺术家，他们只知道凭着满腔热情，从实际会战中指挥与工人的正常关系出发，真实地再现会战情景，塑造时代英雄。这也是艺术家的良心和他们的本能。但这两个本分的文人，他们不可能乖巧地体察到江青心中的忌惮，也就是为她憎恶并有意避开的石油大会战时期的指挥部高层。可想而知，电影拍出的结果，违背了江青最初的意愿和预期。如谓不然，且看后来事态之演变——

1975 年 1 月 31 日，我从厂里听到消息：《创业》第四次修改的声画合成样片文化部前天已审过，当日报送钓鱼台。王洪文看后批示："总的感觉这部片子拍得是好的，拟同意上演。请春桥、江青、文元同志看。"张春桥、姚文元看后都点了头，画了圈。后台老板江青呢？据说她近日感冒了，不看了，请会咏同志定。不过，圈还是画了，这就等于说：影片通过，她已认可。

很快长影接到通知，为庆祝四届人大胜利召开与欢度春节，文化部决定将

《创业》作为重点影片在春节期间上映，并向国外发行。于是，全厂职工日夜加班，赶印拷贝，抢时间向全国发送。

2月4日，中国电影公司向全国各地发出“彩色故事片《创业》宣传要点”，根据高端审查意见列了5项，对影片评价甚高。

2月9日，新华社发出电讯稿，标题为“春节期间将上映《创业》等一批新影片”。文稿在简要介绍了《创业》的创作和拍摄情况之后，称赞影片“成功地塑造了周挺杉的英雄形象，为我国工人阶级高唱赞歌”。

2月10日，《人民日报》在头版显著位置发表消息，报道优秀影片《创业》即将开始在全国上映。同日该报第4版，在“沿着毛主席革命文艺路线胜利前进”的大字通栏下，刊出《创业》5幅剧照和大幅广告。

2月11日，农历乙卯年正月初一，电影《创业》在北京和全国各大城市正式上映。观众看后之喜悦，反应之强烈，盛况空前。人们不约而同地欢呼：“好啊！看《创业》就像过节，感人，振奋，长中国人的志气呀！”一时间，周挺杉那充满豪气、志气、壮气的形象，给了中国人热情的鼓舞，强烈的感染；也给长影创作者带来了欢笑，给石油创业者们送来了欣慰和温暖。

然而，欢乐仅仅两天，手握生杀大权的电影审查官们立刻翻脸。就在《创业》全国上映后的第三天，长影突然接到中国电影公司不带任何解释的通知：“影片《创业》停印拷贝，停止宣传，停止向国外发行。”即被人所称的“三停”。与此同时，新华社、中央人民广播电台、中央电视台和各地电影发行公司也接到相应的通知：《创业》停止评介，剧照追回，给所有单位和所有人来了一个“冷不丁”！到底发生了什么事情？长影以苏云为代表的领导们急得团团转，全厂上下如坠五里云中。人们丈二和尚摸不着头脑，为尽快得到消息，只好四处打听。电话打来打去，好不容易从北京疏通一个渠道，探来了实情：是江青在春节看了《创业》，她看后很生气，于是喽啰们见势不妙，赶快下令——停映！

怪！何等的怪！既然是“江青同志抓的重点片”，并且在送审批件上她已画圈，过了她的关，而且一开始公演，各大城市便叫好评如潮，受万众称赞，怎么会风云突变，突然间被人抡起板斧，喝令杀伐，一点都不手软呢？难道这不令万众吃惊、不令全国震撼吗？

三

然而，江青就是江青。她的本性就是心胸狭隘，自命不凡，目空一切，得志张狂。对于权力欲极度膨胀的她来讲，“文革”中制造的令人震惊的事件比比皆是。而及近日暮途穷行将崩溃的前夕，她对《创业》勃然发难，则不止于令人震惊，更是一种荒唐！且看——

据后来张天民讲，江青看到《创业》批件时，还没有功夫和心情看影片。此时的她，正在为四届人大组阁失败而恼怒，为毛泽东批评她搞“四人帮”而沮丧。她在心烦意乱之下，既然看到帮内要员张春桥、姚文元已审查画圈，并且还有中央副主席王洪文的赞扬，想必此片还不错，因而也就来了一个难得地高抬贵手，放《创业》过关亮相。张天民还告诉我，江青对《人民日报》用大幅版面鼓吹《创业》很窝火，她就是在这个时候调看影片而发泄不满的。真实情况是，江青第一次看片还没看完，就气得拍案而起，一句话没说就走了。后来，怒气难消的她再次看片，越看越生气，忍不住连连叫喊：“这不是艺术问题，是政治问题！”还怒气冲冲地扬言：“要组织人座谈，写文章，要批判！”

“政治问题”，问题在哪里？她“要批判”，批判什么呢？一开始，江青把她捕风捉影的所谓发现，和行将打人的斗法魔杖揣在葫芦里，让喽啰去猜谜。而这正如当年一位姓吕的电影局头头所讲的：“首长看完影片，从神态上看很不满意。她问大家，‘你们觉得这片子怎么样？有什么问题？’大家愕然愣住了。首长说，‘我看这部影片有严重问题。我先不说，你们研究研究吧？’”此语一出，文化部的人惊慌失措，晕头转向。部长于会咏如五雷轰顶，焦头烂额；副部长刘庆棠六神无主，毫无主张。其实，江青这时只不过是在卖关子，她“火眼金睛”究竟发现了什么“问题”？无非是淤积在胸的怨气、火气和怒气，找到了《创业》这个出气口。至于如何借此发难，如何大作文章，她还真没往细想。老婆子之所以故作姿态，神秘兮兮地不明说，不是她已抓住了什么把柄，而恰恰是苦无证据，难以信口雌黄。因此，她才先拿大帽子吓人，营造一番紧张气氛，再把自己扮成大觉大慧的佛祖，让匍匐在地的徒儿们去寻找靶子，代她放枪。

事态往下推演，果然是这样："江记"的大员们七拼八凑，匆匆组成调查组，先是查背景、找原型，再是追线头、挖黑手，足足忙活半个多月，最后从一位向江青卖身投靠、在军界"放火烧荒"的武秀才那里，得到一份对影片人物和语言的分析材料。这位黑干将，把《创业》里周挺杉、华程和冯超等主要人物的原型、来路及生活用语，翻了个底朝天。所谓追查的"黑话""黑手"，就在黑报告里藏着。江青看到密报如获至宝，大喜过望，总算拿到了"证据"，能把她的猜疑变成事出有因，从而显得冠冕堂皇。于是经她授意，叫那人写成揭发材料，正式呈上。紧接着上下串通，经过一番苦心孤诣地罗织与拼凑，最终于1975年4月8日在北京，当着吉林省和长影的领导，特别是剧组的编导等主创，公布了艰难炮制出来的"关于电影《创业》的十条意见"，也就是当时震惊全国文艺界的"《创业》十大罪状"！

是啊，欲加治罪，何患无辞？本想发狠整人却凭空无据，忽而从势利小人那里获得了武器，这是何等滑稽？但历史就是这样，这是"四人帮"在"文革"中惯用的伎俩。这个野心勃勃的江青，囿于在四届人大组阁中夺权未遂，受到重创，而当年在石油会战中坐镇指挥、叱咤风云的余秋里、康世恩，不仅没有被她打倒，如今还被委以重任（余秋里为国务院副总理兼国家计委主任、康世恩为石油化工部部长），并且有周恩来总理的保护，还有死对头第一副总理邓小平为他们撑腰。于是乎她恶气填胸，铤而走险，急不可耐地对《创业》挥刀大砍，硬生生地甩出大帽，把讴歌周挺杉、华程污蔑为给余秋里、康世恩树碑立传。就是这样，她翻手为云、覆手为雨，竟敢冒天下之大不韪，蛮横地拿全国亿万电影观众开涮！天皇皇，地皇皇，江青一句话，大地晃荡，不知她这是给人震惊，还是在制造荒唐？

四

在我的记忆中，由江青授意，于会咏、刘庆棠之流充当打手，在公布《创业》所谓的十条罪状里，几乎没有一条能登上马克思主义美学理论的大雅之堂。具体来说，他们罗列的“错误”纯属颠倒黑白，诬陷栽赃；而在推理上，更是穿凿附会，李代桃僵。他们拿论点当论据，以谬论充高明。乍看去“罪状”为十条内容，究其实，只有第二条、第三条和第六条是要害，道出了江青耿耿于怀的“心病”。这就是：其一，“影片中三次笼统地提到党中央和中央首长，如毛主席著作‘是党中央派专机从北京送来的’，‘帐篷是中央从上海特调的’，‘中央首长和全国人民期望着我们’。这些显然有意无意地起到了给刘少奇、薄一波之流涂脂抹粉的作用”。其二，影片“把油田会战的胜利，归功于大庆油田党委。影片《创业》较明显地存在着写活着的真人真事问题。片中主要人物的一些警句，有的是原话，有的是根据原话稍加修改而来的。这种写真人真事的风气，如果以合法的形式加以肯定，则是后患无穷”。其三，“影片中有许多戏故意用贬低周挺杉的方式来抬高华程……”至于其他七条，不是生拉硬扯，便是吹毛求疵，借以大开清单，对《创业》讨伐清算。然而只可悲这帮罗织罪名的家伙太没水平，他们竟把毛泽东“文艺源于生活”的基本观点都给丢了，连艺术需要集中概括、应该塑造典型的常识都没弄懂。什么叫“给刘少奇、薄一波之流涂脂抹粉”？一提党中央就是指刘少奇吗？把毛泽东、周恩来等中央常委放在哪里？剧中所说的“中央首长”，并没有指名道姓，怎么能拉扯到具体人身上？什么叫“写活着的真人真事”？“归功于大庆油田党委”错在哪里？华程形象到底是活着的真人，还是在综合会战领导干部的素材后，塑造出来的艺术典型？他们定罪在先，论据在后，捕风捉影，东拼西凑，难怪被讥之为皮里阳秋、捉襟见肘了。

我还清楚地记得，就在《创业》审查通过决定上映的时刻，厂里责成我以创作组和摄制组的名义，起草一篇题为《满腔热情地塑造中国工人阶级的英雄典型》的创作总结。此文在概括地回顾影片创作和拍摄历程之后，把最深的体会告诉人们：“是像铁人那样战天斗地的创业精神，给予了我们表现他们的火热激情；是石油会战豪迈壮阔的生活画卷，激发我们去努力再现当年艰苦拼搏拿大油田的场景。为了拍出中国工人阶级的豪气、壮气和志气，我们采用昂扬的调子，浓重的色彩，并以粗大的笔触，强烈的节奏，来充分展现艰苦创业的斗争气势，倾力抒发英雄人物的壮志豪情……”我们如此热诚地表现时代英雄，试问错在哪里？我们严格遵循现实主义的创作法则，从大量生活体验和素材中创造艺术典型，又何罪之有？

然而，政治斗争严酷而无情，这帮在“文革”中攫取重权的新贵们，为了达到攻击周恩来和邓小平的目的，不惜借题发挥，施加高压，把《创业》剧组的编导们整得七上八下。在抛出十点意见之前，他们先采用逼供法，一而再、再而三地逼迫剧组揭问题、写检查。在这段近似囚徒的日子里，我看见张天民、于彦夫两人，每天愁云满脸，都在承受这场意外的灾难所带来的痛苦。张天民曾这样告诉我：“他们让我们写检查，检查什么他们不说。厂里让交上去一份稿，看了以后退回长影，说什么这哪里是检查？是表功！不行。要端正态度，把创作中涉及的人和事都得讲清楚。”于彦夫也愤愤地说：“哼，他们要的不是检讨，是交代材料。这帮人安的什么心？坏透了！”就这样，上边推推搡搡，下边对付对付，翻来覆去近两个月，想钓的鱼一直没上钩。案到此时，卷宗收拢，眼看再拖不行，于是在当年4月3日，一道金牌，把吉林省委领导和长影人员调到了北京。在东方饭店，大家见了面，在严肃的氛围中，刘庆棠磕磕巴巴，宣读了经江青、姚文元批改、张春桥过目，以文化部核心组名义发出的——“关于电影《创业》创作的十条意见”。至此，江青才算对《创业》做了正式宣判。

常言道，物极必反。《创业》蒙难，江青宣判，一下子把张秀才逼急了。平常看着张天民文质彬彬，但事关对大庆会战的看法和影片《创业》的命运，他不会甘心服软的。不过，他那时一直“猫”在北京，两个月没见他的踪影。忽然7月中旬我在厂里碰见他，见他和别人谈笑风生，颇感惊讶，于是我问他：“喂，张兄，你心情好些吗？”他顺手拉我到路边，悄声告诉我：“华克，你等着，再过几天，最多不出半个月，会有大好消息传来的！”我闻声忙问：“是有关《创业》的事吗？快透露透露！”他笑而未答，握握手，转身走了。果然只过了7天，一声惊雷，在长影大院爆响！毛泽东7月25日对电影《创业》的批示传来了：“此片无大错，建议通过发行。不要求全责备。而且罪名有十条之多，太过分了。不利调整党内的文艺政策。——毛泽东”

好，好啊，太好了！对江青所谓“宣判”的宣判出现了！这是张天民，这个从来与世无争的文弱书生，豁出性命去抗争，以斗胆之识向毛泽东上书赢来的！面对“宣判”的宣判，江青一时也慌了，惊了，无疑也变软了。现在轮到她不得不低头认错、提笔检讨了。不过江山易改，本性难移，要让她这个靠“文革”起家、骄横霸道的政治权妇收回成命、彻底认输，并不容易。正像她特别推崇宋江“坐楼杀惜”的一段唱词：“……此时我怒难消，恨不得手中有一把杀人刀！”回头看，你还不能不佩服她手腕的阴险与高超。比如对于她“钦定”《创业》的十条罪名，我在当年9月大寨会见的餐桌前，曾亲耳听见她大喊：“张天民，你向主席谎报军情！那十条意见，我只对第八条负点责任，那是谈艺术处理的。别的那几条，都是那些蠢才们搞的，和我没关系！”她嚷嚷着，指指在座的钱浩亮和于会咏，把自己推卸得一干二净。

江青为什么竟敢在此时大放厥词呢？因为她早就蓄势待发，图谋报复，一旦窥伺到“反击右倾翻案风”即将到来，便不择手段地瞒过中央，以非组织方式把《创业》剧组调到大寨，开始当面训斥、进行反扑！

二、让大庆会战史说话

一

在20世纪五六十年代的中国文坛，一部作品的问世或示众，往往会成为政治气候变化的风向标，预警着某种涌动而来的冲击浪潮。例如新中国成立之初，《人民日报》发起的《应当重视对电影〈武训传〉的讨论》。接踵而来的对“《红楼梦》研究”的批判，以及把所谓的卖国主义影片《清宫秘史》与新编历史剧《海瑞罢官》推向审判台，等等。列数此类登榜之作，毛泽东却偏偏对一部电影《创业》亲自批示倍加保护，真是唯独仅有，恩遇特殊。

作为电影《创业》创作的参与者，我来《电影传奇》栏目组做客之前，一直在思考一个问题：一部表现大庆石油会战题材的影片，为什么会成为江青一伙攻击的焦点？她挖空心思、罗织罪名，究竟是对作品本身、编导本人和制片单位发难，还是别有用心、另有所指，妄图以“写活着的真人真事”之名，抹杀会战史实，把矛头指向组织与领导石油会战的指挥员，甚至更指向一直在决策上为大庆会战撑腰并日夜操劳的国务院高层人物？带着沉重的思考，我找出当年的采访笔记仔细翻看。从大量历史钩沉中，我深深感到，真实的会战史实人在事在，无可争辩。它既不容江青之流肆意篡改，更不容以“有人借大庆红旗掠功”的恶语，含沙射影，蓄意对敬爱的周恩来总理中伤、诬陷！

面对摄像机录制访谈，我心潮起落，浮想联翩，激动的思绪把我带回了刻记难忘的1971年——

二

那是在林彪折戟沉沙一个月后，全国人民刚迎来新中国成立22周年，《人民日报》以显赫版面发表了久未得见的社论《工业学大庆》。紧接其后，又登出一篇评论员文章：《繁荣社会主义文艺创作》。一天刚上班，党委老书记岳林把我叫到面前，对我说：“现在形势已有好转，我们长影作为老厂，摇篮，一定要坚持毛主席的革命文艺路线，准备继续拍片。昨天经党委研究，决定派出4组人，分别下去深入生活，先抓剧本。家乙导演要去38军，总编室几个编辑也要下农村。你是年轻的副导演，来厂十多年，肯吃苦，有热情，所以想把你派往大庆。”见领导如此信任，我没有二话，立刻应命。可是去大庆做什么呢？岳林说：“苏云厂长让你先去体验生活，搜集素材，一旦有创作设想，厂里再做安排。”于是我心怀喜悦，匆匆把不满两岁的女儿送往北京姥姥家，便拎起提包上路了。

当时的大庆，正沉浸在中国工人阶级先锋战士铁人王进喜逝世一周年的悲痛中。听说长影派人来，要准备拍表现大庆会战的故事片，油田职工真是喜出望外，认为这是回击“文革”中“砍大庆，反红旗”极“左”思潮的响亮信号。很快，我在大庆老领导的支持和各指挥部文艺骨干的协助下，经各方努力，组成了由各油区工人、干部和技术人员40多人参加的“三结合”创作组。大家以“回忆大会战，都把故事献”为目标，展开了群众性的素材收集活动。接着，为加快创作步伐，从众多人员中又抽出曾给王铁人当过文秘的卢泽洲、运输指挥部的“名嘴”门嘉骊、油田机关的“笔杆”王基三人，组成汇总素材的写作组。一直热心地为捍卫大庆红旗而奔走的文化局军代表薛涛出任创作组组长，副职则由我代表长影担任。此刻，刚刚恢复工作的原中共大庆党委书记宋振明和政治部主任陈烈民，一直在关注我们。林彪垮台后的形势，也使他们对这一创作敢于支持，敢于讲话，因此我们在油田深入生活，进展顺利，素材收获相当之大。

提起石油会战，大庆人从上到下，无不激动万分，感慨万千。在深情的回顾中，不论是当年的老指挥、老工人，还是工程师、技术员，甚至包括职工家属和后勤机关人员，他们一讲起当年来大庆参加会战的情景，便滔滔不绝，言语间充满怀恋。尽管像铁人那样的英雄模范人物的感人事迹多有报道，家喻户晓，但涉及会战高层的背景材料，如上马前夕的种种压力，决策时刻的各类难题，还有千军万马如何摆布，艰难困苦怎样对付，等等，其中有不少的细节、秘闻，迄今只怕也只有少部分人知道。至于在大庆传诵的诸如“甩开勘探，三钻定乾坤”“集中兵力，挥师北上”“秀才升帐，大游地宫”“油田岗位在地下、斗争对象是油层”“七嘴八舌搞方案，快摆硬上拿油田”；又如“难忘的4·19，二李出了丑”“把井打歪，推倒重来”以及“一公分，见精神”“千里运石磨，家属闹革命”，等等，这些流传于大庆油田的一些经典语言，是从石油会战史的真实事件和趣闻典故中概括、提炼而来的，是石油会战史的确凿证鉴。

江青责难《创业》“存在着写活着的真人真事问题”，其实，她举枪瞄准的不是别人，主要目标就是剧中的前线指挥华程。那么，华程形象是怎样形成的呢？可以说，石油会战的进程，为我们提供了不少原型。这些原型拥有的故事含量不仅比影片内容更丰富，而且他们的性格色彩也斑驳多样，格外生动。比如我曾经多次采访过当年同总指挥余秋里、副总指挥康世恩经常接触的部下和记者，他们说会战中的领导干部，不少人有余秋里、康世恩的特点，作风利落，指挥大胆，有时连说话的姿势、腔调都像是照搬的。这并不奇怪，他们都来自解放军石油师，相同的性情是在部队里养成的。像曾在前线指挥所当过指挥的宋振明、焦力人，一直跟着余秋里、康世恩摸爬滚打，除了军人作风和他们二人相像外，也有自己沉稳机智、风趣幽默的个性。张天民在《创业》中写华程，更多的则是以这两位指挥为模特，体验观察也多对这类干部感兴趣，怎么能说这是为活着的余秋里、康世恩借片表功、树碑立传呢？说穿了，江青是醉翁之意不在酒，她歪批华程的真正用意不是别的，正是要借此否定余秋里、康世恩在大庆会战中的超凡作用和历史功绩。但历史就是历史，它是任何人也抹杀不了的。还是让大庆人说说这段历史吧！

三

在我对一大批老会战——指挥、矿长、地质师、工程师、记者、调度以及秘书、高参——李荆和、李云、闵玉、李虞庚、李惠新、傅广诚、杨继良、高为民、赵生振、赵桂来与董平恩等人，特别还有对此时已回任要职的宋振明、陈烈民的采访中，他们从不同角度，像讲传奇故事那样告诉我：“大庆会战是怎么来的？说实话，是气出来的，逼出来的，高压泵压出来的。1960年国家石油短缺，人们只听说是苏修卡脖子，怎么卡？并不全知晓，看见的，也只是汽车背煤气包在北京街上跑。当时苏联人宣称：中国人是在小茶壶里炼油，要不是他们供给，打一场现代化战争，坚持不了5分钟！石油部供销处干部跟苏联人谈判，人家把合同一撕，‘高号油’说不给就不给，一下让我们灶台断顿了。他们向部里汇报，余秋里、康世恩部长气得不行，可谁让你自己没油呢？1959年，全国产油才140万吨，当芝麻油还差不多。总理办公室的记事牌上，石油部年年完不成任务，连他们自己也知道应该被打屁股。石油是能源，是动力，油要上不去，肯定拖国家工业后腿。所以部长们一有气，二心急，三是背上有压力。当时，干部们天天在康世恩部长家里聚，中心话题是怎样把石油搞上去！”

宋振明、陈烈民还告诉我：“1957年，毛主席听完原石油部李聚奎部长的汇报后，深感中国石油产量少，家底薄，地质储备没弄清，因此对石油提出了‘革命加拼命’，请独臂将军余秋里出山当部长，责令他挂帅出征。这位中将军衔、放羊娃出身的老红军，当过任弼时的警卫员。他一上台，认真学习毛主席的《论十大关系》，针对中国搞石油集中在西北，不合理，首先提出要改变中国石油工业的布局。他认为，东北是重工业基地，钢、煤、机械都大量喝油，为什么不赶快在东北下手去找呢？恰恰在这时，大地质学家李四光（还有黄汲清、谢家荣），打破了洋人鼓吹的‘中国陆相沉积无油论’，指出东北松辽盆地的沉积带，具备藏油条件，找油有希望。于是石油部很快组成了松辽石油勘探局，开始大面积普查和资料收集。可是，1958年‘大跃进’，人们头脑发热，让余秋里一下碰了大钉子，吃了个大苦头：由于石油部找油心切，还是照搬苏联经验，仅凭南充凹陷3口探井的油气显示资料，便匆忙决定搞川中会战。一道令下，队伍上马，把两三万人、50台钻机调上去后，一打全是干窟窿，不见油，出了大丑！而偏偏《人民日报》还给他们大吹大擂，登了消息，这让头脑发胀的部长们既窝火，又憋气，活像在脸上浇了一大瓢冷水。因此到了1959年，当松辽盆地传来见油的消息后，余秋里部长和紧盯松辽的康世恩副部长，虽欣喜但冷静，渴望而慎重，因为沉痛的教训使他们清醒了。从此，他们不仅对不尊重客观规律的盲目性深恶痛绝，而且还郑重提出，干石油一定要取全取准第一手资料，要对所有资料进行科学分析，准确判断，反复论证搞明白，再也不能干‘昏头和尚瞎念经，跟着老道上天台’的事了。而这，便是以后大庆会战中工委号召大家学《实践论》《矛盾论》，反对唯心论和形而上学，倡导‘两论起家’的由来。”

提起“两论起家”，宋振明打开了话匣，他激动地对我说：“‘文革’中我挨斗，有人非逼我承认‘两论起家’是假的，还说学‘两论’是摆样子，搞形式，还胡诌党中央派飞机给大庆送毛选是骗人的，是往刘少奇、薄一波脸上贴金，涂脂抹粉。我回答，事实不是这样的。当时抓会战，国务院牵头的是周恩来，具体管工交的有李富春，下面是余秋里和康世恩。周恩来听说大庆人要学‘两论’，买不到书，特意派飞机送来，还是我到机场接的呢。”

听到此话，我立刻想到江青一伙对《创业》中“送书”情节的诬评，他们颠倒黑白，囊里藏钉，不啻是“项庄舞剑，意在沛公”！

宋振明接着说：“其实，石油会战一上马，大庆人对用哲学武装头脑，非常渴望。20世纪50年代在克拉玛依，苏联专家不到现场去，仅凭七八口井的资料，在大楼里布井位，地下油层也不清楚，让我们吃了大亏，造成了大浪费！川中会战也是地下情况没搞清，盲目下决心，上万人马碰得头破血流退下阵来。这种错误还敢再犯吗？不能，犯不起呀！所以，大庆会战一开始，为了打掉盲目性，解决对地下油层的认识问题，从高级工程师到普通工人，会战工委号召大家都来学习《实践论》，提倡唯物论，让会战职工真正理解到：‘油田的岗位在地下，斗争的对象是油层。’并且通过学习，定出规矩：‘取全取准12项资料，72个数据。’也正是这样，大家实实在在地学下来，干上去，这才为后来大庆科学拿下油田打下了根基。”

老政治部主任陈烈民回顾说：“大庆会战，实际上是一场中国式的石油战争。大战之前，形势、任务，决策、部署，人马、器材，粮草、技术，甚至还有对地况的勘察，突破口的选择，千头万绪，错综复杂，不分析矛盾怎么抓？而如果不抓住主要矛盾，不在牵动全局的部位开刀，所有难题又怎么能迎刃而解呢？会战总指挥余秋里在松辽初探刚见起色，石油部渴望他拿决策时一反常态，走出了一招非同寻常的险棋。”

宋振明、陈烈民二位接着讲起这段传奇：“石油会战，最难的是资金短缺，欠少兵员。那时，国家为了保钢铁，给石油部的资金很有限，而且还得像撒芝麻那样分配给各地方局油田。余秋里兜里没有钱，面对外国封锁，不能贷款，松辽眼看要准备会战，怎么办？老将军学习《矛盾论》，以战略眼光，下决心集中优势兵力打歼灭战。他盘算，伤其十指不如断其一指，如果把全部石油兵力和财力汇聚一起，在一个确有把握的凹陷上，打出一个大油田，便可以局部优势，一举改变整条石油战线的被动局面。但是这样干有大风险，一旦战场选错，那将是人损财尽，全军覆没！可是开弓没有回头箭，如今外有苏联断油高压，内有国家财政困难，但随着松辽捷报传来，一个大油田的前景朦胧可见。他掂量再三，深感风险面前勇者胜，只要观大局，辨风向，看主流，尽力创造条件，就该毫不犹豫地抓住战机，背水一战！于是，石油部在1959年年末的党组会议上，统一认识，做出决定：调集全国各地方局的钻井设备，油料器材，运输车辆，钻井工人、干部和技术人员，限期开赴松辽指定地区，展开了一场气派空前的石油大会战。

讲到这里，陈烈民特别插上一句：“1964年，毛主席在会见一位外宾时讲得很风趣，人说余秋里违背国家计划办事，可是他却自己讨钱，在东北一个不到600平方公里的草滩上，建成了一个年产600万吨的油田，还有一个5万吨的炼油厂，这是一个很有说服力的创举呢！当然，这是大意，但可以看出，毛主席对余秋里的才干是很赞赏的。”

四

在会战史回忆中，宋振明、陈烈民讲了一段康世恩捞水出油的故事：“早在会战前，松辽找油的形势并不乐观。1959 年，松辽局在东北某地铺开勘探，打了两口基准井，初见油层。但这里含油面积有多大？是否藏有有工业价值的油流？值不值得打井开采，布兵上阵？一时还判断不清，难以做结论、下决心。接着钻井队在包世忠、孙竞涛等人的带领下，又开始打松基 3 号探井。隆隆的钻机打了多天，刚钻过标准层，发现把井打歪了，不符合标准。为此，坐镇哈尔滨的康世恩还和在华苏联专家米尔钦科发生了激烈争论。专家按教科书理论认为，打基准井必须打到预定深度取岩心，打坏了就要挪位重新打；而康世恩部长坚决不赞同，他决定马上完钻、试油，不能磨蹭。专家吼叫，康世恩不听。他们分歧在哪儿呢？康世恩，这个当年清华大学学地质专业的大庆会战副总指挥，出身军人，作风干练，如今在他眼里，苏联人那套洋框框，束缚得太紧。康世恩这时对钻井工人说：‘苏联人懂什么？他们就懂溜边转，找鸡蛋（构造），见了鸡蛋就打钻（地质口头语，意指构造边缘勘探）。为什么打钻？不就为找油吗？我们当前主要矛盾是找油。有油好说话，没油叫抓虾（瞎）。以往打探井，只拥抱岩心不逮油，那叫笨打、傻打、瞎打！松基 3 号井如果能先见油，便可证明油田到手，心中有底，过后取岩心资料来得及。不然，照老米那样磨下去，时间我们耗不起！’一听他讲得有理，井场很快停机。但是，旧的矛盾过去，新矛盾又来找你。你不是急着要油吗？嘿，井场一试油，冒出的偏偏是水，这下大伙都傻眼了。有人出招儿：不行就捞油！但捞来捞去还是水。这时不少人懵了，心想，四川打了干窟窿，我们在这儿打个湿窟窿，大队人马在待令，探井就这样再次扑空了吗？没办法，赶紧给康世恩副部长打电话。紧要关头，康世恩来了个绝妙回答：‘大家别气馁，没油就捞水。现在，我要你们只抽水，别管油。知道不？水比油重，把水抽干净，消灭压迫，解放油层！’嘿！科学显神通，他抓住了矛盾的主要方面——水。于是，工人们日夜加班，开泵抽水，等水一抽干，轰的一声，松基 3 号井喷油了！捷报传到北京，余秋里部长亲自跑来祝贺，现场庆功。因为是在国庆十周年前夕出的油，很快，响亮的‘大庆’名字就在此地诞生了。”这段回顾也正是电影《创业》表现华程鼓动周挺杉捞水出油的那一幕情景。

有一天，我在东风招待所看材料，高个汉子孙竞涛走了进来，笑呵呵地对我说：“刚才我在2号院碰见宋书记（指宋振明），他说长影华导演找你，想跟你聊聊会战呢！”礼让就座后，很快话入正题，他滔滔不绝地给我讲起了会战前夕让他难忘的一段经历——

“松基3号井喷油，大庆命名，拉开了大庆会战序幕。但余秋里、康世恩是否在这时候就调动人马、部署勘探呢？不，他们还不托底。特别有川中教训，不敢大意。因此余秋里部长亲自来考察，问实情。康世恩副部长则主持技术座谈会，让勘探人员来确认，‘你们讲实话，就现在发现看，这是个大油田还是小油田？是活油田还是死油田？好油田还是坏油田？’技术人员和司局长们，把一卷卷地层剖面图挂在墙上，铺到地上，一口井一口井地对比，研究物探资料，分析油砂层。结果一致认定，松基3地段有石油，但含油面积有多大？油砂厚度有几层？目前在30平方公里内，还判断不清。如果向西北延伸，将80公里长的构造带都圈进来，没有打探井的见油资料，谁也不敢一锤定音！会开了20多天，康世恩副部长仔细听发言。此时此刻他在考量着，能不能撒开井网再打几钻，把多处构造连成片，如果抱出金娃娃，定能拿下个大油田！”

老孙继续说道：“这年开春，边远井队长途跋涉，已经上阵。会战筹备处按余秋里、康世恩‘撒大网，找油盆’的方略，正以葡萄花为主战区开展勘探，布网开钻时，忽然我被康副部长叫到面前。他拉住我，开门见山地说：‘老孙，你听着，我拨给你一台新柴油机，5匹大马力，你快给我拉出一个最强的井队，赶往萨66号井位，以最快速度把井打出来，下套管试油，怎么样？’听他口气十万火急，我正在犹豫，他又加一句，‘反正这口井交给你了，你连滚带爬也得打上去。要什么只管说，我保你，打不成，我要拿你是问的！’”

孙竞涛激动地说：“他话音一落，我便知军情如火。可在节骨眼上，我原班井队被人拽走了，没有辙，只好重组人马，调钻机，运器材，连夜赶到66号井场，提前开钻。唉，天有不测风云，就在我们井队日夜轮班快速钻进时，不料第三天半夜，突然有人喊：柴油机着火了！咳，真倒霉，偏偏我去借钻头，不在场，等我赶回来，一看动力泵机器冒烟，井台停钻，我当时就吓傻了。钻工们救完火，围在井场傻愣着。我像被千斤顶砸在脑袋上，心想这下完了，闯大祸了！康世恩不枪毙我，也得送我进监狱，那柴油机是上万美金买来的呀！何况这口井关系到会战部署全局，耽误了时间，康副部长能轻饶我吗？可是怎么办？勘探正较劲，我能自己撂倒不干吗？不行！我一咬牙，不管三七二十一，眼下必须豁出去，先得抢修柴油机。于是，我安排钻工去打盹，自己连夜奔跑找供应，借设备。三天三夜没合眼，终于扑腾来、扑腾去，柴油机又轰隆隆地开钻了……”

孙竞涛喝了口水，接着说：“这场大难刚刚缓过劲儿，康世恩副部长闻讯赶来了。看见他下车走上前，我手里捏了一把汗。这时，我挺着脖子愣着脸，就等他开骂定罪呢。嘿，真没想到，老康这时候一声不响，平静如常。他一直绕着井场转，盯着机器看，听着钻机隆隆响。他一跃身，跳到钻台上。他望着一个个油乎乎的脸，和钻工们连连握握手，然后把我拉到身边，拍着我的肩膀说，‘嗯，干得不错。你快抽空睡个觉，千万不能累跨了！’他话音还没落，我的眼泪便扑簌簌地往下落，差一点哇哇哭起来。康世恩副部长从钻台到板房，从看资料到查泥浆，足足转了一个小时，一句批评也没有。只到临走我送他上汽车时，他才拽着我的手，悄悄对我说，‘老孙呐，你回头查一查，柴油机着火是什么原因？往后要严格管理，多加小心呢！’嘿，他握住我的手，暖流涌上心头。”

瞅见老孙擦眼睛，我也忍不住落泪。我急切地等待着下文。他接着说：“康部长临走时对我说，‘我这就回北京，萨66号井完钻试油，赶快通知我，会战人马等着呢！’没想到他刚上火车，人还没到地儿，这口井就喷油了。哎呀，喷出的油好大好大，方圆上百米喷成了黑油潭，当地人一下乐翻天！没过几天，喇72号井又喷出更大的油流。余秋里、康世恩闻讯，大为振奋，随口说这是‘三钻定乾坤’，大庆是特大油田，已成定局。面对形势变化，总指挥部立刻改变部署，决定挥师北上，勘探重点向北转移，把萨66号井地带定为主战场，开辟试验区，让各路人马聚到这里。北京电话会议一声令下，浩浩荡荡的石油队伍向大庆开来，石油会战就此打响了!”《创业》剧本所描写的“三钻定乾坤”“挥师北上”等主干情节，出处就在这里。

五

1972年7月，我在大庆深入生活半年后，回厂汇报工作，偶然间在宅区碰见了于彦夫导演。我刚来长影时，第一次跟剧组拍片，便是他执导的《自有后来人》；“文革”中我们相互照应，是好朋友。此次久别重逢，格外亲切，于是我连忙打招呼：“您好吧，最近抓什么剧本呢?”他摇摇头：“咳，看了几个本，题材差劲。听说你去了大庆，那里怎么样？有搞头吗?”我说：“大庆到处有故事，特别是会战素材，内容太丰富了!”他高兴地说道：“那好啊，来家说说看!”于是，我走进他家客厅，就座后，他让我像讲段子那样，给他聊起了我获取的大庆趣闻。

我是这样开始的：“讲大庆会战，必讲王铁人怎么干。他突出的事迹：像人拉肩扛，端水打井，还有压井喷、跳泥浆池等这些您都知道，不说了。我要说的是他一段很出彩的经历，不过不是表扬，是挨批，是在大庭广众之下，总指挥出了他的洋相，扫了他带出来的坏风气。”于彦夫导演一乐，说：“嘿，这有意思!”

我看他感兴趣，接着聊：“详情是这样——会战一开始，余秋里、康世恩挥师北上，萨66号井一带成了主战场。这里一无粮，二没房，大草原上布井网。参战井队山南海北涌上来，不管是顶风冒雪，还是人拉肩扛，他们克服一切困难，快摆硬上，都在奋力实践指挥部的目标：在有限的试验区内，既要打井采油，又要勘探资料，为油田的开发和建设定方略。王进喜带领的玉门钻井队，喊着‘有条件要上，没有条件创造条件也要上’的口号，冲锋在前，开始打得很漂亮，‘铁人’的名字随之叫响。在不久之后的出油祝捷会上，探区指挥李敬、李云给他和另几位标兵牵马坠镫。王铁人骑着大马，披红戴花，立时成了全战区的打井英雄。但是，各井队铺开打下去，都为了争功勋，抢速度，那种粗粗拉拉、马马虎虎的井场作风，以及在老油田不重视资料的老毛病普遍暴露，并接连不断地出事故。比如有不少井队的技术员，现场粗心，钻井笔录记不清，下钻上千米，丢了标准层，给判明井下地质构造带来很大困难，直接影响按标准固井。又如，玉门队有个钻工捞沙样，捞了一整天，往地质所去送，忽忽悠悠只赶路，跑到地方一看，沙样不见了，这下可急坏了。他回头又跑跑颠颠去寻找，打着手电找到天亮，才发现丢在了草滩上，让地质师们急得够呛！再如，有一次王铁人忙活了几天几夜打完了一口井，忽忽拉拉大搬家，测井队紧赶着开车来测井，到处找井口，不知留在哪儿，查来查去查半天，咳，结果发现是井队搬家给埋上了！要不是查得及时，井白打，黄花菜全凉！还有，几乎所有井场，钻杆铁家伙乱摆放，井架上的工人也大大咧咧地随手扔工具，经常失手把人砸伤……这类情况接连出现，引起余秋里、康世恩的不安。他们感到，这种一粗二松三不严，马虎凑合不在乎的作风发展下去，必定严重影响勘探质量和开发进程，不赶快扭转绝对不行。因此决心来一个小题大做，开展火线整风抓典型。”

我喝口茶，继续说：“那么抓典型抓谁呢？兵熊熊一个，将熊熊一窝。余秋里、康世恩从来是抓干部，护小兵，不许对工人耍威风。一次，指挥部要开干部会，通知第二天8点进会场开会。余秋里到点抬眼看，嘿，稀稀拉拉就几个人，他一声怒喝，把二号院（指挥部）大门关上。过了半小时，睡眼惺忪的头头们被放进来，总指挥瞪着虎眼开腔了，‘今天开会，就说一句话：明天早上8点整，都重新来报到，哪个来迟，干脆，放你们回家抱娃娃——散会！’只半分钟的一个会，吓得人们直咂嘴。从那以后，谁也不敢再拖泥带水了，哪怕连夜加班，天亮连滚带爬也得准时到位……”

接着我把话题转向康世恩：“这会儿功夫，会战热火朝天，正上得快、打得猛，偏偏一探区出了两个大事故：一是因操作失控钻杆掉落，砸死了钻工张其刚；二是王进喜的1205队把井打歪，井斜超标6度半。康世恩抓准时机，立刻在4月19日这天，在探区召开上百名的干部大会。他把一探区指挥李敬和李云叫到台上，当众刮胡子（挨批），让他们亮相。老康怒不可遏地大声讲，‘你们两个李指挥，是怎么带队伍的？一丢沙样二埋井，砸死工人你不心疼，这样下去得了吗？现在请阁下说说，你一探区资料丢了多少？井场没人管，总是乱糟糟，你们是哪门子领导？你们井队只想快，不想好，粗粗拉拉活儿不精，隐患这么严重，你们是看不见，还是耳朵聋？到底推广什么作风？’二李当众出丑，满脸通红，一声不敢吭。”

我把话引向主角：“就在这当儿，标杆队长王铁人跑来听会，刚到门口便被人堵住，好心对他说，‘王老铁，康副总指挥正在批你们呢，别进去了！’王铁人两眼一扑棱，‘啊，庆功会让我当英雄，这时候捅了娄子却叫我当狗熊，像话吗？我不能挨批就趴下！’他把那人胳膊一推，挺着脖子进场了。其实，这几天铁人正在被痛苦折磨着：张其刚原本是他徒弟，干活很不错，他膀大腰圆吃得多，总挨饿，铁人常把窝窝头塞给他。如今眨巴眼的功夫人就死了，他心里能不难受吗？现在，破船又迎来顶头风，康世恩副部长抓住事故不放正在开训，他绝不能回避缩脖子。老铁看见两位李指挥戳在台上，因他而受过，便毫不怵头地凑上去，跟他们一块儿站着。康世恩一看是他，更来气，明知故问地说，‘你来了，好哇，先报名，叫什么？’铁人回答：‘王进喜。’康世恩劈头盖脸，不留情面，撂开嗓门叫：‘不对，你是王铁人，大名鼎鼎的铁人！铁，就是铁家伙的铁；人，就是白天黑夜打井的工人。你姓王的铁家伙掉下来，砸死了你的工人，你知道吗？心疼吗？这是为什么？’王进喜紧咬嘴唇不出声，泪水直往心里淌。台下上百双眼睛直望着，康世恩仍怒气不止地嚷嚷，‘我们来拿大油田，要打优质井定方案，可你呢？你王队长井斜超标6度半，稀里马虎把井打歪，你怎么向子孙交代？啊?”王铁人被批得脸面丢尽，连连请求给处分。而康世恩的大棒高高举起，缓缓落下，肃然对他说，“现在你听着，我要你回去赶快整改，不要你的检查，要你的行动，马上给我填井。把井打歪，推倒重来！’整整一个上午，康世恩副总指挥把近来的事故数落个遍，二李和铁人被说得无地自容，羞愧难言。在场的所有干部、工人都被震撼，无不为粗拉作风带来的后果痛心疾首，也无不为王铁人面对过错的勇敢而钦佩、赞叹！”——这，便是大庆盛传“难忘的4·19，二李出了丑”的故事名段。

六

把铁人故事讲完，我刚要起身，于彦夫导演一把拦住我，说：“嗯，真不错，哎，接着讲，再来一段!”我想了想，记得大庆创作组伙伴小卢、王基、门嘉骊曾给我说过一个人，故事生动、新鲜，于是——“我说说刘安全吧!也是个会战名人，康世恩点过名的人，是一把火烧出来的好人。1961 年春，他在试验区当采油队长，干了不少出格事，一下出了风头，成了赫赫有名的人物……”

我继续开聊:“石油会战，从 1960 年 3 月打响，山南海北来会战的工人们快打井，快出油，快建设，个个掏出热情，像在拼命。一年下来，他们太累了，太紧张了，也太苦了。偏偏又赶上自然灾害，加上‘大跃进’，整个战区严重缺粮食。工人们干的都是重活、脏活、累活，又大多是强壮小伙，一天不到一斤粮，肚子填不饱。即便是秀才院、后勤机关，五两保三餐，饿得也直叫唤。特别在疲劳轰炸之后，基层工人缺营养、缺粮食的矛盾特别明显。再一个突出矛盾是，干部作风简单粗暴，骂人、整人现象很普遍，干群关系紧张。而就在这时，刘安全出现了。刘队长原是转业军人，盖井房、装机器总是冲打在前，‘战报’常为他叫好。可他最大的毛病就是火气大、脾气暴，手下的兵动辄就被他骂哭了。有个采油工，因为偷半斤粮票，挨了他一顿揍，还被他撵跑了。更可气的是，他管的井房装了一台检测仪，由于他作风粗拉，不善管理，又跟采油工闹对立，一天晚上工人烧油取暖，竟意外把这台进口设备烧着了，导致仪器罢工，采油关机，惊动了全战区!”

“康世恩半夜闻讯，叫来指挥宋振明、报社高为民，让‘战报’记者速往调查，查找原因。也就是在这时，指挥部还听到反映，有不少队干部常常批斗工人，理由是这些人一下班就逛大集，先卖掉自家的摩托车、缝纫机，然后去买土豆、烧饼，还有来路不正的老母鸡。干部说这是歪风邪气，助长资本主义势力。有一天早上，康世恩请来十几位队长谈心，刚进门他便问，‘吃早饭了吗?’大家摇摇头。又问，‘那你们饿不饿?’回答，‘当然饿了，没粮票，省了!’康世恩笑了，‘别别，知道饿，就不错!来来，我给你们准备了热面条，管够!’这帮人狼吞虎咽吃完，康世恩部长一挥手，‘走，上采油队，开大会!’”

我瞅于彦夫导演在抿嘴笑，接着说:“这天试验区召开近千人的职工大会，康世恩副总指挥在台上先讲了会战的大好形势，表扬了钻井、采油和油建的拼搏精神，突然他话锋一转，怒容满面，把基层干部蛮干、粗暴、骂人、霸道等家长作风的种种表现数落个遍。台下黑压压一片寂静无声，都在瞪大眼睛竖着耳朵听。当康世恩讲到火烧井房时，突然一声喊，‘采油一队队长刘安全来了没有?’台下抱头闷坐的刘安全听见叫声，吃了一惊，赶紧站起来回应，‘我在这儿!’康世恩摆摆手，说:‘来来来，请到台上来，让大家认识认识!’这位刘队长一溜快步上了讲台，不知所措。康副总指挥指着他发火，‘刘安全呐刘安全，你是一点也不安全呀！我 80 万美金买来的测井仪，让你一把火给我报销了，你这叫安全吗？你这个采油队长，给我带的什么队伍？骂人有你，撵人是你，整人不缺你，你干吗对工人这么大火气？他们是敌人吗？不，是阶级兄弟！他们拼死拼活拿油田，你把他们当敌人整，什么作风？军阀作风！国民党作风！如果你整死人，就得挨枪毙，懂不懂啊?’康世恩一顿痛批，让在场的工人们痛快、解气。而刘安全吓得颤抖，据说在台上尿了裤子。康世恩收起怒容，继续讲道，‘同志们，我听说有的工人在队上挨整、挨批斗，罪状是卖了摩托车、缝纫机，去买胡萝卜、土豆，说这是资本主义势力又抬头。大家听听，这话能讲通吗？我们工人辛辛苦苦攒点钱，买点东西，容易吗？他舍得卖吗？他们今天卖东西为什么？就因为肚子饿。饿呀，同志们！人饿了，要吃饭。吃饱肚子，为了会战，世界上你们见过这样的工人吗？没有！这些人在哪儿呢？就在中国，在大庆，在你们眼前!’暴风雨般的掌声响起，会场上到处是抹泪、抽泣和叹息!”

于彦夫导演兴奋得拍案而起:“好，太好了!”我立即按他坐下:“您别急，还有呢!”我赶快把话引向故事结局——“刘安全挨批后，要是一般人，肯定要趴下。但他毕竟是军人，在基层干，能吃苦，从来不服软。他挨了批，一直沉默寡言。但他心里清楚，部长还寄予希望，批评也是爱护。所以他每天找工人谈话，一一赔礼道歉。听说有个技术员，刘安全给他赔礼近十遍，他还是有意见。老刘不气馁，继续谈，直到和解才算完。他还自掏腰包，给伙房买鸡蛋，每天晚上烧热水，让工人们烫脚焐暖……眼看冬去春来，战区为改善生活，开荒种菜，组织打猎，还拣大豆、磨豆腐，等等，很快形势大有好转。于是春季会战打响之前，副总指挥康世恩又在动员会上讲话了。他以振奋的口吻大讲基层如何鼓士气、渡难关，大讲各队干部如何转变作风，让井场井队露出了笑脸。他高高兴兴地讲着，忽而一声喊，‘刘安全队长来了没有?’台下刘安全一激灵，站起来，‘康总，我在这儿呢!’康世恩叫：‘来来，请上来!’刘安全快步上台后，康世恩冲他肩膀猛拍一下，叫道，‘老刘，你干得好啊!’又转脸向大家，‘同志们，这位仁兄就是大名鼎鼎的刘安全，他犯了错误，挨了批评，但是他没躺倒，没怨言，不止一次地向受过他气的工人们赔礼道歉。工人们身上有多少土，他身上就有多少泥；工人每顿吃3两，他没比人家多一钱！他理规章、定岗位，排除了不少隐患，这才叫实实在在的大安全啊。刘队长，你是好样的，我们的干部都是好样的！当初，我在台上批你，损你，发脾气，叫你出丑难堪，说明我作风也不好，老刘，现在我也向你道歉!’他转脸深深一鞠躬，全场欢呼，掌声雷动，刘安全顿时泪如泉涌……”

回顾大庆会战史实，它不仅让于彦夫感动，还有后来听到这些故事的张天民也深受感染，为他们在电影《创业》创作中的形象构成和重场戏做了奠基，而且对于我来说，每当这些可歌可泣的人物与气壮山河的画面重现在脑海里，也总是让我景仰难忘，激动不已！

三、走访上海的风波

时至1971年12月末，我到大庆已有两个月，这期间，建立三结合创作组与收集素材的目标基本实现。紧接其后，我面临三个困惑：一是作为专业拍电影的制片厂，在目前形势下，剧本创作如何同大庆油田合作？二是眼下创作组的任务是继续挖掘故事、积累素材，还是主张让我们自己动手剧本写作？三是如果要求我们写剧本，究竟以什么样的创意来驾驭会战题材？又以什么样的人物设想作情节安排？老实说，在"四人帮"对文艺扫荡肆虐的年月，不少人对"繁荣文艺创作"的召唤还陷于茫然，而电影界长期在帽子、棍子横飞乱打中，已被搞得一片混乱。如此情况下，我在大庆下一步应该怎样工作，急盼厂领导给我提醒。那天与岳林书记通话，他亲切地对我说："我知道你在大庆很辛苦，收集很多宝贵素材。希望你按照自己对毛泽东文艺思想的理解，在深入生活上扎下去，继续多听多看；在与大庆工人的结合过程中汲取营养，克服困难。你还应该独立思考，试探着去搞一个初步方案。"

1972年元旦莅临，这天早晨，阳光把东风招待所大院照得一片银白。我起床后，从干打垒房间向窗外看，排列整齐的房顶上铺满大雪，寒气凛冽冲击门窗，见缝就钻。尽管室温因油足火旺已达30多度，而被寒风刮开的门外却是零下30度的严寒。我洗罢脸，去招呼新华分社大庆站记者王荣辉小弟吃早饭，推门瞅见他仍呼呼大睡，便准备自己去食堂用餐。然而我刚刚走出廊道，一个头戴狗皮帽、身穿道道袄的汉子将我堵住，张口便叫："哎哎，华导，早饭免了。跟我走，今天过节，去凌大夫家吃饺子！"此人叫邓廷尉，外号邓大炮，1962年长影搞精简，他转业到大庆油田干油建。文化局军代表兼创作组组长薛涛知道他是老电影，就让他每天陪我上井场，下基层，搞采访活动。

我随老邓穿过干打垒长街，踏着厚厚的积雪，一溜拉练走了三四里路，来到大庆总医院外的职工宿舍。热情好客的凌大夫曾给我看过病，今天重逢格外亲切。她和丈夫刘显中把我迎进屋，屋内立刻传出一阵欢快的笑声。夫妇俩一边忙活包饺子，一边冲老邓呼叫："喂，大炮，好消息你告诉老华了吗？"老邓猛拍拍脑门："唉，猪脑子，忘了！是这样，过几天，长影党委书记要来大庆呢！"我一怔："你怎么知道？"他笑道："凌大夫在总医院，认识大庆高干，消息灵着呢！"

话音刚落，熟睡方起的小个子记者王荣辉闯了进来。他瞅见老邓，立即开火："好你个大炮，吃饺子干吗不叫我？想吃昧心饭啊？"凌大夫过来凑热闹，"小王，别冲'猪脑子'叫。先答应我，你把上海人编的书送过来，饺子我管够，还有好酒好菜！"小王嘿嘿一乐，赶紧作揖："没问题，带来了您呐！"说着把书奉上，转而感慨地，"您还甭说，人家上海文艺出版社，动手就是快，去年来大庆就俩月，这不，《大庆人的故事》《大庆科技读物》好几套书，全都出来了。这几天，我一直提醒华导，现在拍电影，得看风。你瞅人家上海，通中央，消息灵，创作抓得紧，什么小说《虹南作战史》、话剧《钢铁洪流》，抓出不少作品呢。您也得紧跟啊！"我插问："小王，你说，上海人是不是比咱们脑瓜灵？"王记者揶揄地："嗨，明摆着，张春桥、姚文元在上海得天独厚，抓样板戏最早最牛。如今大权在握，人家说搞'文艺繁荣'，干吗不让上海先出风头？"我正听着，想着，男主人大刘搭腔："这好办，大庆有钱，老华领创作组跑一趟上海，去看看呗！"邓大炮眼一瞪，啐道："别放屁，上海从不把大庆放在眼里。你没听说那个'张眼镜'在叫板吗？他说上海是中国工业的发源地，'工业学上海'才对呢！"敏感的王记者见势不妙，忙摆手："打住打住，尖端莫触。'学大庆'是毛主席定的，谁敢有异议？别打岔，现在咱说的是文艺——照眼下这形势，有必要走访上海，听听消息，免得搞出来作品犯忌!”我理解小王是好意，他的话，让我第一次触及“走访”议题。至于能去不能去，还得再考虑。

过了元旦，薛涛通知我12日晚去接站，说长影党委书记岳林和革委会副主任刘儒来大庆参观，这证实邓大炮的消息不是瞎编。他们到达后，先看望大庆创作组成员，接着薛涛陪他们参观地宫、第一口油井，还有铁人展览馆。在大庆迎宾宴中，他们又和大庆政治部几位主任做了交谈。两天后，主抓创作组的彭副主任对我说，他和岳林书记、刘儒副主任谈得很好。这次电影创作，明确以长影为主，大庆配合，采取专业和业余相结合的路子搞。而且岳林书记还提议，希望努努力，在“5·23”纪念毛主席《在延安文艺座谈会上的讲话》30周年至国庆节前，创作组能拿出个剧本初稿。

岳林希望十一前拿出剧本，我几乎不敢相信。当我晚上陪他回到招待所时，干打垒住房里石油取暖的高温，热得他全身冒汗。他红光满面地干脆脱下汗衫，光着脊梁对我讲:“拍大庆，不能等。毛主席发出‘工业学大庆’号召八年了，我们干电影的有愧呀!”他接着讲了开掘这一题材的想法:“写大庆题材，关键是突出反对苏修断油压力，表达独立自主、艰苦奋战干工业的主题，并且要塑造好铁人式的工人阶级先锋战士形象。”又提醒我说:“你们创作组写初稿，剧本中党的领导形象不要设计太高，指挥一级就可以了。太高矛盾多，难驾驭。写大会战，能展现出大气势、大面貌和时代精神就可以，关键在于写好苏修压力，突出铁人形象的感染力!”他这些话，我如实誊抄于当年1月17日的日记。今天重新翻阅，可见其独到见地。

岳林和刘儒走访大庆不久，一个消息传到长影:大庆人组织一个学习团，要来长影观看影片。用他们的话说:“干石油的拍电影，总得先学学电影开开眼!”大庆人对创作会战题材的电影如此诚心和专注，让人感到非同一般!因此，长影负责接待的刘儒副主任，很快把长串的看片名单，送到了带队的大庆政治部周主任、彭副主任面前。其中像样板戏电影《智取威虎山》《红灯记》《沙家浜》是必看的；而翻箱倒柜拿出来的有表现革命英雄主义的战争片《上甘岭》《董存瑞》；苏联表现传统造船工人为祖国做贡献的《茹尔宾一家》，讴歌艰苦年代富于牺牲精神的《保尔·柯察金》，以及场面宏大、气势磅礴的《攻克柏林》等18部影片。在优秀电影长期蹲禁闭的年月，大庆人说看得解渴、过瘾，受到很多启发，增强了创作信心。

一来一往的互访，解除了我先前的困惑，使大庆题材的创作目标更加明确。用老厂长苏云、总编室主任纪叶的话来概括，这就是：综合各方思路，一定要加快速度，打好剧本创作基础。希望创作组在国庆前后能交初稿，提供讨论，给人以信心。因为是大题材，有难度，时间应服从质量，不必赶进度。此后，大庆领导也提出："要立足大庆，放眼全国。"为了开阔眼界，掌握更多素材，也为了少走弯路，了解当前文艺动向，他们支持创作组跑一跑像江汉那样的新会战区，也有必要对抓创作耀眼的上海市去走访。

大路子确定，下面是我们如何行动。其中所说开阔眼界，走访上海等话语，因时机不到，还没在意。令我更焦躁的，是如何抓紧时间写初稿。所以送走大庆人，我立即请纪叶推荐专职编剧上阵。而他却拍拍我的肩膀，笑道："你干得很好，先领着创作组写一稿嘛。等有了眉目，根据情况，再考虑加强力量。"眼看夹板套上，难以推辞，我只好赶回大庆，把本组的薛涛、卢泽洲、王基与门嘉骊叫到一起，集中时间吹路子、编提纲。经过一段时间的繁忙，薛涛见大家围绕如何写矛盾斗争、写会战领导、写路线分歧等难题，争论很大，思路迷茫，于是提出主张："我看憋在屋里写不行。文艺界形势到底怎样？棘手问题怎么解决？领导不是让我们开眼界吗？磨刀不误砍柴工，抓紧到上海去看看，听一听，框框、杠杠不就清楚了吗！"大家拍手赞成，老门更高兴，说："好，旅途时间不白用，咱们在路上照样可以五吹六哨，海阔天空！"共识达成，一经请示，领导立刻决定：同意创作组走访上海文艺界，向他们学习并取经。于是在1972年6月初，我们大庆创作组一行六人，由政治部彭副主任领队，带着中共大庆党委给中共上海市委的正式公函上了火车。"呜——"列车一声鸣叫，向着目标上海登程了！

照大庆人"三老四严"作风，所有任务都要求目标明确，序列清楚，有条有理，决不含糊。但凡外出，一定要师出有名，人家才以礼相待，何况是造访全国第一大都会——号称十里洋场的上海。那么我们这次走访上海具体办那些事情，解决什么问题呢？彭副主任简要概括为“看片、看戏、加座谈，学习上海好经验”。

看片，就是向中共上海市市委、革委会提出，要看上海电影制片厂拍摄的大型艺术性纪录片《大庆战歌》。这部影片摄制于“文革”前的1965年，是周恩来在毛泽东发出“工业学大庆”号召之后，要求文化部电影局组成专门摄制组，由大庆职工配合，再现一次当年石油会战艰苦拼搏的场面，用纪录片的形式拍摄下来的，这对历史、对后代，都是不可缺失的史料和教材。必须多说几句，早在拍此片前，周总理就曾告诫过电影局局长陈荒煤，说：“1958年、1959年，我希望拍些艺术性纪录片，及时反映时代面貌，记载重大社会事件。或许有些事件已时过境迁，但可采用补救手段，拍真实人物予以再现，免得留下遗憾。当时，我说的是用艺术手段拍纪录片，要看真人真事；而你们却大搞纪录性艺术片，许多有价值的新闻事件，让演员去演，完全丧失了真实感嘛！”所以，当上海电影局局长兼上影导演张骏祥接到任务后，严格遵照周总理指示，在大庆动员了上千名当年参加会战的工人、干部和技术人员，以他们亲身经历的装扮，重新回到艰苦年代的场景中，操作各种熟悉的动作，让摄影机镜头再拍一遍。比如像著名的画面：王铁人肩扛运钻机，会战井喷跳泥浆池，都是王进喜自己现身拍成的。我们到上海观看此片，对于写故事片剧本，是难得的借鉴。不过据了解，影片《大庆战歌》刚拍完，便碰上了“文化大革命”，连电影局审查都没来得及，就被封存箱底了。

说看戏，是指要看上海儿艺的话剧《钢铁洪流》。我们路过北京时，解放军总政的一位同志来看望大庆朋友，介绍说：这个戏，最早是以上钢一厂工人孙瑞新，抢救钢包牺牲为原型展开情节的，后来融进了钢铁战线的路线斗争。斗来斗去说不行，比如出了事故，停不停炉是厂长、部长才能决定的，而现在都强加在主人公赵四海身上，显然，写这样的英雄形象不典型。于是上海市委让剧院人员下生活，再根据样板戏的创作原则，反复修改，提炼加工，最后成了热门剧，备受市委高层的好评。

至于座谈，总政的同志说：“上海市市委有个人，挺敢抓，他的名字叫朱永嘉，现在是常委，主管文艺和文化。他不光抓了话剧《钢铁洪流》，而且还根据张春桥、王洪文的授意，抓出了小说《虹南作战史》，你们若听创作经验，就找他。大庆人来了，我想上海市市委总该热情欢迎吧？”

我们抵达上海，先受到上海文艺出版社朋友们的热情接待。为安排下榻，编辑赵继良率同事，亲自领我们到锦江饭店旅馆部。然而与其愿望相反，费了好多口舌，才勉强准许我们挤进一个五人房间。于是，老赵又拿预定单找经理，求爷爷告奶奶，高傲的管理员才给彭副主任另做安排。面对大宾馆的怠慢无礼，赵继良既窝火又憋气。他望着大庆朋友，歉疚的表情浓得抹不开。此前他们多次去大庆，搞采访、编图书，大庆都是免费住宿，汽车迎送，既好客，又热情，把上海人奉若上宾。而今，在上海大宾馆的遭遇，使出版社的秀才们陷于无奈。不过，初来乍到的大庆人在领教大上海派头之后，完全理解他们的难处。赵继良得到谅解，由愧疚转为高兴，而且作为上海通，眼前第一要务是帮大庆人安排好活动日程。

根据老赵的建议，第二天一大早，大庆文化局军代表薛涛，满怀期待地领着王基、卢泽洲直奔外滩，找到市革委会办公厅，递上了大庆党委的公函。接待者是一位女同志，姓张，中年人，看样子倒也和善。她首先询问来意，得知我们此次的要求：一是请协助调看上影厂根据周恩来总理提议、由大庆油田协助拍摄的影片《大庆战歌》；二是请安排观摩话剧《钢铁洪流》；三是想和市文教常委朱永嘉见面，请他介绍一下上海的文艺动态与创作经验。所有这些请求，女同志一一做了记录。答复很简单：“回去等着吧，三天后听回话。”啊？要等三天呀？这让薛涛甚感意外。但这就是上海！望着接待者冷漠的表情，联系人别无选择，只好硬着头皮叹口气：“唉，让等就等吧。”扫兴地回了旅馆。

三天，在旷日无度的动乱年代，对一般人来说不算什么，但对产油争分夺秒、时不我待的大庆人来说，三天是多么宝贵的时间！可是眼下谁也没办法，市革委会让等只能等待了。我们一行人憋在火燥闷热的房间里无所事事，只好溜出旅馆，去逛大街，跑书店，光顾“一月风暴”给上海带来的各色“装扮”。好不容易三天熬过，还不见音信，薛涛只好主动打电话追问，而这次革委会的回答更简单：“再等两天！”

再等两天？为什么？同住旅馆的一位安徽人笑道：“两天算个啥？外地人

来上海办事，一两个月能办成就不错啦。如今上海通天，市革委大员们牛着呢，对一般人不会理茬儿的！”又一位采购员讥讽道：“上海是老大，连毛主席树的大庆都不放在眼里，真是笑话！”带队的彭副主任顿时涨红了脸，沉默片刻，转对王基说：“算了，买车票，回去吧！”大家闻声，面面相觑。同行的门嘉骊顿时冒火，放了一炮：“回去？带着大庆党委公函来上海，事儿办不成就回去，怎么交代？这不是给大庆人丢脸吗？”大伙七嘴八舌，都觉得门嘉骊讲得有理，坚持等两天再说吧。当时，正值上海因外地人对该市各行业服务态度不好而反映太大，不知市政府何人出主意，通过新闻广播开始树立态度稍好的“星火商店”的典型。而这，却遭到了上海市民的讥讽。公众借助报纸展开讨论，并且还亮出醒目标题：“星火，星火，可惜没有燎原！”这些社会舆论传到房间，薛涛于是突发奇想，提出一个解困高招：“如果市革委会拖着不办，我们何不来个借题发挥，直接写信给市委，捅捅这个马蜂窝！”彭副主任连连摇头说：“军代表，此议不妥，影响不好啊。如果两天后，人家说给办了呢？”

两天后是星期六，那时还没双休日，薛涛左等右等不见通知来，便赶在下班前，再次给市革委会打电话，询问能不能给一个交代？开始接函的那位女同志听了电话，随即告诉他：“已经做了安排。这件事已下达给文教口，由他们一位领导同志负责接待。具体要到下周一，早晨上班前，请你们和他联系吧！”有了下文，大家这才松口气，虽又延迟一天，也还算可喜。不过，当我们按时与文教口那位领导约见时，情况竟令人瞠目结舌，不可理喻——

那天早上，或许是从公关考虑，薛涛拉我也出面，我们两人于7点30分匆匆赶到外滩。及至抵达市革委会传达室，向文教口要电话时，楼上却没有人接。而海关钟声刚敲响8点，再次拨号，文教口那位领导的声音出现了：“噢，你们是大庆来的同志吧？我通知你们，接待记录上你们提的几件事都不好办：一是说要看《大庆战歌》，片子早已封存。调看要先给市委打报告，还要经‘中央文革’批准。想看戏嘛，好说，如果买不到票，我们可以给儿艺剧场打招呼，请他们帮你们买，准备好钱就行了。至于第三，让市委领导接见，很抱歉，他们很忙，没时间，再说也没有什么情况可谈的……哦，我马上要去开会，要没别的，你们看是不是……啊？就这样吧！”

对方几乎不给还嘴时间，嘟嘟嘟地把话一口气说完。薛涛手握话筒，嘴张着，气得打哆嗦。我给他递个眼色，他立刻沉住下气，转而和颜悦色地说：“同志，你看我们在楼下等半天了，你能不能先下来见个面，然后再给我们摆困难。”对方似乎也察觉过于失礼，难以脱身，于是他便匆匆下楼，来到我们面前。双方还未及握手，他就急着看表，预警道：“我必须准时赶到会场。事情就是刚才讲的那样，还有什么问题呀？”我搭腔了：“请问，文教口既然难办，您向上级请示过吗？”他答：“这没必要。交办下来的事办不了，怎么汇报？如果你们有办法，也好哇！你们可以直接找上影厂和儿童剧院联系嘛！”

这时我们的心全凉了，没想到，一个堂堂的上海市革委会的部门领导，对来访客说话竟如此走板不着调！如果能自己联系，还登你衙门干什么？出于不满，薛涛瞥他一眼，话锋急转：“同志，既然这样，你能不能把公函还给我们，我们就准备走了。”他听见“走”字，立刻满口答应：“可以，可以。信就在我这儿。”他随手从口袋里掏出那封大庆公函，递给薛涛。薛涛收起函件，脸色一沉，瞥一眼他穿的蓝军服，对他道：“同志，看来你是军代表，我也是。告别前我们能不能以军代表对军代表的身份谈一谈？”他闻声一怔，看看表，问：“谈多久？15 分钟可以吗？”薛涛一笑：“太长了，5 分钟都用不了。”他愣愣神，硬着头皮说：“好，那你谈吧。”机敏的薛涛先问一句：“同志，请你告诉我，这封信函上海市市委看过没有？”他眨眨眼，咕噜道：“没……没有，可能没有，大概没报吧？”一露出马脚，薛涛单刀直入地向他发话：“同志，我只说三点：第一，大庆党委给上海市市革委的公函，市革委竟然没有转看，我们深表遗憾。第二，按惯例，下级承办的事如果办不了，要向上级报告。而你们上海却马达倒转，有困难向下推卸。我们对此不理解。第三，上海太大，对大庆人容不下，我们只能打道回府，走了！再见！”他说完摆摆手，拉我调头便走。

此举使这位小领导愕然失色。他万万没想到，谈话仅用两分钟，而且在索回函件后，竟还有声明；不仅有声明，撂话还很重。他预感事情不妙，赶快追上挽留：“哎，同志，别走！有话好好说，你们别急嘛！”薛涛立即回敬道：“急？我们千里迢迢，从大庆跑到上海，等来等去等了 5 天，换来不到 5 分钟的谈话，谁急了？你快去开会吧，别误了你宝贵时间！”我们跨出大门，他又追到广场，纠来缠去，磨了半小时，最后他看我们执意回去，脚不停步，双方棋局不欢而散，给他留下一个大闷宫！

事情倒也怪，简单声明之后，情况竟有了奇妙变化。当天下午，从锦江饭店总服务台传来通知：“市革委会来电话，说大庆同志不能走。”电话过一小时后，忽而市革委会那位姓张的女同志匆匆赶来，一是道歉，二为索要那份公函。她赧愧地对我们说：“很抱歉，这件事没办好，都怪我经验少，没有及时向上级报告。现在市委已经知道，让我转告大庆同志不要走。我们一定重新办，请你们放心就是了。”薛涛对她的致歉未置可否，只回答：“我们已订票，很快就走。你们忙，就别麻烦了。”女同志涨红着脸，磨来磨去索函没结果，只好尴尬地离开了。

她走后，我们一直纳闷，不知道发生了什么事情。疑团还没解开，第二天早晨8点刚刚过，文教口那位穿海军服的小领导也跑来了。他左检讨，右自责，还埋怨办公厅没说清，让他挨批评。更蹊跷的是，到了晚上，我们刚要脱衣冲凉，一阵脚步声，张姓接待员又领着一位老女人——据称是市接待办副主任，再次登门。于是，彭副主任只好出面，同她寒暄。接待办副主任好言好语，十分客气。她透露道：“市委常委正在开会，听说这件事，很不满意。因此务必请大庆同志留下，说不定马老（马天水，当时主持上海市市委）还要来看你们呢。”她说着把笑脸一搭，赫然摆阔似地晃晃手：“看来对不住你们了，只好麻烦一下，请你们搬搬家，好吗？”

她所谓的“搬家”，就是要安排我们挪到锦江饭店贵宾楼，而且房费不多收。这样做，为什么呢？那位安徽人打趣说：“挽回面子呗。不然这杂乱的房间，马天水能下脚吗？”然而我们执意不肯搬，不想添麻烦。谁知女官员先通知了饭店经理，还没等我们挪动，随行物品早已送进贵宾房间了！

一夜过去，翌晨我们正在议论变化的局面，忽而门铃响，房门被推开，走进来市工交口四位官员。经秘书介绍，为首的是上海市市委常委黄涛。他文质彬彬，谈笑风生地自我揶揄道：“哎呀，我们口口声声喊‘工业学大庆’，没想到大庆同志到了家门口，竟然如此怠慢，态度实在太坏，抱歉抱歉啦！”他握着彭副主任的手说："今天我受市委委托，来做活动日程安排：一是请诸位参观，初定有大隆石油设备制造厂、上钢三厂、异型钢管厂；二嘛，开个座谈会，邀请我市几个学大庆的劳模和先进单位，汇报一下学大庆的体会；至于三嘛，想请彭主任介绍大庆经验。我市工交口有上千人要求去大庆参观，你们既然来了，就算雁过拔毛吧，啊？哈哈！"寥寥数语，讲得彭副主任哑口无言。我一旁想，这哪里是向大庆人讨经验？分明是要亮大上海工业界的气派！然而就在一派冠冕堂皇、温文尔雅的外交辞令周旋下，忽而市文教口打来电话，正式通知我们："市委已责成上影厂连夜翻仓，找到了《大庆战歌》。初定时间，请明天上午看片。另外，上海儿艺热烈欢迎大庆同志们来看戏，看后安排座谈会。"急速的行动，周到的安排，霎时在市委特派员的导演下，一一兑现。5天之内，其活动之频、之紧，使我们目不暇接，疲于狂奔。谁说上海对大庆人不热情？这不是"明证"吗？谁说上海以老大自居？这便是有力的"回击"！

就在各种活动全面推开的某一天，一位不速之客，约40来岁，悠悠进门正碰上我，声称："我叫朱永嘉，来看望大庆同志。"哦，这不就是来前我们点名要见的那位常委吗？明明声称公务忙，没时间，今天居然找上门，真可谓一大奇观。而在朱永嘉闪电般露面之后，又一天晚上，王基正在浴室洗澡，一位穿绿军装的小战士轻轻敲门，礼貌地询问："大庆彭主任在吗？马老来看望你们了！"彭副主任闻声一震，赶快出门。这时，穿中山装、半躬着背的马天水款款而至，同大家一一握手，含笑点头。薛涛连连摆手，让我和卢泽洲、门嘉骊一同回避。上海这位最高领导迈步进屋，刚刚落座，浴室里王基听见敲门暗示，哗哗的水声立刻销声匿迹……

上演了如此一场热闹的待客，我们决定见"好"就收，迅速离开上海。当我们踏上返程列车，坐定沉思的时候，大家不禁反问：仅仅一次平常的走访，竟把上海市市委三个常委访了出来。前5天出奇的冷落，后5天意外的热烈，这究竟为什么？事隔不久，传出种种说法：一谓王洪文、张春桥置身中央，忌说上海"老大"。林彪刚刚垮台，上海帮生怕有谁给他们捅娄子，难堵别人嘴巴。二谓上海不比大庆差，上海工业历来称雄，而今重提"工业学大庆”，上海想不通也得通。三是还有一种趣谈，说马天水最需要石油，如果得罪了大庆，岂不是在断上海的油路吗？各种猜测，不一而足。而纵观当时的背景，不难发现，在林彪反革命集团败露之后，党内批判极“左”思潮的声势风起云涌。尽管批“左”刚进行不久，就被最高指示所扭转而压下，但由于它代表了人民的呼声，即使自诩为通天“左派”的上海帮们，那时也不得不有所担心，感到害怕。如今，事隔30余年，在这场小小风波背后，到底还潜藏着什么奥秘，我想，这还有待于人们深入去思考，去剖析。

离开大上海，大家回顾这次走访，收获究竟如何呢？

观摩《大庆战歌》，看到真实的英雄铁人，真实的会战场面，无疑使我们每个人都受到强烈震撼。而通过《钢铁洪流》座谈，却让我们感受到当前文艺创作上谬误与正确、倡导与追求依然混杂不清，难分难辨：一方面是高层强调作品要贯彻党的基本路线，写好路线斗争，对炼钢厂的“爬行主义”“洋奴哲学”大加批判；而基层创作人员则更看重抓住钢厂前进中的突出矛盾，写不同人物的思想冲突，对现实生活做真实的再现。上层高官要求写英雄典型要符合路线要求，政策标准。而基层笔杆子却热衷于按社会主义美学原则，在刻画性格中揭示新人物、新英雄的内在精神。高层领导捧着样板戏模式，亦步亦趋不准逾越。孺子秀才则无可奈何，只能听命地玩儿拼贴，搞图解，违心地把艺术品当作宣传品推上舞台，还称之为优秀新作。看来写会战题材的剧本路不平坦，还有坎坷。我们只好带着不平静的思考，为走访新的会战区江汉油田，重新上路了。

四、《创业》剧本创作争议

一

近年来我一直在想，关于电影《创业》，既然毛泽东批示肯定“此片无大错，建议通过发行”，为什么从批示下达至今几十年间此片却极少公映，难见踪影？这种现象，是暗示江青否定《创业》有理？还是由于历史强加的缺陷，致使它如今难以完美地再现给广大观众？对此若要做出客观回答，就有必要重新回顾《创业》剧本创作中的分歧和争论，总结创作的经验教训，剖析这部影片成败得失的有关责任。

摆在我面前的是一本比较完整的《创业》创作纪事。在长达 130 多页 52000 余字的记录中，从创作组到摄制组，从长影各级创作干部到大庆油田领导、工人和技术人员，以及燃化部政治部主管和作家魏钢焰，直至当时中央文化组管电影的要员，对《创业》剧本由初稿修改至四稿，都发表过相同、不同或完全相左的意见。虽然《创业》完成片编剧署名：“大庆、长影创作组集体创作；执笔：张天民”，可是当时这些意见汇总到执笔张天民的案上，压力主要由他顶着。有道是，历史案卷既不能增也不能减。我们只要按照原始记载了解其不同阶段的争辩，就不难透察不同创作理念对这一重大题材作品的影响，以及创作者落笔之艰难！

最初围绕创意的争论，是在创作组内部进行的，那是在1973年7月的胜利油田。此时，编剧张天民和导演于彦夫带领摄制组赴大庆深入生活已有半年。为落实江青对拍大庆题材电影的指示，那年5月中旬，长影和大庆人员先奔赴克拉玛依和玉门油田，扩大走访，丰富石油史素材，继而边访边谈，酝酿剧本初稿方案。

需要说明的是，早在张天民、于彦夫两位介入大庆题材之前，原大庆创作组于1972年9月间，曾按长影和大庆领导敲定的计划，由我和卢泽洲、门嘉骊、王基写出了一个详细的剧本提纲，取名《钻塔战歌》，及时送交双方领导审看。此提纲构思要点是：

其一，直接从会战前夕主人公老铁参加1959年全国群英会开场。在会场大厅，这位玉门油矿的标兵，听见各路英模为国家缺油叫苦连天，从人大会堂窗外，看见背气包的车流在天安门广场前东行西穿，内心涌出无比的愧赧。接着，他出现在石油部廊道上，听到苏修断油的消息后，义愤填膺。而就在此刻，石油部正在召开全战线的重要会议，老铁从走出会场的指挥李光（后为华程）口中得知，松辽地区发现大油田，部党组决定调集全国的精兵强将，部署石油会战。主人公听此消息，欢欣鼓舞，倍感振奋，发愿："宁可少活20年，拼命也要拿下大油田，一定要为中国人争争志气长长脸！"

其二，老铁率玉门钻井队赶到会战地，仓促上阵。但当时条件极差，他人拉肩扛、破冰取水，为开发试验区摸爬滚打，打出第一口油井，获得钢铁钻井队的称号，他自己也被助战老乡叫成"铁人"。在首战祝捷会上，会战指挥为他披红戴花，他立时成为全战区的英雄模范。

其三，围绕试验区布井方案之争，战区指挥李光在技术座谈会上发现了两位年轻地质师的聪明才干。他鼓励秀才们与工人师傅结合，为取全取准钻井资料、了解地下油层大胆实践。其间，接连发生了丢沙样、井打歪及取错岩心等事件。针对从老矿带来的马虎、凑合、不在乎作风，李光拿老铁的标杆队开刀，通过干部大会上"刮胡子"（批评），使各井队受到了强烈的震撼。由此展示了主人公在科学拿油田面前勇于认错的态度，为以后严整细致作风的形成，做了相应的情节铺垫。

其四，提纲没有写阶级敌人破坏会战，但突出了生活困难给指挥部、会战队伍带来的重压和分化。这中间，侧重表现了某些基层干部的畏难情绪与粗暴作风，也写了个别工人因吃不饱肚子而找集镇小贩卖掉摩托车换土豆的事情。在某井队因取暖烧掉井房后，李光借题发挥，开大会批评干部作风粗暴，不关心工人疾苦，甚至出现把工人卖家当、买土豆当成资本主义势力抬头来批斗的错误做法。领导的批评激发了老铁勇渡难关、坚持会战的意志，于是他带领全队开荒种地，盖干打垒，拣野菜，磨豆腐……转眼开春，生活改善，钢铁井队以新的风貌冲向高产油区，继续钻探！

其五，由于新油区地层压力大，重晶石浆按以往标准压井压不住，钢铁井队井场突然发生井喷。在险境面前，老铁奋不顾身，带头跳进了泥浆池。工人们众志成城，无视泥浆灼伤，奋力搅拌泥浆压井。经过激战拼搏，终于制服了油龙，迎来了大吨位喷油，为大油田开发唱出了胜利的凯歌！

在油花喷射的欢呼声中，老铁万分激动地对李光说："人没有压力轻飘飘，井没有压力不出油。一个人应该有志气，一个国家应该有民气，我们把憋在肚里的火气、怒气都撒在井场，就能把石油落后的帽子甩进太平洋！"

创作组对剧本方案的讨论，正是从这两万多字的剧本提纲谈起的。

大家比较一致的见解是，第一，提纲的基本构思是按照大庆会战的实际路程表现的：故事从北京石油部决策开篇，以挥师北上、开发中心试验区为重点，围绕老铁带领钢铁钻井队的钻探、取芯与艰苦生活展开矛盾，直到打出高产油井，表明大油田到手结束全片。第二，铁人形象基本反映了王进喜本人在大庆会战中的原貌，接近真人真事，丰富加工较少，这显然不符合江青"不要写真人真事"与"不要局限在大庆"的要求。由此，张天民、于彦夫两位编导提出：新的剧本必须从玉门写起，用江青的话说，"从玉门上火车不行，还要往前推，写一个中国石油工人的成长"。接着，张天民、于彦夫两位提出他们的构想：全剧可以以甩开膀子勘探、三钻定乾坤为框架，表现主人公打三口探井的艰难历程，最后打出高产井，喷射油花。总指挥部由此决定，挥师北上，会战大军投入全面开发。

这样一来，以两位编导为一方、原创作组为一方产生了分歧。其焦点是：所谓“不要写真人真事”又要以铁人的“这个材料为基础”该如何理解？要求写出的英雄人物是铁人，还是像铁人，甚至于对其加载过多而脱离铁人？再者，所谓“不要局限在大庆”又该如何解释？是否会同样出现是大庆，像大庆，或是远离大庆的问题？于彦夫导演说：“有分歧好啊！咱们也来它个敞开肚子倒意见，七嘴八舌摆方案。”

曾当过铁人文秘的卢泽洲提出：“从玉门写起，可以，王铁人本来就是玉门的捞油娃，新旧油矿的兴衰都紧紧连着他。不过我认为，剧本总的先进事迹首先应该是铁人的，可以有补充，有改动，但不宜改动加工过大，不然大庆人是不会认可的。”大炮门嘉骊说：“现在从大思路来看，一个是写会战开始拿油田，另一个要写会战前夕找油田，这个差别不小。所谓石油会战，一般是指大庆长垣见油，但油田究竟有多大？油层有多厚？必须通过会战开发才能验证。这才调集各路人马，挥师北上，在含油希望最大的萨尔图试验区摆开战场。如果剧本只写铁人一个井队三钻定乾坤，他打的探井还属于找油阶段，那就谈不上什么会战，剧本只取松辽一个钻井队的原型就够了，何必再调集全国石油的精兵强将呢？”大庆机关成员王基说：“张编、于导的意思是写‘三钻定乾坤’，好处是突出了会战决策。但问题有两点：一是没有别的井队参战，光铁人井队是不是太孤单？二是只写打三钻，故事等于分三段，会不会显得分散？样板戏一个特点，都有中心事件。原提纲之所以把焦点摆在试验区，一是钻塔林立有会战背景，二是矛盾斗争好集中，三是符合实际情景。想法对不对路？还得你们定。”

编剧张天民回应说：“石油会战素材很多，剧本选哪一段为好，关键在于哪个有利于主要英雄形象的塑造。这部电影的重点，不应是大庆会战原始事件的照搬，而是通过打井揭示钻井工人艰苦拼搏的精神风貌。因此，仅推出一个井队来表现，既符合电影必须集中的特点，也有利于展示会战前夕决策者们的战略宏观。再一点，江青特别强调：要写一个中国石油工人的成长，要塑造典型。所以我们写的主人公，应该既是铁人，又不全是铁人，应该大致像铁人。否则，我们就没有必要跑这么多油田，补充这么多先进人物的素材了。”于导演完全赞同他的观点，只是提醒我们："大庆材料你们掌握很多，但不要被真人真事框住了。比如甩开勘探，现在胜利油田的河口会战就是这么干。把他们的素材揉进来，剧本的视野会更开阔。坚持源于生活、又高于生活，才能创造典型啊。"

面对争论，因张天民、于彦夫两位基本构思还不太清晰，大家当时的观点只能姑妄而听。前辈导演史东山有句名言："编导的功力一在取舍，二在分寸。"他的话对我影响很深。因此我认为，选择哪一段素材来表现，取决于编导自身的生活体验与美学考量，不能以对与错论短长。张天民、于彦夫二位对"三钻定乾坤"感兴趣，我理解其着眼点更多出于对余秋里、康世恩会战决策的赞赏。但有两点我与他们见解不同，即：一是立主脑。我认为，主脑不是"三钻定乾坤"，而是石油会战的基本冲突。剧中矛盾可以有多条线，像苏修卡脖子，上与下争论，科学拿油田，以及如何对待困难，等等，但集中点要明确，我意可用"艰难"二字来概括。主人公斗争的焦点是艰难，即艰巨任务，困难条件。所有的矛盾与纠葛，都应化为和艰难拼，同艰难搏斗，这才能把精神面貌写得活。不然，一口口井，一条条线，再带出一个个事件，很容易产生段落感，不集中，缺悬念。二是大庆会战的主要事件与王铁人的感人事迹具有无可争辩的典型性。大庆精神大庆人所创造出的业绩早已深印在全国人民心中。何况这一会战在中国石油工业发展史上，已作为重大事件载入史册。而英雄铁人的形象，不管你如何改头换面，也不可能让这一形象脱胎换骨，变成貌不合而神又离的另类"典型"。因此我提出建议："在初稿阶段，编剧完全可以按照自己的意愿与设想去写剧本，原提纲只做参照，也可不做考虑。希望敞开想象，写出好戏。构思、创意效果如何，最后还得看落笔。"方案讨论浅尝辄止，于彦夫导演给大家做结语："争论不再继续。张天民对不同创意可自做分析，然后安心去大庆写剧本，我们打道回府，等待他的好消息!"

二

1973年8~9月，张天民在大庆伏案挥毫，历经50多天，写完了以《创业》为片名的文学剧本初稿。初稿内容，可做如下摘要：

第一，以主人公周挺杉在玉门的戈壁滩拉骆驼为矿主送“美孚”油开场，因受到洋顾问的欺侮而反抗。很快，玉门迎来了解放，他与军代表华程相见在石油河上。

第二，石油会战打响，周挺杉带领井队来到北方大草原。他们在前线指挥华程的支持下冲破困难，快摆硬上，先后在田家庄、龙虎滩、无名地打了三口探井。第一口井因农民田家根拔掉井位木桩，错位打了口干井。第二口井由于资料不准而打出了水。第三口井因遇到高产油气层而发生井喷，主人公为了压井，不顾一切跳进泥浆池，奋力抢险，最后制服油龙，拿大油田获得成功。

第三，和周挺杉、华程发生冲突的主要对立面为总地质师章易之。他们围绕所探之创业油田是贫油还是富油，是迎着困难上还是碰到困难就退缩等分歧，发生过多次争论。华程全力帮助周挺杉井队突破难关，并不时地对章总击一猛掌，促使他态度转变，积极投入会战。

第四，玉门矿科员出身的前线副指挥冯超，是暗藏的坏人。他因与周挺杉在玉门有嫌隙而心怀叵测。第一口井田家根拔井桩，出自他的暗示。打第二口井，他散布悲观情绪，主张退却；还暗中指使人打小报告，诬蔑周挺杉卖表买土豆，助长资本主义不良风气，致使华程在干部大会上对老周先批评，后表扬。打第三口井时，冯超怕面目暴露，铤而走险往柴油机里塞棉纱，妄图酿成机毁人亡事故；结果造成井喷，迫使周挺杉跳泥浆池，带队抢险。

第五，周挺杉的弟弟春杨，属钻井工中的落后层。他因受田家根的影响，不愿经受艰苦渡难关，从丢沙样到开小差，给井队造成许多麻烦。经周挺杉与范师傅的拉帮教育，最后转变……

初稿亮相，喜至全厂。长影从摄制组、总编室，到党委班子，艺委会领导，展开了一场规模空前的大讨论，人们都从剧本看到了大庆题材影片拍摄的希望。大家对初稿总的印象是：剧本所主要表现的工人形象周挺杉，激情似火，奋发图强，性格比较鲜明，有较大感染力；前线指挥华程，石油干部特点明显，形象比周挺杉还显生动；其他先进人物如柴油机工人秦发愤，指导员许光发，老石油工人范师傅等，在艰苦会战中都有作为有特色。从整体来看，作者试图以史诗传记样式进行艺术概括，基础不错。

但一触及存在的问题，意见就比较尖锐了。大家第一个不满的人物，是反面形象冯超。编辑肖尹宪说："冯超欠真实，像幽灵。他为什么要鼓动田家根挪井位？甚至往柴油机里塞棉纱？他搞破坏有何必要性？此人的来路和动机看不清。"同行惠岐说："冯超这条线，显得很失败。他和田家根拧在一起，像大特务小特务那样，总是在搞破坏。他的破坏活动和到底是打上去还是退下来的主要矛盾斗争联系不紧，让人觉得他像是贴在了会战之外。"

老剧作家兼副厂长胡苏说："大庆会战中的阶级斗争怎么写？分寸如何把握？要研究。冯超形象如不紧密勾连会战中上与下的路线之争，基调不明确，就显得帽子大，分量轻，人物脸谱化，难以服众。现在剧本事件多，结构散，中心不明确。我看是否应该把以什么主导思想拿油田为主线，阶级敌人的破坏放在次要方面。"老厂长苏云的看法更清醒，他指出："大庆精神的核心在哪里？我认为，就是周挺杉、华程代表的自力更生、艰苦创业、走中国自己工业发展的道路，通过会战拿油田，显示了我们民族的雄心壮志和自豪感。写阶级斗争，首先一个斗争方面就是反对苏修。现在剧本写苏修给我们的压力写得很不够。是否可以把冯超视为苏修搞工业那一套的代表，而从老矿过来的老总章易之也有此倾向，然后对华程、周挺杉形成更强的思想干扰。我想这可能对揭示主题、刻画人物会更有利。初稿中冯超之坏过于暴露而不隐蔽，说明编剧对主要人物之间矛盾性质的认识还有距离。至于那个田家根，更是贴上的，有损会战中的农民形象，对表现周挺杉的打井技能有害而无益，属于败笔。"

第二个焦点人物是章易之。编辑富生说："作为英雄人物主要对立面的老总章易之，他和周挺杉、华程之间的冲突核心在哪里？不明确，尽管争吵的篇幅很多。在勘探技术上，他又毫无作为，总拉周挺杉的后腿。这个人物的思想脉络不清晰，讲的许多话，不大符合他的身份。"艺委会副主任韦连城说："周挺杉、华程同章总的纠葛，不能老是在屋里打嘴仗，这样缺少动作和形象。他们之间的矛盾，我看更多应该围绕科学拿油田展开，而且更多是认识上的差异和思想分歧。这似乎更符合石油会战的实际。"

三

《创业》初稿送到大庆，油田各部门一方面对剧本整体描写都给予好评，认为主要形象写得动人，有感情，像大庆，看了很亲切。特别像老铁玉门矿拉骆驼、大会挨批评，以及井场负伤等情节，表现得都不错。但同时，也对剧本中存在的一些缺陷提出了中肯意见。

王铁人的老战友周正荣说："剧本写一个井队来到大庆，打了三口井，一个干，一个出水，第三口井喷。标杆队打井打得那么窝囊，怎么能体现出石油会战的高速度、高水平？"钻井技师阮全有说："当年会战，大矛盾是上马还是下马，是顶风而上还是知难而退。作为钻井队，能不能在吃住行困难面前站住脚，打上去，是普遍矛盾，也是考验铁人能不能扭转怕苦思想、带好队伍的大难题。恰恰在这一点上，对周挺杉写得还不够充分。"钻井党委书记韩中全说："我看周挺杉形象，干、闯、上都具备，但他政治术语多，风趣语言少，个性不是太强，应该多表现他在打井取芯、认识地层、科学拿油田方面的成长。"队长贾明学说："剧本战斗气氛浓，色彩却不丰富，全是气啦，水啦，大钳啦，卡瓦啦，感到硬邦邦的，情趣不足。那时，小伙子下工，吃不饱，还要摔一跤，很乐观呢。"周正荣补充："环境虽艰苦，精神面貌好。井场贴有口号：'大雪飘飘风怒号，考验英雄在今朝！'看，多豪迈！希望电影把这股子精神头拍出来！"

钻井地质师姚传贾针对章易之，提出意见说："一个打主攻的总地质师，怎么能成为石油会战的最大绊脚石？这个章总究竟是什么思想作怪绊住了手脚？他到底是保守，还是崇洋？是闯路，还是爬行？现在看，焦点没对准。而且作为总地质师，直接同党的领导发生矛盾不合情理，倒是可以写他与技术人员如年轻的女工程师姚云朗产生分歧，突出华程支持谁，这符合生活实际。"

如何表现知识分子问题，大庆研究院的秀才们在剧本讨论中发言热烈。女工程师沈联蒂，印尼华侨，出身不好，而康世恩在会战中发现她特别能吃苦，和工人一样滚一身泥巴，便大胆地提拔使用她，当时被传为感人的佳话。她看了剧本，颇有感触地说："会战中感受最深的一点是，余秋里、康世恩把一大批年轻的技术骨干推到阵前，挑起重担。总地质师闵玉，那时才三十几岁，干得很出色，并不像章总那样因循守旧，从头到尾扯后腿。他处在重要岗位若像章总那样干，怎么可能拿下大油田?”高工李树义说：“章易之，实际是旧知识分子代表。他们有爱国心，也有专长。因曾受洋人影响，离不开框框，闯新路子总赶不上趟。这些人，余秋里、康世恩都安排他们当顾问。真正上一线的大都是年轻闯将。他们从小接受党的培养，决心在会战中干出点名堂。可惜剧本只写了个年轻女工程师姚云朗，出场不少，作为不大，几乎没留下印象。”

关于这一点，总地质师闵玉惋惜地指出：“剧本中两个知识分子形象似乎都没有写好。章易之实际是错误方面的代表。周挺杉、华程同他斗了5个回合，他都不转变，是不是太死不悔改了？而代表新生力量的姚云朗，出现11场，大部是参加劳动，在井场东走西转，不去听工人的建议，技术上也拿不出主见。这样的形象，对表现科学拿油田是一个损伤。”

大庆党委成员讨论中，热情肯定了剧本的大方向，给予初稿许多赞扬。同时，又对作品的高度与深度提出了殷切希望。刚刚复任的党委副书记宋振明这样讲：“写石油题材，不一定都在搞油上下大功夫。不是让人看科教片，弄懂找油。技术上涉及越多越糊涂。应该是通过找油、拿油的斗争，写一种精神一种气，写人气、志气，还有豪气和壮气。更要写形势逼人，顶恶风上，为拿下大油田革命加拼命，干出大名堂。当时国际反华势力封锁中国，苏联人要压服中国。我们打的就是一场政治仗、志气仗。这场仗讲革命精神，讲科学态度，讲质量第一，讲好中求快。电影到最后，要让人看到我们中国有一支像铁人那样充满豪气、志气，拖不垮、打不烂的石油队伍和无愧于毛泽东时代的英雄人物。”

副书记陈烈民直言道：“塑造铁人形象，应该侧重写他的思想成长。他的事迹人人皆知，剧本对此表现多，揭示少。要像《钢铁是怎样炼成的》那样，回答他是怎样成为英雄的？现在都讲‘三突出’，铁人是工人阶级的先锋战士，应该反映他，突出他，但不要把他写成‘天才’，事事都聪明，都行。打了三口井，敌人都得逞，他的敌情观念哪儿去了？铁人在会战中学哲学，是因为有失败，教训多，要总结，要提高。他下决心要学会讲科学，这不就是成长吗？我觉得剧本在表现工人们的干劲、热情上有看头，而对参战人员大搞科学研究写得不够。会战中，常开三结合技术座谈会，大搞取全取准资料，技术人员日夜攻关，历经百万次试验，目的，就是科学拿油田，并不是冲冲打打去蛮干。总归一句话，希望剧本中心思想要明确，情节安排上再推敲。”

剧本讨论阶段，我们在大庆偶然碰见了著名陕西作家魏纲焰。魏老是大庆通，曾多次采访过大庆会战，写出不少讴歌大庆精神大庆人的诗篇。他看过剧本后，亮出自己的观点，他说：“一是大庆石油会战唱出的是一支国际歌式的雄壮曲调。苏修叛徒集团上台后，中国人有没有骨气，顶住逆流，继续打着红旗办工业走自己的路，举世瞩目。我考虑，为《创业》定调子是否选取这样的视角为好，而塑造铁人形象同样应是这一角度。二是写工业走自己的路，不仅要塑造好工人形象，还应该写好高瞻远瞩、指挥若定的党的领导人物。这些人和石油工业发展有渊源，像康世恩部长、宋振明书记，都有一番找油搞矿的经历。他们最大的特点是紧紧依靠群众，依靠像铁人这样的工人阶级。三是电影表现‘两论起家’很重要，为此石油部是花了很多学费的。关键的一点，是表现好大庆人运用毛主席的哲学观点，高速度、高水平、科学拿油田。这不一定仅靠对话，要靠动作，靠形象，多用电影语言。四是怎样写好铁人式英雄周挺杉的成长。玉门矿解放，老铁一直心存报恩思想。而到了全国群英会，他看到听到的全是国家缺油，千斤顶压在了他的心上。一个生气，一个憋气，使他的认识产生了飞跃，于是自觉承担历史使命，去为国家、为民族快打井，打好井。五是，现在看，剧中人同章易之的斗争比较概念化。章总有他的小传。他应该像当年发现玉门油矿的孙健初那样有爱国心，对帝修反深怀憎恨。但又对外国技术盲目崇拜，坚信技术决定一切。新中国成立后有贡献，也有荣誉感。他和周挺杉感情较深，因为自己有失败教训，所以敢对朋友讲真话，生怕捅出娄子有失职责任，对不起国家。不过，我更看好姚云朗，她是新型知识分子代表，朝气蓬勃的石油闯将，剧本写好她，预示着未来油田的希望。”

魏纲焰不愧是熟知大庆的作家。把他的话同大庆宋振明、陈烈民，以及长影的胡苏、苏云的看法联系在一起，完全可以看到他们心灵相通的一条表现壮阔时代、塑造真实英雄的剧作思路。这思路牢牢扎根于大庆会战的生活基础。

但不幸的是，在1973年“批林整风”之后，随着政治形势的逆转，一股迎合政治风向的潮流袭来，使张天民修改剧本的任务变得更加艰难而无奈。

四

尽管张天民在二次改稿中努力吸收各方意见，对人物，对情节做了大幅调整，对主要人物周挺杉、华程、章易之、冯超也进行了相应的理顺与加工，但是当他把剧本再次交付审查，竟遇到了一帮新权贵的政治关卡。他们指出难以过关的两大焦点：一是以什么指导思想来写阶级斗争？二是用什么方式来表现会战中的困难？

记得在初稿讨论中，因岳林书记病退，主持长影党委工作的军代表就曾提出：“大庆会战如何写阶级斗争是个大问题。现在写的这两个敌人，不够分量。冯超要加强政治上两面派嘴脸的勾画，调子要更加阴险奸诈。对田家根应联系其罪恶史，他的活动应出于对社会不满，心怀鬼胎，恶意对油田进行破坏。”而另一位党委成员、工宣队负责人说：“剧本表现生活困难，要注意副作用。你光写生活艰苦，这没条件那没条件，正符合赫鲁晓夫攻击我们缺吃少穿。国家组织大会战，应表现有一定条件，不能夸大艰难。”

与此相呼应的是，大庆一位政治部军代表兼副主任也说：“华程批评周老铁这场戏，我看了反感。主人公卖手表买土豆情节，最好不表现。生活中可以理解，上银幕是宣扬灾难。”他接着又对如何写阶级斗争提升了调门，他说：“根据中央首长对拍大庆题材电影的关怀和指示要求，现在，我们必须以党的‘十大’精神来统帅剧本创作。从三条原则上看，冯超是搞修正主义的，搞分裂的，搞阴谋诡计的。这样，在出场安排上就该有变化：比如新中国成立前他是地下党，有过叛变，是叛徒，是内奸。会战中他发展成野心家、两面派，还是党内走资派，是无产阶级专政下继续革命的对象。这样写，才能和现实斗争背景、和毛主席‘三要三不要’原则联系密切。写戏嘛，应站在20世纪70年代高度写60年代的故事，来为70年代的斗争服务，这样现实意义强，剧本才立得住。”

好家伙，张口党的十大精神，闭口毛主席“三要三不要”原则，还有20

世纪70年代的高度，为现实斗争服务。这政治图解式的新设想，老思路，在大庆老干部再次被封嘴之后，俨然是以代表大庆党委口气正式提出的。此时冒出这样的审查意见，作为剧本创作者，应该怎样来对待呢？

重压在身，大帽吓人，张天民无奈之下，只好重翻矿史档案，总算找到一个玉门地下党在新中国成立前组织罢工的事件。于是在强制下，冯超摇身变成了玉门的工贼，暗藏的内奸。而且为了表现他在会战中与华程斗争旗鼓相当，又把他从副指挥提升到党委委员。不过，对于不该过多写生活困难的指责，却遭到了于彦夫、张天民的反驳。于彦夫导演说："有领导提出，要我们把华程批评周挺杉'我不趴下'那场戏拿掉，这显然违反'文艺创作源于生活'。这场戏不是瞎编，它来源于大庆'难忘的4·19，二李、老铁出了丑'的真实事件。"张天民补充："写大庆会战，不写生活困难，人的精神面貌怎么展现？写困难不等于宣扬苦难。只有把困难写够、写透，大庆人最真实最感人的风貌才能让人看得见。不然岂非空谈？华程借批周挺杉把井打歪，抓典型，目的在于质量教育，吸取教训。而且通过老周喊出'我不趴下'的话，展示他光明磊落，面对错误的勇敢品格。"苏云厂长支持两位的看法，他说："大庆会战就是在困难的时间、困难的地点、困难的条件下打上去的。不表现困难与战胜困难，哪儿来的大庆精神？"

两位编导顶住蛮横的压力，换来《创业》留在银幕上周挺杉"我不趴下'的好戏。而他们对政治高压的困惑与无奈，就像眼看即将建成的宏伟楼房，被塞进了一根不堪重用的朽梁，结果让冯超发出政治臭气的丑相，熏黑了电影《创业》的光彩，最后给这部讴歌时代英雄的作品带来了无可补救的硬伤。嗟乎，是令人痛心？还是悲叹目盲？今天回顾这场创作争议，我们只有深刻吸取教训，提高分辨真假马列的素养，以激励我们永远遵循马克思主义的美学原则，去创造伟大时代呼唤的完美艺术形象。

五、《创业》剧组选演员趣事

一

作为重大题材的电影《创业》，从剧本到拍摄的最大特点，是一开始摄制组就随同编剧、导演奔赴油田，进行生活体验。因此，各部门（摄、录、美、服、化、道）不仅对创造石油会战的典型环境有亲身感受，而且，也能从各业务角度对导演构思提出建言。记得我们在大庆听完对剧本的意见，准备返程时，化妆师张立棠便匆匆找导演，对他说："这部戏充满石油特点，一定得选好演员。现在厂里正在重拍《青松岭》和《艳阳天》，我看演万山大叔和肖长春的两个演员挺不错，气质硬，戏也好，是不是可以请他们来演华程和周挺杉?"于导演问："他们组什么时候停机?"张立棠答："快了，年底前。听说承德的演员不好借，咱们得快下手，别耽误时间。"

演员是创造形象的关键，于彦夫还没开始分镜头，这个议题便凸现眼前。这时，恰逢哈尔滨话剧院正上演一新剧目，导演听说，当机立断，立刻告诉制片："大队返厂，导演组半路下车去看戏，瞅瞅演员。"那时，这个具有北方传统的话剧院刚恢复演出。在新剧中，演女主角的李贵平和演副厂长的刘国祥表演生动，令人注目。如果让他们一个演《创业》女工程师姚云朗，另一个演副指挥冯超，其形象、气质，都符合人物。但看罢戏后一打听，市文化局负责人直摇头。他们放话说："老剧院起死回生刚复苏，要借别的演员我们给，千万不能抽台柱！"于导晃晃脑袋叹口气，心里想：得，心急吃不了热豆腐，回头再派人跑跑看，车到山前必有路。

回到厂里，于彦夫和艺术片室杨主任商量后，为物色演员，把另一位副手立即派走，自己则抓紧时间分镜头。然而就在这时候，文艺界又掀起一场运动。北京各大文艺团体和电影厂，抓住一些对"文化大革命"有不满情绪人士的言论，上纲上线，再次展开批判。它波及长影后，全厂停产，几乎天天学文件，上挂下联，于彦夫随之成为挨批的重点。这是为什么呢？就因为他对《创业》剧本的改法有意见，特别是，他不赞成把冯超写成内奸，认为这样写太表面化，有牵强感。而且他向把持长影大权的军代表提出：剧本还得再修改，影片能不能晚半年开拍？有这念头还了得？对江青抓的重点片，你不积极往前赶，竟借口剧本不成熟想拖延。好家伙，这下子于彦夫被抓了典型，于是开会、批判，不肯认错不算完。而我这个刚变头衔的副导演，一夜之间，也突然被列为陪绑，指控我的"罪名"同样是一派胡言！

惹祸的由来也是因为我对剧本有意见，被人曲解，反映到上边。在初稿讨论中，我直言不讳地讲过："剧作大结构有缺陷。用主人公打三口井来铺叙故事，矛盾不集中，存在段落感。而且，把章易之写成主要对立面，不符合会战生活实际，掩盖了科技闯将们的攻关业绩。以及过多运用政治术语，对话不够生活，缺少风趣，等等。"我的意见，可以看作学院派式的剧作主张在创作实践中的争辩。这完全是善意的讨论，没有任何越位之嫌。更何况改稿后，我带头维护编剧、导演的思路，并提出有舍才有得，为导演分镜头解决篇幅过长而建言。然而正常的艺术探讨一旦被加上政治因素，碰到擦火点，性质就完全被改变。

一天，厂字幕组找我核对字幕稿，这应是副导演的职责。在编剧一栏中，为署名准确，字幕员问我："在执笔张天民名字之前，应该写'大庆创作组'，还是写'大庆油田创作组'？"提问使我一时怔住。为此，我先问张天民，该如何处理？他说："这很简单，不就两个字吗，打电话问问大庆不就结了！"

我当即照办，并且还让他传话给导演，免得节外生枝添麻烦。出乎意料的是，怪事很快出现：不知何人在摄制组散布："华克为自己曾参加编剧而争署名，而且还打电话给大庆！"天哪，在"文革"阴霾笼罩的长影，怎么到处有敏感的神经？只是当时我已被派往辽宁，去联系作曲家秦咏诚，对此还不知情。而当我请人回来那天，迎接我的不是笑脸，而是剧组的批判！联系我多次对剧本唱过反调，于是什么"争名夺利""自我表现"，什么"黑线余毒不散""应该深挖思想根源"被一一端上台面。面对既上纲，又上线的无端指责，开始我保持沉默，任炮筒们胡编，等批得实在过火，我怒不可遏，厉声回应道："你们连基本事实都没查清，批什么黑线回潮？请各位先到字幕组问一问，了解真相找张天民，仅仅为'油田'两个字，值得大惊小怪吗？"

一场瞎批，无果而终。党支部书记曲伟知我受了冤枉，赶快把我拉出会场，好言相劝道："别生气，误伤，误伤。这几年不都这样吗？"我难过地转身要走，被她一把拽住，郑重地对我说："于彦夫导演派人去山东找演员，扑空了。人家不光不借，还亮出中央首长的大招牌，狠狠堵我们！昨天厂里决定，一开春就抢雪景。时间紧，任务重。你老弟能干，抓演员该派你出去扑腾了！"她瞅我仍然气鼓鼓的，便拍打我："不许闹情绪。9 个外请演员，一个没定，明天一早，你赶快跑沈阳，上辽艺去抓陈颖！"

气归气，干还得干。我认为，副导演作为导演助手，不管在任何时候，任何情况下，都应该围绕完成导演意图，帮他去铺垫。进入新时期以来，随着电影产业转型，影片更趋向市场化时，不少年轻人只想当导演，而对助手工作不以为然，甚至想越过副职一步登天。当年拍《战火中的青春》的导演王炎，曾以老学长的口气告诫过我："你一定要懂得，场记、副导演是锻炼组织能力，熟悉摄制组各部门业务的必经阶段。你来自学院，别空谈理论好高骛远，一定要脚踏实地打好底子。这样，你当上导演指挥全局，就不至于手忙脚乱、心里发虚了。"王炎的话，一直响在我的耳边。现在，副导演实践已经开始，我必须全力以赴，协助导演找好需要的演员。

二

辽宁艺术剧院演员陈颖，1956 年三十几岁时，曾在长影所拍《青春的脚步》里饰演过重要角色。如今他年近五旬，依然文质彬彬，正是于彦夫导演心中章易之的人选。上次我来沈阳找作曲，曾通过原辽艺院长、扮演邓世昌的李默然，跟他见过一面。老陈听说有意请他演戏，正中心愿。不过他担心剧院正排新剧目，借调可能困难。路上我在想，导演说厂里要看演员阵容，下周必须试镜头，而今天是星期六，明天周日不上班，交涉谈判只剩半天，万一剧院不同意借人怎么办？哪里还能磨蹭时间？再一想，嗨！反正车到山前必有路，先到沈阳再说，遇阻再找李默然！

我匆匆下了火车，赶到辽艺已近 12 点。于是饭不吃、住不管，首先找到陈颖家，问他怎么办？陈颖见我来，挺高兴，告诉我："先说好消息，借我出演这件事领导基本同意，是李默然给军代表敲边鼓才点头的。不妙的情况是，我现在挂衔演员队长，两台戏我都演 2 号，明天一早，就得带队赶到瓦房店，那里已经搭台卖票了。"我急问："演出什么时候结束？"他回答："加上专场慰问，最快也得半个月。"我告诉他："下周给你试镜头，最多就一天，你看怎么安排？"陈颖沉着脸，低声说："只怕不好办，专场是市文化局安排的，雷打不动——要不然，等我回来？"他苦笑着："要么干脆换人。剧院刚搞完揭批，我身不由己，还得服从演出大局啊！"我问他："调整一下演出时间不行吗？"他摇摇头："这得请示文化局，他们不发话，谁敢呀？"

我陷于两难：今天若抓不住他，很可能要说"再见"。而我一看表，已下午 3 点，离下班仅一个多钟点。怎么办呢？这时陈颖忽然听见有人叫，忙对我说："华导演，你先忙，演员队催我搬行李呢！"我失望地看他拔腿离去，突然脑子一转，冲他高喊："喂，老陈，您知道文化局谁负责吗？"他回头应一声："是军代表田丹，原先在沈阳军区话剧团。"我一听是田丹，立刻喜出望外，连忙挥挥手，对他说："下班前等我消息，办不成，算我没能耐，大不了回厂交差！"

其实，我和田丹不熟悉，但上次来沈阳，偶然间经李默然介绍，和老田见过一面，并且还得知他参演过电影《智取华山》。当时，我曾打趣地叫他的角色名字“常盛林”，还跟他就导演郭维和演员方化如何拍戏侃得津津有味。他让我给郭维、方化带好，我说有机会请他到长影来演戏。就这样，两个人惺惺相惜地算是套了磁，攀了亲。不过那时候我只把他当演员，哪里知道他是市文化局的现任主管啊！好，认识人就好办事，何况如今穿军装的正走红，说一不二，雷厉风行。只要把拍《创业》的政治意义、支持者的来头一亮，我想至少他不会阻拦。可是又一想，这么丁点时间，他若不在班上怎么办？话递不上不还得泡汤吗？这时我陡然心一硬，不管它，反正到处可以打电话，只要让他知道我有求，肯定会给答复的。

预料果然没失望，不到20分钟，电话从文化局又转到他府上。我三下五除二讲明大意，请他务必想想办法，把瓦房店的演出时间错开一下，若能两全其美，这事就算妥啦。田丹毕竟和电影有缘，理解长影拍《创业》意义深远。因此，他没犹豫，干脆利索地回答：“老华，你放心，我马上通知辽艺，可以放人。只要让陈颖下周二赶到辽南，演出时间我重新安排。这样行吗？”

好消息传给陈颖，他自然高兴。他问我何时起程，我说：“为抢时间，留点主动，我已通知组里，最好周一进棚。我给你订明早车票，今晚为让你休息好，安排你在东北饭店睡觉，免得夜长梦多，再有打扰！”

选定陈颖，赴沈阳算未虚此行。但当我回厂向导演、书记汇报时，发现他们脸色不对，不知又碰上了什么事情。我的报喜话刚开头，就被曲伟书记拦断，她说：“得，打住！哈尔滨方面出了问题，导演正犯愁呢！”我问：“怎么回事？”她答：“韩侠和张晓秋（摄影助理）昨晚回来说，借刘国祥演冯超，省文教办不同意。老韩和那位负责人是亲戚，磨叽好半天，最后露底，说是市话剧院一直顶着呢。”我问：“就一点办法都没有了？”导演说：“眼下都在恢复演出，上台的好演员不多，谁肯把尖子放走啊？”曲伟接话茬：“于导想换人，干脆用本厂演员李亚林。”我连连摇头说：“不行，不行。亚林是好演员，二十二大明星。他气质偏秀，演冯超不对路。依我看，刘国祥如果导演认定，不妨再派人去攻一攻！”

霎时屋里一片寂静，大家都没吱声。少顷，还是曲伟打破沉默，她对导演说："老于，你要是对刘国祥不死心，我赞成再去趟哈尔滨。这样吧，我给你推荐一个人！"导演问："派谁？"曲伟冲我呶呶嘴，一本正经地："华克同志怎么样？他可敢打敢冲呀！"我赶紧摆手："不成不成，别一提建议就沾包，我明天要去大庆打前站，组织协作班子呢。"于彦夫笑道："正好顺路，你半道下车歇半天，溜达着去找文教办。"顿时我无话可说，想一想后，我转口提条件："让我去，可以，必须有所准备。一是我要带打印剧本，以长影党委名义给黑龙江省省委送审。二是话剧院归市里管，苏里导演跟市委书记李剑白是老战友，请他写封求助信。三是我要给大庆打电话，请政治部也派人去，一块夹攻他们。"屋里人听完都笑了，有人叫："阵势不小啊，一个刘国祥，动这么大干戈，值吗？"我眼一瞪，回敬道："想要演员，就这么干。不然，开拍的时候干瞪眼！"

还是曲伟机灵，我的招儿瞒不过她的眼睛。她清楚，大庆归属黑龙江省，以送审大庆题材剧本为名，按组织程序要求省委支持，跟市委主管的市话剧院疏通，可避免直接打交道硬碰硬。老曲满足我的条件后，我很快拔腿登程。到达目的地，我直接找文教办的负责人，递上长影党委公函，请他们报告省委，审查《创业》剧本。至于借调演员，我一句话也没提没问。

冠冕堂皇地办完送审手续，文教办客气地送我到北方大厦歇息。夜里我给大庆挂电话，说明来意，让他们等着，伺机配合。至于给市委李书记的信，先揣兜里，等急眼时再说。睡到第二天上午 10 点多，忽而有人敲门。我迎出一看，噢，不是官员回访，来的竟是剧院演员刘国祥！这位仁兄笑呵呵地和我握手说："是华导吧？我叫刘国祥，这个……"我纳闷地看看他，客气地询问："哎，老刘，是哪位通知您来的？"国祥说："正式通知嘛……还没有。上班就听见院办接电话，市文化局打来的。听声音是说长影导演来看演员，你们不能不让见。别的嘛……"我恍然大悟：上次韩侠来剧院，吃了闭门羹，肯定有惊动。而机灵的刘国祥，大概早闻风声，为能参加电影拍摄，当然要探我住址，上门呼应。二人落座后，国祥显得分外热情，对我说："老华，来哈尔滨别见外，中午到我家，咱们涮锅子，好吗？"我连忙婉谢道："谢谢，请吃饭，咱往后放。眼前最要紧的是，我们借演员剧院肯不肯商量？"老刘笑了，说：

"您这么大的惊动，谁能抗得住？要借李贵平，肯定不行，业务副院长宝座等着呢。我嘛，您甭怕，凭我观察，不出明天，领导准找我谈话！"

第二天，机关一上班，省文教办打来电话，约我见面。我按时到达后，负责人开门见山地说："送审剧本，省委正组织人看。拍电影，文化部是正管，我们不一定拿什么意见。另外，上次你们来借演员，我们很抱歉，剧院提出他们有困难。昨天，根据省委指示，我们把市文化局和剧院领导找来开了个会。经过动员，他们认识到：大庆就在黑龙江，当年石油会战全国来支援，今天长影拍《创业》，借个演员都不肯放，实在不妥当。这样吧，华导演，一会儿市局同志陪你上剧院，具体事情由你们谈！"他的话很透明，大前提已定，剧院已经松动。于是我表达完谢意，立刻随陪同人员去和哈尔滨话剧院领导见面。一番道歉，一番寒暄，仅用半个小时，双方商定借期与手续后，剧院领导便把刘国祥推到了我面前。

回到北方大厦，我马上给曲伟挂电话。她问我："你办得怎么样了？有戏吗？"我回答："完了。"她大吃一惊："啊？又泡汤啦？"我笑道："是完了，我办完啦。剧院表态同意借，明天下午 5 点你派人接站吧！"我一句话落地，逗得她又乐又生气，顺口骂一句："鬼东西，到这份儿上还让我扯急！"

陈颖、刘国祥到来，表明在角色谱中，主要对立面人物——章易之、冯超两个演员已经选定。紧随其后，我们又从吉林市话剧团找到两个演员，章杰将演指导员许光发，邵德兴演老钻井工范师傅。接踵而来的是，长影演员剧团的宫喜斌饰柴油机工秦发愤，李瑛演周挺杉妻陈淑芬，朱德承饰油娃，迟志强扮魏国华，浦克扮演田大爷，张冲霄演老矿工周师傅，以及刘庆生的角色为赵春生，等等。

三

眼看已到年底，全剧突出的两位主角周挺杉与华程始终未能敲定，让全组都着急。问题在哪里？导演相中张连文出演周挺杉，可是《艳阳天》中肖长春的戏还在拍，短期下不来。而全组目光紧盯的《青松岭》主演李仁堂，私下他虽已向导演表态，乐意演华程，但在长影监场的承德话剧团罗团长听到风声，已严令演员不许有任何“非组织活动”。而且近日得知，这位团长为阻挡李仁堂被拉进《创业》组，已连夜乘机飞往省府，展开堵截部署。

于彦夫预料借李仁堂不轻松，便赶快让曲伟书记同我一道奔赴石家庄，向河北省文教办陈情。为了强调《创业》是江青抓的重点片，我们路过北京，特意请中央文化组开了介绍信，以显示此次借调的重要性。但对这一事项，河北省并不买账。经过一番交涉，反复求情，省文教办依然无动于衷。他们回绝的理由是，经与承德话剧团电话沟通，他们称明年要参加全省会演，主要演员一个也不能动。无奈之下，我们只好回到北京，求计于当时在京开会的老厂长苏云。他提醒我们，长影和《青松岭》剧团有老交情，硬压人家不行，还要多讲拍《创业》的意义，最好让他们理解、支持你。如果实在不同意，莫如提醒于彦夫另作考虑。曲伟不肯轻易缩手，让我到文化组再开一封带国徽大章的公函，第二次去石家庄再次恳求。然而，交涉的结果，对方继续回绝。人家说，演员管辖权在剧团，管剧团的是地区文教办。借演员属于双方业务沟通，我们不可能下行政命令。我看再磨已毫无意义，于是提出：“你们可不可以在我公函上批个字，表明支持，并同意我和承德方面直接联系？”那位负责人回答干脆：“当然可以。你可直接找地区文教办，请他们处理。”

说实话，那时我还不知道承德话剧团罗团长神通广大，早已在省府使出了应对招法，无怪乎有人把“罗小鬼”的外号送给他。而今，我面对暗中拒绝与开拍压力，已感到无路可退。为了实现导演意图，凑齐强势阵容，我必须单枪匹马闯承德，来它个孤注一掷，据理力争。

离开河北省城，我在北京停一夜，第二天一早，便踏上开往承德的列车。晃晃当当一整天，至下午 5 点 30 分，老牛般的慢车才徐徐进站。行前我没有给剧团发电报，也没有把来承德的时间告诉任何人。奇怪的是，我刚刚走出列车，便听见车站广播喇叭有喊叫声音：“长影华导演，下车有人接，请您到出站口等着！”哟，这是怎么回事？我正在惊愣，面前蓦地迎来三个身影。矮个的罗团长首当其冲，上前握住我的手，分外热情地说：“华导演，您来咋不说一声呢？要不是省里来电话，该叫我们多难为情啊。”待我和另两位握手，他又忙介绍：“这位是地区文教办的李秘书，这位嘛，文化局的刘科长。宾馆安排好了，先给您接风，然后洗个澡，睡好觉，明天再会见地区领导。您看行吗？”

这阵势不小！“罗小鬼”不愧是机灵鬼，仅从这破格的接待，便能看出他应对我的不寻常姿态。轿车沿山城大街疾驶，行进中我在思索：这出乎意料的安排，究竟为什么？眨眼间我明白了——从剧团角度想，《青松岭》两次拍电影，承德话剧团和长影有非同一般的感情。因此，制片厂同志来访，必须以上宾接待，才显示出东道主的气派。那么待客之后呢？事情自然会变得轻快：团里出借演员困难，请长影谅解，不要见怪！嗯，“热情待客，坚决拒绝”，这便是罗团长打出的如意算盘。

第二天早8点30分，接待人员把我从宾馆迎接到地区文教办。会议室里，花白头发的文教办主任由昨天接站的秘书、科长陪着，除罗团长没来，还有一位文化局长相伴。四位官员正襟危坐，秘书一一介绍完，便开始例行公事的谈判。主任的开场白亲热而又客气，先称颂一番和长影多年合作的友谊，然后口锋一转，直接把议题引到双方关注的焦点。他说：“你们借李仁堂演《创业》，凭关系我们理当相让。但话剧团的确面临着困难情况：一是明年全省会演，他必须参加，不能丢掉昔日的影响；二是剧团业务刚刚恢复，老李必须参加排练新节目；三是新学员刚进团，练功、培训任务重，老演员个个得带兵，放走李仁堂，别人也要求出去拍戏行不行？四嘛，说实话，老李运动中错误不少，还应该继续改造，不能因为重拍《青松岭》翘尾巴，想离开笼子当飞鸟，变得更加骄傲！”

老主任滔滔不绝，摆了不少理由，归结一句话了结：“不借！”面对这样的答复，我来前已有预料，并已想出应对腹稿。但，我还得硬着头皮听下去，等另几位把补充意见讲完，我才含笑连连点头说：“理解，理解。把话说到底，你们就是舍不得！既然情况如此，我只好回厂如实汇报，另做安排了。你们的款待，我很感谢。方便的话，帮我买张明天的车票，组里同志还在北京等我呢！”官员们见我毫无强求，掉头要走，顿时感到惊奇，没想到打发这位远征客，竟这等容易！不过为表示客气，还是以挽留口吻向我提议：“这么急？多住几天，陪你看看避暑山庄嘛！”我再次拱手称谢。又闲扯几句，直到散场，我瞅他们已解除心理警戒，便漫不经心地提出一个请求："有件小事请帮忙。来的时候，姜树森导演托我给地区卢书记捎句话，昨天我听说他没出差，在家。能不能安排几分钟，见见他？"老主任一听是《青松岭》导演有事相托，毫不犹豫，立即发话："这好办，李秘书马上和办公厅联系一下，请华导演在宾馆等着吧。"

原来，离开长影前，我曾在摄影棚见过姜树森导演，她关心地对我说："兄弟，哪天你去承德办事，可以去见一个人，就找地区一把手卢书记。他是军代表，和我多次打交道，办事热心，对我很好。万一有难处，见他只要提我老姜的名字，他不会不管的！"她的话我早丢脑后，还是昨天在车上，急得胡思乱想，才捡起了这道锦囊。今天既然遭到他们一口回绝，对不起，我只好去请这位尊神，来帮我杀一个回马枪！

事也凑巧，宾馆刚送来车票，电话通知便到，让我午后两点，到地委办公厅同卢书记见面。我准时到达后，秘书长说："您先喝茶，等一下。红旗杂志社记者来采访，和您约到4点能谈上。"几杯过后，挂钟敲响4点，秘书长立刻送我走进书记房间。身穿军装的卢书记含笑相迎，开口便叫人喜欢："啊，您是老姜的同事吧？欢迎，欢迎！"我一听口音，便知他是河南人，立刻以乡音回应："卢书记，您老家是在河南吧？俺家在焦作……"他闻声一怔，欣喜非常，叫道："呀，老乡，老乡！喝茶，喝茶！哦，您咋到这儿来啦？"我预感时间不多，不能啰唆，心一狠，先以半玩笑口气来个语出惊人："卢书记，不瞒您说，我找您'告状'来了！"他蓦地一惊，急问："啊？咋回事？快说，说吧！"我一看这位知音上路，便一五一十，把来意、阻力和盘托出。然后针对军队干部突出政治、求功心切的特点，又强调说："卢书记，您想想，毛主席号召'工业学大庆'，当年石油会战，全国各条战线都派精兵强将去支援。今天，江青同志把《创业》定为重点片，人家辽宁宁可把已卖票的话剧停演，也要派出演员。黑龙江硬把上新戏的角色换下，也要支持拍《创业》。怎么来到贵府上，一提要借李仁堂，就这样打怵、不肯帮忙呢？他们讲出四条理由，其实就是两个字：不借！如果我回到北京，中央文化组问情况，您看，我该怎么说好啊？"卢书记没等我把话说完，便大摇起脑袋，连连摆手说：

“咳，咳，拍电影面向全国，这是党的事业，总得顾全大局嘛！哦，地方嘛，难免有本位思想。去年重拍《青松岭》，要不是我力推李仁堂，剧团也是不叫他上，说他黑线余毒不散，都是个人成见嘛！”他沉着脸，想了想，郑重回答：“我看呀，这事问题不大。放演员出去，也是给剧团扩大影响啊！不过，总得经过商量。这样，回头常委们开会说一说，您等消息好吗?”

同卢书记谈完，正好下班。我满怀喜悦地离开地委办公大楼，准备回宾馆吃饭。刚走到大门口，我脑子一闪，陡然发觉一个疏忽，立刻停步。自己懊丧地想，和卢书记谈话，秘书长不在场，以后若做出决定谁来向我传达？常委们开会研究，又需要等多长时间？我怎么只顾提要求而忘记落实呢？欲要回头，又觉不妥。再一想，只要书记发话，不会让我不知道吧？我匆匆吃过饭，摸黑刚进房间，一个人影噌地闪在面前。打开灯一看，亮出罗团长的脸面。他呵呵地笑着，显出高兴的样子问我：“怎么，明天就要走？太急啦，多玩玩嘛。今晚我请你看戏，北京战友文工团的话剧《战地黄花》，走吧！”我料他还不知道下午地委这出戏，于是随他欣然而去。

我们一起走进剧场，落座后，他突然关切地问我：“您下午上哪儿了？我本想领你去山庄转转呢！”我原想搪塞，又觉失脸面，便说：“哦，姜导托我办件事，跟卢书记见了见。”他“啊啊”应两声，刹那间如坐针毡，流露不安。过了一会，他倏忽不见。我扫看剧场，发现他已遛向贵宾席，好像正找机会，想凑近来看戏的卢书记与秘书长跟前打探。我一见秘书长到场，立刻意识到他是落实我此行目标的希望。铃响，灯灭，大幕缓缓拉开，剧目开演。一个小时过去，到幕间休息时，我有意等在贵宾休息室门口。秘书长一眼发现我，热情地拉我进了客间。端起茶杯，两个人仅仅交谈几分钟，他便心领神会，答应催办：“您先走吧，卢书记既然表态，我看问题不大。等下周六 11 点 30 分下班前，咱们通电话，好吗?”

星期六这天，我一早便乘火车赶往天津，准备上天津话剧院，商借饰姚云朗的演员王者兰。下车一看表，刚好 11 点。我急匆匆赶到一家商店，抓起电话筒，直接要承德。秘书长很守信用，立刻传达地委意见：“演员同意借。我们已经告诉剧团，马上通知长影剧组党支部，李仁堂可以参加《创业》演出。”我迅速把好消息传回长影，曲伟在电话前甭提多高兴。我大声叫：“你快告诉导演，甭再着急啦！”她哈哈笑道：“不，闷着他。老于要知道了，我怕他蹦高啊！”

闯过难关，再和以后几位外聘单位打交道，就显得容易而简单。女演员王者兰，曾饰演过《昆仑山上一棵草》的女主角，天津人艺听说有戏安排，放人很痛快。由天津返回北京，又从外文出版社，邀请了即将扮演洋顾问的票友庞万灵。接着，我回到母校电影学院，给周挺杉找到了一位扮他母亲的演员——欧阳如秋老太太。直到开拍前，《艳阳天》拍完，我才为张连文出演周挺杉跑了一趟山西榆次文工团。该团由于团小戏少，张连文这些年一直在外边，因而我这次来借他，很容易就通过了。至此，全片选聘演员任务圆满完成。等过了春节，便是盼望大雪降临，摄制组就要奔赴大庆，抢拍外景了。

六、导演二次创作有何突破？

一

1974年春节的鞭炮声还没响完，《创业》摄制组大队人马便浩浩荡荡地开进了大庆油田。或许是天公与电影有缘，我们刚在让胡路住所落脚，鹅毛雪片就飘飘而至，覆盖了广袤无垠的草原。当时，正值大庆新油区会战打响，全战区钻井队在喇嘛甸豁然排开，气势壮观。

摄制组紧张地在进行开拍前准备：演员试妆、道具搜集、景点复查，以及各类服装搭配，等等。根据拍摄计划，第一个景点确定在龙虎滩车站。这意味着头一天开机，便是各路石油大军前来参加会战的下火车场面。开拍通知板已挂在门外，这时，我忽而感到奇怪：为什么导演不宣讲外景意图，把总体构思、气氛营造，以及对群众场面的具体要求，一一向全组主创做明确部署？不错，连夜召开的技术会上，于导演也宣布了要拍的镜头，可是对所拍戏的形象构成，造型特点，包括艺术处理及有关设想，却缺少阐述。我想这些方面，于导或许同摄影师和美术师已有沟通，心中有数，但我作为负责布置后景的副导演，并不清楚。于是我带着自己的设想和草图，主动找导演征询意见。而导演的回答却让我意外，他说："好啊，不错。这个我还没怎么想，全忙活着改剧本了。后景安排，就按你的想法去布置吧！”他给了我信任，这信任是力量，也是命令，于是我铆足了劲儿提前行动。

第一天动员的群众演员，几乎上千。此前，我通过大庆协作班子，已向提供群众的钻井、井下、采油和油建各单位，把应扮的会战装束，要带的行李特点，以及领队到达现场的时间，做了详尽安排，并按“三老四严”要求，检查过两遍。然而就在全组行将出发之前，是时已近凌晨1点，我刚要躺下来打盹，忽然传来导演的呼唤。他虎着脸，生气地对我喊：“你看，明天一早就要拍周挺杉遇见‘铁裁缝’，道具员刚来报告，说他们没来得及准备电焊枪和护面罩！”我倏地一怔，忙说：“道具单早就给了他们，还特意叮咛过，怎么这样马虎啊？您赶快睡觉，这事儿交给我了！”消了导演怒气，我硬生生站着发愣，心里想，早半天知道我还有办法，现在已经半夜，去找谁呀？我忽然灵机一动，翻出了我刚来油田时组织创作组的名单，一眼便扫见井下指挥部一位姓凌的调度员。这时，我想起大庆各部24小时都有值班，于是抓起电话，直接要井下调度。值班员听见我的声音，马上回答：“是你呀，老华！放心，明早正是老凌带队出发，我这就通知他，一准给你带两套家伙去，行吧？”石头落地，我心花怒放，连声道谢之后，心中立刻泛起对大庆人雷厉风行作风的敬佩。

周挺杉风尘仆仆地带领井队下火车；大雪覆盖的草原上，人拉肩扛，搬运钻机……这些场面，我们接连拍了5天，才转移景点。为了抢拍雪景，全组每天4点半起床，5点吃早饭，再乘车一个半小时抵达现场。然后冒着零下20多度的严寒，冰天雪地连轴转，直到晚8点收工回住地，才能到房间暖一暖。又3天过去，第一批送洗的样片返回油田。气氛热闹的车站会见，雄师挺进的风漫雪原……所有这些画面都拍得不错，有气势，很壮观。不过，我心底里似乎总感觉还缺点什么！直到后来全片完成，我才恍然明白，拍大场面少了细节——比如表现主人公初到大油田的内心激动，就缺少感染力强的细部展现；而风雪中的人拉肩扛，也由于欠缺特写镜头渲染，致使营造的艰苦形象显得抽象。这让我意识到，单单呈现气氛，未必能产生感染；只有抓住能触动人心的细描，将气氛化为意境，升华为形象，才能打动心灵，带来震撼。

不过我的这种看法，当时只存于心头，并没向别人流露。其理由，一是我曾对剧本发表过不同意见，在所谓“争署名”的误批中，已尝到令人不快的感受。二是自己应该清醒，副导演职责只是完成导演授命，不可越位纵言，自认高明。三是于彦夫有多部拍片经验，也曾在电影学院接受过苏联专家导演理论的熏染。而且他从深入生活到剧本创作，一直思考不断。因此，导演二次创作构思如何？总体有哪些突破？我想他早应胸有成竹了。

二

拍摄继续进行，倏忽间，一个闷葫芦般的传言令全组震惊。不知何方来的消息，声称《创业》剧本有严重政治问题，弄得不好，拍出的片子可能是毒草！导演起初没在意，但流言扩散，讲得有鼻子有眼，引起了大家的不安。无奈之下，剧组只好将拍摄暂停，由党支部书记曲伟向大庆政治部询问，让他们给予澄清。

大庆的回应出乎意料。协作组老马转告制片主任，请剧组就近安排一场戏，说油田领导要来看拍摄，正式为《创业》开机表示祝贺。而且还补充一句，拍车站时因路途太远，领导没能去，明天就算是后补的开拍典礼。茫然无绪的导演听此消息，虽然很高兴，但依然是丈二和尚摸不着头脑，猜不出葫芦里装的什么药。于是等到第二天，演员们正在喇嘛甸井场走戏，忽然听见喇叭响，大庆重新掌权的副书记宋振明和陈烈民由干部陪同，来到拍摄现场。宋书记说话一向幽默，他笑呵呵地握住张连文的手说：“我今天就是想来看一看，你这个周老铁演王老铁，演得到底像不像？”他一句话，逗笑了全场，大家顿时消除了先前的紧张。开拍仪式上，既没有谁讲话，也没有鞭炮响，仅拍了几个镜头，让领导们观赏后，我便瞅见宋书记把曲伟拽到一旁，对她讲：“没想到拍电影这么辛苦。我提议让大家休息半天，来个劳逸结合，得空洗洗涮涮，行不行啊？”

宋书记一发话，翌晨一大早通知便到：他邀请《创业》剧组全体人员，下午 2 点到总部机关 2 号院。声称最近因忙活新区会战，招待不好，油田领导要犒劳犒劳艺术家。果然，当于彦夫、曲伟带领大家赶到会见厅时，只见白色条案上摆满金黄的哈密瓜，接待人员给客人送上来切好的瓜。宋振明面带笑容举瓜欢迎道："朋友们，你们辛苦啦！今儿不是特意请，正赶上新疆来人祝贺新区开打，带来两箱哈密瓜。好事成双嘛，正好把你们拍电影的也叫来，一块儿品尝品尝，喘口气，拉拉家常歇一下！哈，吃瓜，吃瓜……"霎时间，一帮油田老总、高工齐拥而上，把剧组的演员、技师和工作人员分拨拉座，边推让边吃瓜、唠嗑。大厅里宾主相聚，洋溢着欢声笑语。一阵热闹过后，主人们露出欢快的笑脸，招呼我们吃个便饭。大家来到餐厅一看，嘿！这哪里是便饭？分明是丰盛的晚宴！席间，大庆人和长影人频频举杯敬酒，互相祝贺。长影预祝喇嘛甸会战旗开得胜，大庆期望电影《创业》拍摄成功！至于什么"政治问题""毒草流言"，在这次戏称的"哈密瓜招待会"上，眨眼间被大庆人扫得烟消云散！

三

大庆人对拍《创业》的支持与热情，令摄制组所有人感动。但这并没有让导演二次创作和剧组拍摄的重担有所减轻。这是因为，我们眼下只是抢拍雪景，分镜头剧本还没最后完成。为此，就要求导演必须在冬、夏两次外景间隙，再次与张天民合议，更多吸纳组内成员意见，在艺术处理上对全剧蓝图做出加工与调整。

必须承认，视觉形象是电影的主要特征。在把文学文本转化为电影图像的过程中，如何发挥造型手段的优势，彰显综合艺术的功能，以及如何对剧本再次熔裁提炼，概括集中，这无疑是导演二次创作欲获得突破的重要途径。而这就有必要在创作理念上，确认"形象"一词所涵盖的内容。我的老师干学伟教授曾讲过：形象，它不是一般的生活现象，而应该是具有生活的自然特征，并具备深刻美学内涵的社会现象的集中反映。这就像苏联影片《列宁在1918》中，瓦西里与妻子道别时互相塞面包的那个细节——一个负责运粮的革命者，自己已忍饥多天，为不让妻子挨饿，把袋里仅有的一块面包悄悄塞给她。而妻子也为了不让丈夫再忍饥，反过来又把面包塞回去……在这里，苏维埃大地的饥饿形象，仅从这小小的面包块中，得到了极具感染力的艺术再现。它不仅饱含了夫妻深情，也揭示了新政权初创时日子的艰难。其篇幅虽短，但意味无穷，不啻是电影美学中被称之为“形象”的典型。由此可见，作为形象，它既有普通生活赋予的血肉，流露出鲜活流动的自然情感；同时，它又蕴涵生活现象的本质，可深刻彰显出典型社会意义的内涵。

那么，若从形象意义上来观察《创业》剧本的再创作，提高分镜头剧本的艺术质量，突出各类形象的美学特征，就显得重要而迫切了。为达到此目的，于彦夫导演敞开胸怀，要求全组成员出谋献策。于是大家在讨论中各抒己见，畅所欲言。美术师一针见血地指出：“现在，剧本篇幅过长，还没有脱出石油会战的原始生态。什么都想表现，什么也不突出，这就形成表现主要人物斗争篇幅不足的问题。这显然是被真人真事的框框套住了。”摄影师持有同感地说：“所谓篇幅长，是指不需要交代的过程过多、过长，结构散，要删减。但其中也有短，刻画英雄性格发展的重头戏比较短，撞出火花的纠葛层次短。”他还补充说：“矛盾展开太迟缓，情节铺叙太松散，缺少电影特点。在人物塑造上，一定要强化感染力，应挖掘出动人心弦的好戏。”制片主任说：“人物不突出，主要原因是情节反复，比如章易之，性格太单调，感觉不舒服。”导演指指我，让我提看法，我说：“还是那句话，要想得，就得舍。全片长度就那么多，重场、过场应该有区分，善把握。再就是，从高潮看统一，紧紧抓住高潮点，回头对各场做检验，让全片情节尽量通顺、连贯。”刚从电影学院来的美术助理说：“展示环境艰难，应该多考虑电影特点，多发挥镜头画面，即视觉形象的威力。要把主要英雄人物摆在最艰难的情境中，多展现他的内心活动。只有突出细节的感染力，拍出的形象才能打动观众！”摄影助理张晓秋，北京人，电影学院刚毕业，平时不说话，出口语惊人。他说：“导演拍的是电影。电影要像电影，不能像话剧。千万不能拍完叫人看，被人说像舞台纪录片！”

据说一位电影老前辈讲过：“聪明的导演不在乎自己是不是天才，而是善于把别人的好主意拿过来，变成自己的。这才是做导演的本事呢！”《创业》导演于彦夫，正是这样做的。夏季外景中，他在充分吸纳众议的基础上突发奇想，抓住周挺杉被卡瓦砸伤这一事件，重新调整场次，组织纠葛；把所有可见的剧作因素，包括过场戏，一一经过筛选，紧紧围绕“顶高压，抒豪情”这一构思，形成画面连接、内涵连贯的镜头组合，在二次创作中，产生了从戏剧模式向电影语言跨越式的突破！

这一段戏的开场，为“砸伤”。文学剧本把事件过程铺得较长，而导演却节省交代，将它简略，把镜头运用的重点，摆在周挺杉走进值班房同章易之的正面冲突上。章总针对田家庄、龙虎滩打井失利，力拉老周撤下钻机，离开无名地。而周挺杉则对准他“陆相无油”的旧观念发起挑战，以无比激动的情绪厉声喝问：“你为什么要在外国人‘贫油论’这棵树上吊死？为什么不能通过实践，自己找油田，抖出中国人的威风来？”导演处理这场戏，抓住关键戏点，也就是章总对周挺杉被砸伤还不知情，因而可以“欲擒故纵”，任章易之向主人公宣泄冲动。华程的到来，使剧情发生转折，他一句话点穴：“老章，该对我说的话对我说嘛，老周刚被砸伤……你……”章总在惶然无措中，华程又意味深长地规劝他：“……记住周挺杉忍着巨大伤痛说的话吧，大老粗手里有真理！”一时间，让章易之心灵产生巨大震动。镜头从而把三个人物既对立、又亲密的感情关系与性格面貌，表现得活灵活现，真实而生动，情节巨大的感染力也油然而生！

接着，一个电话打来，华程立刻心情沉重。这时发生了什么事情？导演依然在埋伏笔。当镜头随着周挺杉上汽车，送往医院之后，分镜头将关注的情绪焦点转向华程。这时，这位会战前线的指挥兼政委，飞步踏上钻井台阶，喊出了全剧主题的最强音：“同志们，修正主义者对我们下手了！撤专家、撕合同，答应给我们油料没有了！”再进一步，导演提炼出了更出彩的警句，华程沉痛地说：“现在我们几万人的战区，只剩下很少的柴油。空军答应支援我们一批油，可我们是搞油的，怎么好向我们的空军伸手呢？”

经典的电影形象，就像是浓缩铀，体积小，能量大。创造出这样的形象，才是艺术的升华。而浓缩则需要提炼，需要集中与概括。“搞油的，却没油。”这一落笔生花的提炼，不知导演付出多少心血，花去多少时间？然而这就是概括，就是形象，它凝聚了《创业》剧作内涵深刻的思想含量。平时，对于普通的生活现象，我们往往熟视而无睹，但恰恰在某些生活矿床里，蕴藏着艺术中宝贵的铀光。就如同华程讲的这段话，它既昭示了国际的高压，又展现了油区的艰难，把全剧张力最强的冲突线，浓聚到情节发展的高潮会合点。而由此剧情产生的裂变，迸发出强大的推动力，促进了所有人物精神面貌的展现，全剧的主题也因此更加鲜明而深刻。

导演构思由于抓住了这一可贵的内核，便尽情地扩展艺术空间，拍出了一幅幅冲击人心的画面：它通过“风雨行车”中周挺杉的目光，看到了——油建工地电花闪闪，会战井场到处干劲十足的景象。接着，大型画幅，标语醒目：“油田就是战场，刹把就是刀枪!”雄烟弥漫的土炼油场，群情激昂，一派繁忙！……这一系列激情燃烧的镜头组合，无形中把文学剧本分散的过场，变成了融汇一体的画卷，形成了生动流畅的电影语言，不仅给了观众以豪迈壮阔的艺术美感，而且还送来了震撼强烈的情绪感染。而这就是创新，就是突破！也是导演经过长期的生活沉淀与构思琢磨，在二次创作中的可喜收获！

四

在整个二次创作中，导演要拿出好的创作意图，需要艺术见地和艺术功力；而要实现导演意图，则必须全组合作，配合默契。特别在拍摄重场戏时，如果导演需要调动必须手段，让镜头闪光出彩，即使条件准备不足，职能部门也必须全力以赴，把满足导演要求看作当务之急。

一个插曲，发生在实现导演意图关键的时刻：这一天，喇嘛甸井场钻台前，饰华程的演员李仁堂刚修完妆，准备拍“压力”这段戏的一个重场。于彦夫导演来到摄影机旁，忽然招手对我讲：“华克，我突然有个想法，不知道能不能实现?”他的话没讲完，便转而摇手：“算了，算了，有想法也没用，我没提醒道具做准备!”我立即回应道：“没关系，有想法好啊，您说吧，需要什么?”于彦夫导演思索着：“哦，想要一面红旗。华程在苏修压力来临下，上钻台进行动员，台词是‘同志们，总部意见，把情况告诉工人们。我们要团结起来，高举红旗，要为真理而斗争!’我想在他说完，让红旗在镜头前一闪，以红色画面为剪接点，拍出来给人以振奋感。可是，镜头马上要拍，现场哪有红旗呀?”我说：“得，明白了，我找去!”他摆摆手，拉住我：“算了，来不及。方圆十几里，等你找到，镜头早拍完了！”我赞赏他的创意，丢掉太可惜，于是说：“千万别放弃。您先拍别的，我这就去找，最多一个钟头，找不来再说，行吗？”

找红旗需要车帮忙，孤零零的井场上，哪有车辆？我心里正打鼓，突突突听见了摩托响。这时，只见一个外队的钻井工，跑来送油样。我不顾一切，冲进值班房，只用几句话，便把情况讲明白。小伙子一挥手，爽快地对我说：“嗨，您还真碰对人了！08队刚开完现场会，插的红旗多着呢。您快跟我走，用完了咱还人家！”他的话一落音，便骑着摩托带着我，疾驰而去。来回仅用半小时，红旗就给扛来了！

一面红旗，镜头前只是一晃，时间不足半秒钟，但它却是一种艺术追求，表达了导演的创作理想。放弃它很容易，说一声“算了”便了事。而要留住这片红色记忆，让它为创建石油大业的情境增添光辉，就必须不惜奔跑，不吝努力。这在长影历年的拍摄现场中，更多更难的事例比比皆是，不胜枚举。

长期以来，出自不同方面的声音，对长影摄制的影片曾提出苛责，认为长影作品风格粗犷，现代意识不足，原因是背上了过时的“长影传统”包袱。以科学思辨与美学理论来看，把“长影传统”做如此评说，似乎有失公判。就长影20世纪50年代摄制的一大批至今还具有生命力的电影而言，长影艺术家勇于站在时代前列，大胆揭示现实生活中为广大群众最为关心、最感迫切的社会课题，努力塑造现实变革中优秀的人物形象，满腔热情地从中展现具有先进思想意义的精神美与情操美，并以质朴易懂的叙事风格，来创造人民群众喜闻乐见的电影形式，应该说，这是长影创作群体显示出的基本艺术品格。而电影《创业》的编导和主创人员，无疑也是这种艺术品格的实践者和体现者。我们理解的“长影传统”，是作为新中国电影摇篮所长期坚持的现实主义传统。它既区别于西方推崇的唯美至上，又不同于旧中国电影格调的灰暗低迷。可以说，“文革”前长影的大量作品，多是表现人民革命斗争与崭新社会生活的精神食粮，也是跨越新旧时代的电影文化拓荒。唯其如此，“长影传统”是否已经过时，应该视为“沉重包袱”而抛弃呢？或者说，是否甩掉了“长影传统”包袱，长影作品才能焕发出现代意识、赶超时尚呢？

如果以这样的偏见来抨击长影，只怕要击伤长影脊骨。长影之所以是长影，正因为它具备了上述的品格与特征。事实上，长影包袱不在于真正的长影传统，而是囿于理论的贫困，美学的浅薄，使不少长影人对自身的传统趋于盲目，以至把自身作品中的“粗、浅、俗、露”也硬充光环，自我失衡。然而，长影的艺术家们并不夜郎自大，故步自封。于彦夫和张天民在电影《创业》中的大胆创新，勇敢突破，不仅表明其作品植根于血脉相承的“长影传统”基因，而且也表明长影人在努力与执著地追求独具个性的电影风格！坦率地说，中国电影在电影语言方面的更新，和在视觉形象上的飞跃，实际出现在“四人帮”垮台后的20世纪80年代初期，而且从启蒙到鼎盛，历经艰难。可是，《创业》导演于彦夫，却是在电影艺术遭到全面禁锢的年月，先期创造出了焕然一新的电影情境与画面组合。他不仅在创新探索上已有超越，更由于其来自扎实的生活体验，作品的张力与厚重也令人刮目相看。当然，《创业》初露的创新不无稚嫩，而且迫于当时的政治高压及艺术偏向，作品至今还带着违心愧目的硬伤。庆幸的是伤痛时代毕竟过去，抚今顾往，那些强加于《创业》的污疵，终究盖不住影片对大庆精神的讴歌与弘扬。

七、身陷大寨“江青黑会”

1975年9月14日夜晚，我睡梦中忽被爱人李仲琳推醒，听她在小声叫我：“哎，听，有人敲门！”我迷迷糊糊地应着：“不能吧，都几点了？”一看表，时间是11点30分。这期间，我离开《创业》组已有半年，被厂领导推上了另一创作组——《踏遍青山》。由于日夜改剧本，身心疲惫，便提早入睡。听见“咚咚”的敲门声响个不停，我急促披上衣服，走进蒙黑的廊道，开门一看，来者竟是艺术片室主任杨文浩。

杨主任进屋未及落座，便对我说：“你快穿好衣服，跟我到苏厂长家里开会。”我不解地问：“这么晚了，什么急事啊？”他说：“我也不清楚。苏云10点被省委叫去，回来便给我打电话，让我马上通知《创业》组几个人去他家！”

我随杨主任走出宿舍楼，看见小轿车在道边等待。拉开车门，一只手忽地把我拽进车厢，张眼看，是扮华程的演员李仁堂。我讶然问他：“你也来了，什么急事啊？”李仁堂拍拍我笑道：“华导，这我还要问你呢！”轿车急速驶过宁静的红旗街，在长影宅区的小院停下。我们来到苏云家，刚坐下，老厂长便开门见山道：“刚才，省委开了个碰头会。王淮湘书记急着把我叫去，传达指示：要长影《创业》组主要成员，明天前往北京。去京什么事情，他没有说，可能有接见……”杨文浩急问：“于彦夫和张天民怎么办？他们还在大港油田，修改《希望》剧本呢！”苏云说：“赶快打长途，告诉他们暂停创作，明天从天津去北京，到东方饭店跟我们会合。”接着，他宣布，“指定去的人，明早7点到厂里集中。是坐火车还是乘飞机，走的时候才能确定。”

回到家已经凌晨1点，仲琳问我什么事儿，我如实告知。她问：“谁接见你们？是邓小平吗？”我随口应道：“有可能。15日，全国农业学大寨会议在昔阳召开，报道说邓小平将到会讲话。再说，《创业》告状信也是他支持的。”仲琳猜测：“不会是江青吧？”我晃晃脑袋：“难说。毛主席对《创业》批示后，她一直没露面，也没表态，她会不会借出席大寨会再次刁难我们？”妻子判断着：“不会吧，前几天你不是说有人告诉你，江青已经靠边了吗？”

不错，十天前，我去看望将调转北京的摄影助理张晓秋。我一进他家就和他先聊北京动态。交谈中，他一句神侃脱口而出：“江老婆子因见美国记者、出书闯祸，在中央挨批做检讨的事你知道了吧？她好长时间没露面，已经靠边了！”我不禁愕然，默听完他神秘的私语，想想近十年“文化大革命”的起伏沉降，一股说不出的滋味涌上心头，真不愿意再看到这位老太婆发号施令、作威作福了！当我问到北京文艺界形势时，这位出语诙谐的北京哥们儿，乐和地说：“形势好啊，不是小好，是大好，好极了！”我问：“怎么个好法？”晓秋说：“毛主席7·25批示一下来，文化部那帮人就瘪茄子了。刘庆棠硬着头皮去北影传达批示，被暴风雨般的掌声给教训了一通。北影人接着穷追猛打，提出为什么要封杀电影《海霞》？谢铁骊、钱江也写信给毛主席，提出控告。结果，邓小平遵照最高指示，立即召集政治局看片，当场决定《海霞》可以上映。紧随其后，什么‘黑画展’‘陶纯事件’‘无标题音乐’等事件，连续报送中央，那帮‘左’派们招架不住，气得够呛。8月中，‘五七大’教员李春光在学习批示中，慷慨激昂，大发议论。他提出：‘《创业》为大庆工人和领导大唱赞歌有什么不好？为什么要挥舞大棍？他们七拼八凑的‘十条意见’，才是一篇论点错乱、不值一驳的大奇文！’他把矛头直指文化部的霸道作风和被扭曲的文艺政策。据说江青听到后，暴跳如雷，扬言要秋后算账。”我转而又问：“还有别的消息吗？”晓秋答：“有哇，北京起火，长沙也冒烟了！8月底，湖南省文化局写信给文化部，提出湘剧《园丁之歌》毛主席看过，还鼓了掌，这个剧目和纪录片能否上演？可是这件事碰了钉，于会咏一翻脸，呵斥他们是黑线回潮，在搞翻案。我看这后面有背景，不然口气怎么突然变硬？瞧着吧，上边肯定有动静，只怕邓小平往后得小心行事，当心再挨整了。”

长春机场，一架运输机的引擎隆隆轰响。空间不大的机舱里，乘客不到10人。为首的是吉林省省委书记兼省革委会主任王淮湘，再是苏云厂长，演员李仁堂，摄影与美术师，以及我们两位副导演，还有省委随员等人。飞机起飞不过两个小时，便降落在北京机场。前来接机的是中央办公厅一位负责人叫赖奎，据说是老红军，报纸迎接外宾的新闻中见过此名。不知为什么，他的到来对我有点触动，似乎打消了猜想江青接见的可能。

然而，当我们被送往京西宾馆下榻之后，到底是哪位中央首长接见？要谈什么事情？大家依然在猜测中。等司机从东方饭店把于彦夫、张天民等人接来，又熬过近半天的等待，直到晚上7点多钟，揣在葫芦里的消息才逐渐透明……

王淮湘把长影人召到房间，不是开会，而是聊天式地打招呼。他先问一声：“你们自己看，《创业》这部片子怎么样？”此问令人发闷，毛泽东“7·25批示”已下结论，你省委书记怎么能这样没头没脑地提问？他见大家都没张口，不肯回应，便调转口锋：“我是说，大家想想看，《创业》是不是还存在什么缺点？”房间里又是一片沉静。过一会，张天民考虑自己是剧本作者，不能不表态，于是说：“我们从来不认为《创业》完美无缺。本来马列水平不高，样板戏经验也没学好……”听到应声，王淮湘挺高兴：“是这样。就是这样！主席讲《创业》无大错，不会没有中错、小错吧？对主席批示，要正确理解。十条意见嘛，也应正确对待。意见虽是批评，但却是帮助。总之不管是肯定还是批评，对你们都是爱护。”于彦夫带着生来的耿直和文化人的较真劲，不怕冒犯地说：“那可不一样！主席批示是真正的爱护。而于会咏（未直点江青）他们，却是一棍子打死。为什么‘文化大革命’到现在，他们还……”话没说完，被张天民暗中踢了一脚，住口了。这时，门被推开，随员进来报告：文化部张维民副部长来访。来干什么呢？事后才知道，他也是来探听消息的。当时，文化部也不知道调长影同志来京干什么。王淮湘匆匆打发走客人，转回房间后，才正式告诉大家："江青同志现在在山西参加农业学大寨会议。她要我们到大寨去，可能有重要指示。具体什么情况，没有对省委讲，到了那里就知道了。同志们到大寨后，首长问到什么，该说的说，不该说的不要乱说。总之，要认识到这是中央首长对我们的关怀，对文艺革命的促进。"

至此，挂了一天一夜的悬念，才被解开。回到自己房间，大家不免又一阵揣测：江青沉寂了好几个月，这时突然现身大寨，这意味着什么？夜深人静，苏云和张天民的单独交谈一直没停。经过一阵分析与揣摩，倒霉的张秀才禁不住喃喃低语："她召见我们，不会给什么好果儿，肯定凶多吉少！"

1975 年 9 月 16 日，晴，到大寨的第一天——

奔驰的列车穿过太行山隘口娘子关，午后 1 点许，抵达晋东大站阳泉。还是王淮湘有能耐，他身为 16 军政委，不仅已从军区调用了飞机，此时还从当地驻军要来了汽车，直接把我们一行人送往大寨。

一路行车，在通往百万人计朝觐的大寨柏油路上，我们无心观赏扑面而来的谷穗高粱与田野风光，大家悬心牵挂的是，将如何面对这位消声数月之后而又复出的江大首长。

汽车约在下午 5 点驶进大寨。接待人员把长影客人领进了中国国际旅行社大寨分社。安顿之后，我们忽而在院子里碰见了一拨熟悉面孔，有北影导演成荫、剧作家孙谦、摄影师高洪涛及著名演员张平等。老同行见面，大家握手言欢，但对各自是来开会，还是被接见，均噤若寒蝉。活跃的张平是老"东影"，和苏云、于彦夫有老交情，况且因与江青熟识而不惧走风，所以不管是大道小道消息，他都敞开供应。

他先告诉我们："这次被召来的人，除了《创业》剧组，还有北影《山花》摄制组（拍大寨题材）；另有诗人张永枚，北大教授林庚，以及文化部录制昆曲的上海演员们，少说五六十人。唯独你们《创业》组安排在国际旅行社，和江青住一个院。我们都住在院外旅馆，全靠边。"然后他问于彦夫："伙计，知道是怎么叫你们来的吗？"老于摇摇头："我哪儿知道？下令就来呗！"张平笑道："嘿，有意思呢！你听我给你们……"他刚要透露，院里忽然由热闹趋而安静。于会咏走过来，招呼我们说：“首长上虎头山拍照去了，过一会就回来。请长影同志到餐厅等待。”

张平闻声一挥手，拽着于彦夫：“走，今儿个能给酒，咱们凑一桌，蹭两口！”于彦夫问：“怎么，你来没给喝？”张平说：“就等你们呢！”大家跟随张平走进餐厅，只见墙上挂满大寨的风光照和人物照。张平说：“都是江青拍的。这会儿功夫，她正在山上给谢芳左拍右拍呢！”看完照片，他落座在餐桌前，毫无顾忌地开始神侃：“昨晚7点，就这时候，这张桌，江青正吃饭，忽然一激动，叫人打电话，从昔阳学大寨会议上，调来了吉林省二把手阮泊生。等他过来，已经8点钟。撂下筷子的江青看见他，先问一句：‘你吃饭没有？’这位仁兄没头脑，糊弄一句不就结了？他不，老实回话说，没呢。好，江青发话，上饭上菜。接着，便对《创业》作者批骂一通，还捎带着责备吉林省委不重视路线斗争。一个夹菜刚上口，一个呵斥声不停，这饭怎么吃？尴尬中，阮泊生只好放下筷子，硬着头皮听。最后，江青要他给吉林省委打电话，调《创业》组人员到大寨，特别是作者张天民，一定让他来！老阮回到昔阳，一个长途电话，你们不是来了吗！”

快7点了，江青不见影，我们只好等。据张平说，他们晚饭大都吃过。而我们长途跋涉，早已肚饿。时至7点多，不知谁喊一句：“来了，回来了！”拥在餐厅里的人都站起来，眼睛齐望门外。

门开，江青由警卫、护士，还有于会咏、浩亮一帮簇拥着，迈着轻捷的脚步旋风般地走了进来。她身穿银灰质西裤，鸭蛋青色短衫，披着上衣，黑浓的短发下晃着颀长苗条的身段，半边镜框里的眼神透出不可一世的威严。待我看见时，她已走到厅堂中心。不等文化部长将省委书记、长影厂长介绍完，她迫不及待的第一句话便问：“张天民来了没有？张天民呢？”

大家闻声，突然一惊。人头攒动中，张天民像是被谁推了一下，冒了出来。他不卑不亢地走近江青，轻声应道：“我是张天民。”随之伸出手来。江青锐利的目光直盯这位上书人的面孔，她边握手边说：“娃娃，你告了老娘一个刁状，老娘今天要教训你！”张天民刷地红脸，转而变白，很快又镇定下来。而江青说完把手一甩，径直走到一张餐桌前呼叫：“吃饭，吃饭！”瞅自己独坐一处，又赶快招手，“过来，过来呀！你们怎么躲着呢？会咏，请淮湘！成荫，孙谦，都过来！张天民，你也过来！”

被叫的人相拥就座，我们长影人挨在邻近一桌。江青环视大厅，见都已坐定，开腔了：“今天，请你们来，一吃饭，二睡觉，三拉屎撒尿，四听我说话！”此言一出，语惊四座！谁也没想到，这种难登大雅之堂的污言，竟出自这位号称“文化革命旗手”的中央政治局委员！我们笑不敢笑，饿不能吃饭，只好耐着性子看她表演。接着，江青开始向张天民发难，她拿起筷子欲夹菜又停住，话劈口而出：“小张，你给主席谎报军情啊！”张天民一震，立刻扫除惧怯，软声答辩：“我没有谎报，信上写的都是事实……”江青没有听清，像是有点耳朵聋。为缓解紧张气氛，她带头夹菜，并招呼用饭。可是，大家还没吃上两口，她指着于会咏、浩亮，又唠叨起来：“《创业》样片我还没看，他们就给我吹，片子如何如何好。我看了几次，看不下去，技术术语多，我看不懂，镜头跳跳蹦蹦……张天民，我告诉你，主席说片子没大错，但是没有说你这里没有小错、中错！懂吗？”转而切入至要：“那十条意见不是我的。我只对其中第八条负点责任，是讲艺术处理的。别的，都是那帮蠢才们搞的，和我没关系！哎，你们导演呢？《创业》导演是谁？来了没有？”

于彦夫听叫，站起欠欠身，被指示坐下。江青问他：“你那个片子拍了多少镜头？”回答：“有1000来个。”江青失声叫：“啊哟，吓死人了！怎么能这样拍？今晚给你们放片子！会咏，待会儿让他们看美国电影《康贝尔王国》《在那些年代里》……”又对于彦夫，“《在那些年代里》片长两小时，镜头只有200来个。听着，我给你任务，今晚看片子，你就数镜头！你来数数，看人家镜头拍了多少？”于彦夫点头。

江青连吃饭也不叫你好受，责备的絮语难以住口。她对长影人说：“你们那个影片送出国，叫人看了会笑话。外国影评家专挑技巧毛病。你们的片子太粗，对话多，构思不讲究……”她说着转向张天民：“娃娃，你概括能力差，我给你找个合作伙伴——孙谦，认识吗？”张天民立刻回应：“熟人，我的老师！”江青高兴了：“好啊！我看你这部片子就算了，不管它。咱们再搞一个新作品，怎么样啊？”听到这句话，我瞅见张天民和孙谦对视一下，两人嗯嗯两声没接茬。以当时在场的人看，这不过是江青挽回面子的一句戏言，不会当真，殊不知几天过后，戏言加码，竟变成了江青威逼告状人俯首就范、自打嘴巴的一大招法！

那边桌前唠唠叨叨没完，这边桌上我们抓紧吞饭。忽而，尖声传来，江青在骂：“……这个谢铁骊，钱江，没良心！用伊思曼胶片拍低密度曝光，他们开始不懂，是我手把手教他们的。可是他们不听话。不听我的话，就是不听党的话。回过头来，因为批评了他们的影片《海霞》，竟不打招呼上书告我们，气死我了！”她骂着吃，吃着训，说什么“从《共产党宣言》到《国际歌》，再到鲁迅，真正称得上马列经典的文艺著作并不多，而我们的八个样板戏，可以说是其中的代表作……”她肆无忌惮，口出狂言，一顿本来是接见的便餐，就这样让我们在当面挨训与变凉的盘碗中，吃了顿窝囊饭。

吃罢饭之后，江青不忘给艺术家们看影片。这时，浩亮走近她嘀咕：“老于（会咏）感冒发烧，看片就不陪了吧?”江青眼一瞪，叱道：“去去，快滚蛋，都滚蛋!”这一撒泼语言，我们听到后，真为那位挂衔中央委员的部长于大人难堪！然而，对于这帮俯首帖耳的喽啰而言，江青毕竟手握决定他们命运的大权。仅仅一趟大寨之行，于部长就从库里为江青调来了140多部外国片。而在我们初到之夜，一部《康贝尔王国》，一部《在那些年代里》，竟成为江青迎战《创业》作者与炫耀艺术权威的一次亮剑！

1975年9月17日，晴，到大寨的第二天——

8点早饭刚罢，便通知我们到礼堂听江青的录音讲话。礼堂不算大，除《创业》《山花》两组人外，文艺界人士忽忽拉拉来一帮，都插空子坐下。据说，在昔阳学大寨会议上，江青为急着亮相，曾要求主持大会的副总理给她讲话时间，但因未经毛泽东同意，被婉言拒绝。江青一气之下离开会议，叫陈永贵陪着，来讨好大寨社员。并且未经请示，她擅自在这里聚众讲话，发表政见。所以当录音带一放，便听到江青这样的开场白：“大寨的乡亲们，同志们，你们好！我是主席批准到大寨来学习的，我代表毛主席向你们问好！你们辛苦啦!”一阵掌声、欢呼声过后，她首先赞扬了大寨人开山造田的奋斗精神，接着以“千万不要忘记阶级斗争”为主轴，历数新中国成立以来的政治运动，敌人如何向党发动进攻，我们党又如何发动群众，将敌人的反动气焰打下去。给我印象最深的是她讲反右：右派开始如何大鸣大放，牛鬼蛇神如何借助党整风，大放厥词，要共产党下台，妄想改变历史进程。而我们党又如何引蛇出洞，放毒草出笼，然后发动群众，进行反击，彻底粉碎右派点起来的邪火，刮起来的妖风……讲来讲去，她忽然向社员群众讲起了毛主席最近的“评《水浒》”。她突出点击以宋江为头子的投降派，如何招降纳叛，企图架空晁盖……联系当前，她声嘶力竭地叫喊：“现在，有人在否定‘文化大革命’！我们不怕还乡团，不怕反攻倒算。现在让他们表演，一旦时机成熟，我们就进行反击，全面反击！打掉他们的嚣张气焰！”

面对这样一个讲话，当时我直感是危言耸听，杀气腾腾，不知国家又发生了什么大事情？然而过后不到两个月，透出的信息表明，这篇被毛泽东痛斥的讲话，竟成了开展“批邓”与“反击右倾翻案风”的先声！

听完录音，又传来江青指令，要所有人到田间参加劳动。在通往梯田的阡陌上，只见警卫战士牵着 4 匹专为首长练骑的骏马款款而过。这表明，江青起床了，快到这里上乘了。果然眨眼间，在医护和文化部官员的簇拥下，江青头戴草帽，来到田头，也要参加劳动。不过，她一碰上《创业》组，立刻停步，挥手把照相师杜修贤叫过来，要与大家留影。今天地绿天晴，江青像是很高兴。集体照拍完，她又引领着张天民、于彦夫等人，装模作样地边走边谈，一对一对地与她合影。

所谓参加劳动，也就是摘花椒。几十号人手拿剪子，分别走向花椒树，田头顿时热闹。江青没忘她“劳动”中猎取的目标，当浩亮看见她来到一棵花椒树前观望时，赶快把一个小板凳放在地上，接着江青摆手把他撵走，只把张天民叫到了身旁。这时，苏云厂长预感他们有重要对话，便暗嘱我赶快凑到跟前，把谈话内容记下。于是，树下仅剩下我们 3 个人，江青开始了询问：“小张啊，昨天那两部片子你看怎么样？”天民半蹲，回答恭谨：“拍得好，要学的地方很多。”江青点点头，忽而亲热起来：“噢，小张呀，昨天我说要教训你，那是开玩笑。今天咱们平心静气地来次同志式的谈话，好不好？”张天民有点出乎意料，马上说：“我听首长指示。”江青看他有诚意，立即直奔主题：

“当初，我让你们写大庆题材，是要你们照《中国文学》那篇文章（指《王铁人的故事》）写。那个故事你看过吧？它主要是围绕王铁人来表现的。可你写的那个油娃呢（指周挺杉）什么会战部署，前线指挥，写了一堆，你把主要人物的成长给丢了，石油史也没写清楚。所以，如果你有兴趣，想超越，不妨再来个新构思，咱们另拍一部新《创业》!”

我边记录边留意张天民的反应，只见他微微挂笑不吭声。而江青谈兴正浓，居然不顾作者意愿，口若悬河地只管讲，似乎她的想法早已成竹在胸。于是，她越俎代庖道：“再搞的时候，另写一个男主角。油娃，现在的周挺杉，作为2号，是1号的师傅。还要写一个女主角，是地质员……你可以从抵制发奖金写起，然后2号带1号去开发新油区。2号人物，也就是铁人牺牲后，1号继承他的精神。把回忆旧时代油矿捞油那些事件插进去，以表现中国石油工业几十年的历史。情节一定要集中，一部片子写不了那么多……行了，行了，我不替你编了，剩下的就是你们的事情了。”在这位权威总编滔滔不绝的口述中，张天民一直在凝神屏气，默然静听，而对她的“金口玉言”，却没做任何回应。

一个多小时后，象征性劳动结束，大家收工回营。旋即到了下午两点钟，一个特邀长影、北影人员参加的正式座谈会开场，爆出了江青与张天民之间骇人听闻的正面交锋。

会场设在一幢不大的会议厅。为了做记录不被发现，我特意躲到屋角后排，让别人遮挡身影。主角江青一登场，先向《创业》《山花》编导们靠近，营造学术气氛。她张口向北影导演提问：“成荫，你看了《康贝尔王国》感受如何?”成荫回答干脆利索：“我看不错。故事简洁，刻画人物主要靠动作。”江青点点头，“嗯，艺术上很有特点，你看它表现主角小康贝尔，一上场病病怏怏，还带有书卷气。争夺石油王国的矛盾一展开，他精神面貌完全变样了！张天民，你看了以后，觉得怎么样?”张天民也谈起了自己对电影的感受。

醉翁之意不在酒，江青急速转移箭靶，乍看是问影片观感，其真意是追查告状信件，不然，她不会不等张天民把感受讲完，便急不可耐地将话题调转：“噢，你感受很好，不讲了——张天民，现在我问你，在你给主席写信前，你听到什么消息没有?”张天民一震，如触闷雷。他回话:“没有。我没听到什么消息。”江青眼一瞪，抬高嗓门:“没听到?没听到什么就敢写信?你斗胆!”天民说:“我是没听到，真没听到什么。”江青突然开诈:“你说，你是不是捉刀代笔?”天民愕然，软顶道:“捉刀代笔?没有。信就是我自己写的。”江青胸中衔恨，几乎是在审问:“那我问你，你是什么时候写的信?”天民答:“7月18日。”江青冷冷一笑，面色冷峻得可怕:“看看，你7月18日写的信，主席25号就批了，仅仅7天，背后没有人指点，没人传递，谁信呀，嗯?”

全场瞬间剑拔弩张，阴云密布。所有人屏声息气，在紧张地关注。

江青似乎觉察在众目睽睽之下逼供，有失体面，于是口气变缓地对张天民说:“这件事，我知道你不会说。我也不再追问。不过，迟早有一天，你会告诉我的!我再问你，你还给不给主席写信了?”张天民以为她是责备写信，便答:“不写了。”江青大声说:“不，你还要写!你要向主席报告，《创业》虽没大错，还有小错，要求重拍一部新《创业》。你还要向主席建议，原影片不要向国外发行。信的抬头，还要写党中央。”江青说完，一阵冷场。就这样，一场短兵相接的“预审”就此打住。转而再让大家座谈影片时，已经没有人再关心了。

晚间活动，留在我记忆中最扎眼的片断，是江青吃饭。

这晚餐厅摆了4桌。我们即将吃完，江青才露面。她一落座，穿军装的女医护便近前送水、送药，并伺候她将药片吃掉。随后，服务员提托盘给她上菜。供肴倒也简单:青菜、鱼、素丸子、老玉米之类，另有一盘苦苦菜，是她每天特定的。江青拿起筷子，向拥在邻座的长影、北影人叫起苦来:“这苦苦菜，我每天要吃一盘。医生定的，不好吃，还得吃，命苦哟!张平，来，你尝尝!”张平一乐，夹一根苦苦菜入口，刚嚼便伸舌头。江青笑了，揶揄地:“好吃对吧?你呀，我知道，只惦记喝酒!”她瞅见吃罢饭的人向她围近，显得很开心，于是边吃边说:“我这个人呀，平常有低压。在北京住，心情不好，睡不好觉。来大寨好哇，凤莲陪着，下地，劳动，能吃，能睡，人晒黑了，还增加了体重。”她说着把筷子一撂，冲吉林省省委书记叫道:“王淮湘，你过来!”鹤立鸡群般的军政委正独自发呆，听叫声赶紧走过来。江青为显美增膘，忽地伸出左胳膊，对他说：“来，你摸摸！”哇，四周的眼睛全张着，盯看他们如何动作。王淮湘讪讪地红了脸，举止无措，哪好意思伸手啊？而江青毫无羞怯，嚷道：“怎么啦？你摸呀！”省委书记自知难以摆脱，只好壮着胆子，举指头点了点她的手腕。不料江青并不满意，右手拍拍左臂上的肌腱叫道：“不对，是这儿，这才是肌肉！”噢，王淮湘这才省悟，赶紧逢迎地摸一摸，含笑说：“嗯，挺好，是结实了！”厅里鸦雀无声，都在紧绷嘴唇看热闹，不过，江青亮膘谁敢笑？

这出戏刚完，江青又来一段。她为了笼络军队地方官，故作姿态地发问：“王淮湘，你身为省委书记，为什么不来参加学大寨会议？”王淮湘答：“中央通知主管农业的书记来，没有叫我来啊。”江青佯作瞋状地嚷：“内蒙古一把手怎么来了？你不重视，我要罚你去劳动！明天上虎头山，挖战壕。你学我，也干两天活儿，饭增量，身体棒，多好啊！你去吧，干活换换衣裳，我给你照相，怎么样？”

1975 年 9 月 18 日，多云，到大寨的第三天——

昨天近晚，县剧团在昔阳演戏，请江青观看。住大寨的文艺界人士，自然是陪看的随员。就在驱车赶路时，我在车厢里碰见了作家浩然。他的小说《艳阳天》和《金光大道》，都是由长影改编拍片的，因而一认识就不见外，无话不谈。他说他刚从北京赶来，不知叫他来干什么。我把调《创业》组来大寨的情况告诉他，让他有所判断。到了今天上午，通知说于会咏召集文艺创作座谈会，苏云厂长推我到场，我和浩然这才明白，原来叫我们来大寨还另有文章。

会场里，出现许多新面孔，据说，他们是江青点名叫来的作家、编剧，昨天下午才抵大寨，都是来聆听江青推进文艺创作讲话的。就座中，一个人从身后同我握手，回头一看，原来是影片《车轮滚滚》的编剧薛寿先，长影的老作者。我们还没来得及寒暄，会议便开始了，大家只好心照不宣地点点头，静听部长大人开谈。

于会咏讲话的中心只一个，明年是建党 55 周年，“文化大革命”10 周年，文艺界拿什么献礼节目来纪念？因此，江青同志提议，把大家请来，根据调整党的文艺政策的精神，共同来研究如何抓好创作，抓好剧本。听到这样的议题，我不禁犯疑：如今的中国，文艺不开禁，不解放大批挨整的人，更不召开文代会，仅仅找来几个所谓的亲信，小圈子里谈一阵，这就能抓好创作、抓出剧本吗？这就是“调整党的文艺政策”吗？但，既然是耳提面命式的座谈，不管谈好谈坏，总得拿出个说法，给“旗手”个体面。其间，诗人张咏枚追风最快，谈得最欢。记忆中，像《平原作战》的作者、八一电影制片厂的编剧等人，纷纷提出题材选目，比如重写《大渡河》，再拍《井冈山》，还有《秋收起义》《三湾改编》……大家海阔天空，一顿乱侃，反正来则张口，有人管饭！

午后回到房间，一直没见张天民的踪影。问同行者，只是含糊告知，他被别人叫去了，干什么？不知道。

傍晚，临近开饭，张天民冒出来，要找我一谈。我们溜出宾馆，在一条不显眼的街面上悄然聊天。他心情沉重地对我说：“情况不妙，王淮湘遵从江青旨意，要我再给毛主席写信，承认《创业》没大错，但有小错。要求再拍一部新《创业》。还让我自己提出，影片不要对外发行。”此话我一听就炸了，愤愤地问：“要干吗？这不是让你来否定毛主席的批示吗？主席说此片无大错，你说还有小错。主席说建议通过发行，你说不要再发行。这后果是什么？就是要你承担对抗7·25批示的罪名！这事不能干，咱不干！”天民一脸愁容，低声说：“先是让厂长找我谈，被我顶回去。刚才，王淮湘亲自出马，说这是首长意见。而且还说，写信要快，不写只怕离不开大寨！”我眉头一皱：“啊，还威胁？”为减轻天民压力，让他心里有底，我当即把张晓秋那里听来的江青在中央挨批的消息向他传递，并和他一起对形势做了分析。回去的时候，天民一扫低迷情绪，振作地自语：“嗯，没什么了不起，我不会让他们满意的！”

今晚是中秋，却不见圆月。餐厅里来客增多，大家看见月饼上桌，露出喜色。主宾席前，陪同江青入座的赫然有政治局委员陈永贵，从女工当上副总理的吴桂贤。清华大学的迟群、谢静宜则是初次露面。另有大寨党支部书记郭凤莲与刚刚到来的北影大帅崔嵬，也陪坐一边。席间江青没有讲话，只有部长于会咏做简短致词，算是对节日祝福的表达。客套话说完，他告诉大家：“今晚的月饼和瓜子，是江青同志特意从北京购买、运来的，这是她对我们革命文艺战士的关怀。我们大家表示感谢!”一阵掌声过后，大家转身就餐。当我看见盘中摆的月饼时，气得直瞪眼——每桌四盘月饼，每块月饼一切四瓣。中国人一向看重中秋月圆，到此竟把月饼分开，不知这是送给我们吉祥，还是欺负我们嘴馋?饭后曲伟跟我嘀咕:“大寨人不开面，每顿就给四个半盘菜，生怕我们把肚子撑坏。江青更小气，瓜子半袋，月饼半块，抠门儿用得着这样吗?”

然而江青却洋洋得意，或许是应召的人已经到齐，她暗中的密谋可望在大寨爆出信息。于是她饭后并没有离去，而是一屁股坐在了长影人桌前，来和演员们闲扯逗趣。当她获知某主演是山东诸城人时，和她是老乡，自然亲密起来，不禁问东问西，拉扯乡亲邻里，而且还戏谑地批评那人的名字太封建，竟许愿给他改名字……一阵闲话后，挥手告别:“不说了，不说了，你们都快去，去看《鸽子号》吧!”

看完电影已11点，浩然拦住我和孙谦说:“别走，还有任务。”我问干什么?他说:“于部长让我们起草一个座谈会纪要，大意是:江青同志来到大寨，为贯彻毛主席的革命文艺路线，召开了一个文艺创作座谈会。会议在广泛听取意见之后，确定了新的创作任务……”我一听，连连摇头:“这事我不能干，我还不是党员……”浩然说:“别呀，说说意见总可以吧!”我不愿主事者为难，只好随帮唱影，同大家一起吹了一通要写的内容。至于这糊弄人的玩意儿，江青要它有何用?我没有再问，也不知后情，只记得随着人走茶凉，这“纪要”早消逝得无影无踪了。

1975年9月19日，阴，到大寨的第四天——

整个白天，大院无人。秋风伴着阴沉的天色，大寨宾馆里现出一派肃杀气氛。此时，我关注的仍然是张天民，叩房门找他，屋里空无一人。

夜色朦胧中，宾馆忽而热闹起来。驶进大院的高级轿车结队连排，各类装束的宾客、记者，接踵穿过堂阶。望着这不寻常的阵势，我隐隐感到，今晚会不会降临什么不可名状的祸灾?

黑压压的大厅里来宾穿梭。幽暗的灯光下，来自新华社、《人民日报》的记者，清华、北大的“梁效”写作班子，参加创作座谈会的作家们，昆曲录音组的演员、作曲，还有长影《创业》组、北影《山花》组的成员……100多人比肩簇拥着在餐桌前坐下，将聆听江青今天的重要讲话。

突起的掌声，迎来了餐会的最高首长江青。陪同官员除了陈永贵，还有李素文和吴桂贤。于会咏、迟群、谢静宜与郭凤莲，跟在后边。主宾席与我们长影人的餐桌毗邻。江青撂下披肩，落入座椅，恰与我形成背靠背。

寂静中一声咳嗽，江青开腔了："今天，请大家来，是要告诉你们一件事情：在我们党内，斗争曲曲折折。就在最近，有人把我江某人写给主席的一封信，这封信还没有经政治局讨论，居然给公开了！"最后一句话，声音特大，几乎是喊出来的！

这声音振荡大厅，让受听者个个震惊！此时我背身刚要笔录，就听一声尖叫："不许记！"吓了我一大跳。

江青稳稳神，继续说："外电评论说，我们党内有两派，一个是温和派，另一个是激进派。激进派就是'左派'，'左派'的领袖就是我！"

这标榜声，再次如雷轰顶。我们这样的草民，简直不敢听。我回头张望大厅，群雕般的人群里，个个张着惊怵的眼睛。

这位"左派领袖"逐步把话题点明，她说："最近发表了毛主席的'评《水浒》'。《水浒》里的头目宋江，弃梁山寨主晁盖于不顾，也不把一百单八将放在眼里，将大名府的卢俊义请上山，想叫他执掌大权。卢俊义是什么人？是大地主大官宦的孝子贤孙，也是屠杀方腊起义军的刽子手！把这种人请上山干什么？就是要让他来造无产阶级的反呢！你们可以看看，他招降纳叛，网罗了一些什么人？都哪些乌龟王八蛋进了政府？所以我们说，宋江是投降派。宋江投降，架空晁盖，这就是'评《水浒》'的要害。"

听她讲这种话，我怕极了。我担心她再说下去，就要直接点名——周恩来！如果她真的把党内矛盾公开，岂不要大祸临头，造成党的分裂，我们国家还能靠谁来支撑啊？

还好，歇斯底里的江青冲到底线刹车了。这说明她还有所顾忌，不敢冒天下之大不韪。不过，她依然怒气难消，胸中积淤的愤懑溢于言表。她接着说："同志们，投降派不可怕，我们要通过学习'评《水浒》'来揭露他。现在，我们和修正主义的斗争有起伏、有曲折。有人不是在公开否定'文化大革命'

吗？这些人是还乡团，他们妄想反攻倒算！毛主席交给了我们斗争的武器，那就是丢掉幻想，准备反击！”

厅里的空气紧张到极点，几乎像凝固了的冰体。天哪，有谁能想到，这次把我们召到大寨来，竟陷在了江青黑会的泥坑里！

但是，恶狼嚎叫，只能是日暮途穷的回光返照。这不，江青一阵狂吠之后，无奈地又发出悲声：“我们一定要反击！不然，他们上台，我们就得坐牢，就要掉脑袋。但是我不怕，主席万一百年，或是有个三长两短，我大不了自杀。不过我还不能死，要跟他们斗！斗争就会有牺牲，所以死也不怕，就怕不死不活折磨我，那还不如挨骂……”

江青说到痛处，站起来紧紧裤腰，气呼呼地接着说：“我呀，天天有人骂，帝国主义骂，修正主义骂，共产党员还能怕挨骂吗？现在，社会上有人造我的谣言，说我自杀了，送到纺织厂劳改去了，真是笑话！在座的，你们听见谣言没有啊？”

大厅里没人应声，倒是杀气稍减，出现了交头接耳的嗡嗡声。江青不见回应，就直接点名：“成荫，崔嵬，你们听到没有？”北影这两位大帅连连摇头。江青呵斥道：“没听到？谣言你们北影就有！还有东方歌舞团，有个姓王的女人，坏透了，也造我的谣！造文化部的谣！说呀，你们谁听到了？噢，都不吭声，好哇，——张咏枚，你站起来说，都听见了什么？”

诗人张咏枚个儿不高，穿绿色军装，听见点名，当即站起，毕恭毕敬。他毫无惧怯，一开口便操着浓重的四川乡音，慷慨陈词：“恩格斯说过，马克思一生没有个人的敌人，他有的都是阶级的敌人。我们敬爱的旗手江青同志，也没有个人的敌人，她有的都是阶级的敌人……”他这番颇似滑稽的恭维表态，不少人听了肉麻，想乐却又不敢。直到他接着长篇大论，把江青的“丰功伟绩”吹捧得令人生厌，但却换来寥落的掌声时，江青才觉不妙，不耐烦地把他的话打断：“行了，行了，谁叫你讲这些？我是问你，你听到过什么谣言？”张咏枚流利的口才，瞬间变成张口结舌：“他们说……”江青急不可耐地：“他们说什么？”诗人吞吞吐吐：“他们说，说……”江青大为光火，吼叫：“说什么？你说呀，哑巴了？”张咏枚被逼不过，只好挺着脖子“倒豆子”：

“他们说，说文化部是个‘大行帮’！”

江青扯嗓大叫：“不对！你没说实话，那天你是怎么说的？啊？”江青怒不可遏，几乎在撒泼。她决然地自我爆料道：“他们骂我是武则天，是吕后！同志们，吕后是什么人呢？她是封建时代的政治家。她聪明能干，有法家头脑，辅佐刘邦，打败项羽，稳固了汉朝政权。我怎么比得了吕后呀？不过，我是共产党员，在对待无产阶级革命事业上，我比她强！”

自我标榜到如此程度，真不知羞耻为何物！喉梗吐光，这位梦中女皇终于声嘶力竭，不得不草草收场。当所有宾客在灰暗光影的笼罩下，还没将大寨田提供的给养把肚肠塞满，便纷纷迈着沉重的步履穿堂离散。然而，等我们目送“旗手”江青离去时，她行至门口，突然转身，扬手发出一声尖叫：“不许挑拨离间！”这宛如希特勒神经质式的咆哮，差一点把端盘子的服务员姑娘吓倒。

1975 年 9 月 20 日，阴，第五天离开大寨——

天刚见亮，我便撩被起床，收拾行装。因为昨晚 10 点下达通知，20 日长影、北影人员和昆曲录音组，将搭乘江青的专列返回北京，想留下来参观也不行。然而我从昨晚走出餐厅，就再没有见到张天民和于彦夫的人影。江青逼张秀才再次给毛主席写信，他到底答应没答应？一直让我们全组如坐针毡，心神不宁。

我匆匆吃了早饭，回到楼上打听。刚洗漱完的张天民把我拽进房间，告诉我他被施压的过程。他说：“王淮湘让苏云动员，动员不成，又找于彦夫疏通，而于彦夫几乎在软顶。省委书记和厂长无奈，昨晚又把我拽到小车上，左右开弓。最后把我逼急了，我就问他们一句话：‘如果非要我按首长意见来写信，否定毛主席批示的责任谁承担？’王淮湘被噎住，只好说，批示当然不能否定，可是江青同志讲得也有理呀。她的指示同样要执行，不然也要担责任。苏云左右为难，最后为打破僵局，他提出折中意见。”我问：“怎么折中法？”天民说：“苏云提议，‘信可以写，但究竟怎么写？写什么内容？不妨考虑一下。’到此，王淮湘勉强答应了。”我又问：“怎么？你真写呀？”天民经苏云暗示，似乎也觉得硬顶不是办法。为变被动为主动，他说：“我想好了，毛主席批示下来，我还没表示感谢呢。现在我只好借写感谢信之名，行报告江青来大寨活动之实了。"我不无担心地提醒："江青眼尖，就看你怎么措辞了？"天民揉揉眼："这不，昨晚熬了半夜，划拉这么多，你看看，这分寸怎么把握？"

我接过他天书般的草稿，只见上面写着什么"感谢毛主席的伟大关怀"，"江青同志召唤我们来到大寨后，带领我们认真学习您的批示"，"还帮助我们认识到此片虽无大错，但还有中错和小错……"诸如此类，让看了人啼笑皆非。我看完问他："建议不再发行的事你回避了？"天民答："我跟于彦夫商量过，为帮我减压卸责，他答应以摄制组的名义写信给文化部，另外提出，不跟我呈毛主席的感谢信掺和。"

专列停靠在阳泉车站。我们《创业》组成员被送进软卧车厢后，苏云发现，张天民和摄制组的两封信全是草稿，顿时急了。他逮住党支部书记批评道："这信稿怎么往上交？开车还有一小时，赶快找人誊抄！"曲伟绷着脸，把纸笔摆在我面前，说："天民熬坏了，你能者多劳吧！"我当即表态："从根本上我反对这样做。翻来覆去弄不好，都是罪责。誊写甭找我！"曲伟眼一瞪，"这是组里的任务，有我书记在，谁让你负责？"磨来磨去推不过，我只好声明："咱说好，誊写可以，将来出问题，和我没关系。"曲伟一笑："得得得，趁江青没上车，赶快抄，顺便看哪儿不合适，改一改！"我在无奈中抓紧誊写。当我看见天民呈主席的信中，有"再拍一部新的表现石油工人创业的影片"词句时，为规避江青拍"新《创业》"的用语，我便自作主张，将它字句拆开，改成了"再拍一部反映石油工人创社会主义大业的新影片"。

信刚誊清入封，车上传来一阵骚动声。向外看，只见头缠白羊肚毛巾的江青，由迟群、谢静宜陪着走了过来，借巡视以表示关怀。她刚到门口，不假思索的苏云便把两封信递上，向她报告："首长，信写好了，您看看吧！"江青一愣，但并不傻，她把手一挥，瞪起威严的眼睛发话："这信我不能看，懂吗？你交给王淮湘，让他以吉林省省委名义，报送党中央、毛主席！"一声厉喝，扬长而去，把苏云晾在那里。

"呜——"一声笛鸣，专列开动。列车离开阳泉站，加速向东驰骋。奇怪的是，行进还不过 5 分钟，来员便拉开门通知，请长影派一位同志，到于会咏部长那里开个短会。苏云、曲伟把我一推，我紧随那人出去。来到于会咏包厢，见里面别无他人，只有部长在发闷。于会咏连座也没让，便开门见山地对我讲："不是开会，是个别打招呼。昨晚餐会首长追查谣言时，张永枚讲了一段恩格斯评价马克思的话，并且拿它来比喻首长。江青同志过后很生气，指出他怎么可以这样比喻，怎么可以把我和马克思相提并论呢？你回去告诉大家，这件事到此为止，不许向外扩散。好啦，请回吧！"

返回长影包厢，我把不到两分钟的开会内容一讲，大家哈哈笑个不停。而张永枚这个可怜虫，拍马挨踢，落下笑柄。据说他一到北京，便因受刺激犯病，被抬到医院见医生去了！

专列驶出娘子关，忽而在距石家庄不远的小站停下。随员通知大家，首长要在这里睡午觉，不许喧哗。专列何时开，要等首长发话。哇，好一个江青学大寨！在她借来大寨重新曝光与策划"反击"阴谋之后，竟置整整一车人的劳顿于不顾，临走，还要亮一亮梦中女皇"威加海内兮"的气派！

5天的大寨之行结束了，而围绕江青对《创业》的蓄意反扑，和借"评《水浒》"策划的"反击"阴谋，随之以迅雷不及掩耳之势，又拉开了新一轮批斗的序幕。当这辆专列开到北京，我们按苏云布置四散躲风之后，中国大地掀起的批邓、反击右倾翻案风运动，很快迅猛展开。在斗争深入揭批的时刻，江青始终对《创业》耿耿于怀：什么"主席7·25批示来路不明"，什么"授意张天民写信的指使人就是邓小平"等等诬言、密报，又把《创业》作者推到了被追查，逼交代的挨整旋涡中。而历经颠簸考验的张天民，不止一次地顶住了江青一伙的打击陷害与复仇反攻。直到1976年伟大的10月，党中央将"四人帮"一举歼灭，伴随着我们伟大祖国阳光普照，为拍《创业》遭难的人们，才由衷感到庆幸。

八、《踏遍青山》何其难?

一

从没听说过澡堂能成为下达拍片任务的场所，但我本人却经历过，并且，接受这一任务的后果，是我竟被戏称为“文革”后期电影创作左右折腾的“楷模”。

那是在1975年春天，我离开《创业》组开始独立拍片，刚从北京铁道部组稿归来。一天下午，正在长影浴池洗澡的厂副主任刘儒看见我，摆摆手，招呼我到正在淋浴的他面前发问：“你最近在忙什么?”我回答：“去北京组稿，准备拍片。”他拧住龙头说：“先停下。现在厂里有个紧急任务，我想叫你明天‘上山’。”我不解地问：“上山？什么山?”刘儒道：“《踏遍青山》剧本搞了一年半，编导走了不少名山大川，到现在创作还是没进展，不知道为啥这么难?”他摇摇脑袋，又说：“地质部领导很着急，干脆招来了一批熟悉地质队生活的干部、标兵和劳动模范，这几天都集中在小白楼，搞剧本会战。”我一听乐了：“哟，剧本还能会战？头一次听说!”刘儒打断我：“你别笑，这叫走群众路线。你在大庆好几年，熟悉勘探，明天就派你‘上山’!”我听明白后忙摇头：“别别，人家组里有著名老导演，还有外请编剧，人马齐全，突然把我塞进去，多碍眼呐!”刘儒一绷脸，嗔道:“让你去你就去，先参加讨论会，听大家发言。明天上班小白楼报到，不许提困难!”

翌日8点30分，当我带着惶惑心态，走进小白楼，硬着头皮溜进会场时，只见里面人已坐满，争论声不断。这些来自地质战线山南海北的成员，正在围绕《踏遍青山》剧本创作，发表不同意见。因为我没有看过剧稿，也不知道因何搁浅，所以只能倚在角落，静坐观看。其间，有不少年轻气盛的炮筒发言，他们认为，剧本之所以难产，根本原因，是对地质队尖锐的路线矛盾抓得不准，没有写好复辟与反复辟的斗争。在他们看来，只有把全剧的主人公——地质队新来的党委书记赵旷军，写成对走资派敢揭敢批敢斗的英雄，并且带领女主角石玉红等地质队员，和当地协助找矿的群众，斗垮执行修正主义探矿路线的老队长，挖出有历史问题的反动权威工程师，地质队的面貌才能焕然一新，找矿才能最后取得成功。

这一派人刚亮完观点，一位戴眼镜男子的反驳声随即出现:“我想请教各位，如果仅仅斗垮走资派、挖出阶级敌人，地质队就能找出高品位矿床，革命和生产就能大变样，说实话，那剧本可真的大有希望了! 不过很可惜，我料你们拿不出来，现实生活中也没有这种典型。在座的既有云南地质队的，也有辽宁地质队的模范、标兵，请问，你们找到富矿、稀有金属，都是打走资派、挖敌人打出来、挖出来的吗? 起码我看到先进队的讲用材料上，还没有谁说生产和技术不用再去抓，政治斗争能代表一切。《踏遍青山》剧本再照这个路子搞下去，我看会出笑话!”

这位语惊四座的人，立刻被我吸引。经询问，他是长春地质学院的教师，名叫董蕴清。他热爱文艺，会拉手风琴。因平时有独到见解，作为学界代表，来参加剧本讨论。他的发言刚有停顿，便有人举手欲同他辩论。董蕴清礼貌地点点头，说:“请别打断，等我把‘谬论’讲完，你们再批判! 毛主席早就教导我们:‘阶级斗争、生产斗争和科学试验，是我们建设伟大国家的三项法宝。’这三项缺一不可，密切相关。怎么能说单单写阶级斗争、路线斗争，表现复辟反复辟，就能把地质事业一下搞上去呢? ‘文革’‘十六条’明明写着‘抓革命，促生产’，光抓革命，不促生产，矿床就能找到吗? 对不起，没见过。现在这个剧本，没有把地质队的找矿目标、技术难题明确提出来，也没有表现地质队科技人员的攻关智慧与找矿手段，所写的地质队员还是过去的老一套，东刨刨、西看看，要么是举着铁锤敲石头，要么是强调当地百姓报矿，美其名曰走群众路线……请问，现在都什么年代了？国外搞地质勘探采用多种手段：航空磁测，红外线扫描，几百平方公里的普查面，各种资料、数据，很快就能摸得着、看得见。而我们呢？还在这儿表现蜗牛爬山式的老办法，如果海外人看了这种影片，咱不觉得丢人现眼吗？”

他一席话说得众人哑口无言。想反驳他的炮手们，此时也面面相觑，无力争辩了。事实上尽管不少人也觉得他讲得有理，但却不敢公开赞同他的意见。因为这些人背着“先进”包袱，如果现在对阶级斗争、路线斗争说三道四，那就会被看作对“文化大革命”的不满，回到单位丢脸面。而且原剧本编导们，沿着他们“地质队的一切成果与业绩，都是‘文化大革命’的胜利”的思路，已经反反复复折腾了一年多，怎么可能一下子改变创意，同意董蕴清提出把生产、科研融入改本的思路呢？由此在我看来，尽管“剧本会战”有人唱出反调，但鉴于多数人沉浸在“文革”泥潭，难以摆脱阶级斗争至上的羁绊，董蕴清的独到建言，终究显得孤单。

“剧本会战”进行到第三天，组织者们似乎愈来愈不感到乐观。来自江南北国的标兵、模范，每天接受着长影好吃好喝好招待，除了能贡献一点先进事迹和地矿素材之外，很难拿出修改剧作的任何高见。据说有一位云南劳模，半夜三更睡不着，爬起来绕着小白楼跑了三圈，坐在石凳上发呆。伙伴问他为什么要这样？他说我得动脑筋，想点子，不然对不起每天餐桌上的八个大盘子！电影创作居然出现如此难堪局面，畸形操弄可见一斑。

听会听到第四天，刘儒在楼外问我观感。我含笑回答：“很难表态。”刘主任有点生气，说：“这不行，你来不能只是看，要介入，还要发言！”我坦率应道：“我张嘴算哪门子意见？名不正，言不顺，随便插杠子，叫人烦不烦？”刘主任说：“苏云厂长说了，让你正式加入这个剧组，首先参与改剧本。”我一听不妙，赶紧央告：“行行好，放我走吧，这差事我干不了！”刘儒严厉地说：“地质部两位领导明天就来长影，了解剧本会战情况。让你上《踏遍青山》是厂里决定的，还需要我来求你吗？”

二

其实，这棘手的官差我已经思考好几天，担心万一推不开，也得准备个应对方案。于是一天午后，我找来素昧平生的董蕴清，同他关在一个房间密谈。我开门见山对他说：“现在形势紧迫，厂长逼我‘上山’。咱俩虽不熟悉，可我欣赏你的发言。今天找你来，一是请教，二是想让你听我讲一个故事。听完你觉得还行，我不指望恭维。如果你认为不怎么样，也别泼冷水！”董蕴清对我的信赖颇感意外，但却很高兴。他含笑道：“我听说你在《创业》组敢闯敢讲话，没想到你来小白楼听会，就像徐庶进曹营，一言不发！现在我明白了，原来你揣有底牌，不到时候不出张啊！好，你讲吧，我听着！”

我清清嗓，开讲：“不知是哪位领导，给这次修改剧本约法三章：第一，大架子不动；第二，还要写复辟与反复辟；第三，主要人物姓名不改。这很难，等于让人填空白。唉，填就填吧，咱们编编看——故事发生在云南边境地带，一个地质队在那里寻找镍矿床。探井打了，资料拿了，突然一把火把队里存放资料箱的帐篷给烧着了！先进队一年多的辛苦，顿时化为尘埃。轰轰烈烈的大革命，首先拿这一失火事件开刀，老队长重用敌特叛成为主攻目标。革命群众中，一派说是阶级敌人有意搞破坏，因为现场发现一个像是燃过火的烟斗把儿。而另一派则怀疑，是暗藏特务内外勾结，欲借放火盗资料，搞情报。队上批来斗去乱糟糟，钻机停钻，工程师挨整，本来看到有希望的矿苗，由于全队停产闹革命，这时已难见踪影。就在这关键时刻，也就是剧本开场，省地矿局派出一位新的党委书记——影片的主人公赵旷军，让他前来地质队，对混乱局面加以整顿。接他上任的司机小迷糊，绕着山川一边开车，一边给他五吹六哨，大讲队上发生的怪事和近来的新面貌。他透露说，一是走资派老队长现已垮台，由管后勤的孙魁取代。二是姓秦的工程师被揭发是现行特务，正对他审查，已经被关起来。一旦把烧资料事故查清，咱标杆队肯定前途光明！他东一耙，西一杠地讲得云山雾罩，逗得赵旷军哈哈大笑！”

老董听着眯眼一乐，说：“小迷糊？嗯，有意思！”

我接着讲："原来，这位赵书记当过这个队的保卫干事，对全队人员的政治面貌基本掌握。当他来到队上，一眼看见被禁闭的秦工时，望着他憔悴的面颊，示意他不必紧张，等待调查。很快，赵旷军在全队发动群众，制止派性，同时暗派石玉红等青年骨干，协同公安机关，明察暗访，还通过当地百姓检举揭发，搜集物证，终于将真相查明，让贼喊捉贼、诬陷秦工的既盗资料又篡权的暗藏敌特孙魁现出了原形。在宣布老队长、秦工被解放那天，两个人声泪俱下，地质队员们随之大受感动，精神焕发。然而斗争深入中，孙魁狗急跳墙，趁机逃跑，但却没有逃出赵旷军预设的捉贼圈套。当边防干警将他捕获后，随之也夺回了被他谎称已焚的镍矿资料。结尾不用讲，地质队肯定是大干快上，最终拿下了高品位的镍矿矿床！"

故事粗粗讲了20分钟，董蕴清听完好一会儿没出声。我静静地望着他，见他渐渐露出笑容。他欣喜地说："好，太好了！不是恭维，真的不错。我没想到，这么几天，你就把故事编成了！知道吗？《踏遍青山》踏了这么久，要命的就是缺故事，干巴巴。这下好了，你三个条件全符合，只不过原剧本鼓吹的是'造反'，你强调的是'整顿'。原来强调批斗走资派，你让人感动的是解放老干部。主题还是反复辟，可是你把它给拧了一个个儿。嗯，总算看到点希望了！"听到他的心声，我用手指挡挡嘴，他马上会意："噢，明白，先保密，免得犯忌！"

然而，渴望电影早日投拍的董蕴清并没有把秘密守住，而是插空透露给了刘儒。待剧本会战进行到第七天，地质部领导来厂听修改方案。在他们带着失望情绪返京之前，来送行的刘儒突然把我叫住，要我在40分钟内把"秘密方案"供出。我愣愣神，随他走进贵宾房间，仅用18分钟，便把酝酿的故事梗概讲完。他们听过之后，当场表态，认为故事不错，有悬念，能抓人，贴近地质队生活，也符合当前整顿的大方向和党的政策。因此一致同意照这个思路改剧本。至于别的方案，请厂里妥善处理，避免出现矛盾。

刘儒的工作作风紧促利索，间隔仅一天，他便打发会战人员离开，安顿原班子继续改本。接着找到我，以充满希望的口气说："地质部希望无论如何今年出片，不能再拖。我和苏厂长商量，让你另外找个地方，照你讲的那个故事，赶快写出个剧本，拿回来讨论。”于是他答应我把地院董蕴清留下，帮我安排去地质队补充素材，在突击写本中出点子，让创作步伐加快。

熟悉地质专业的董蕴清一参战，便和我直奔辽宁开采金矿的地质队驻地瓦房店。这里生活条件比较艰苦，进餐有时还要吃高粱米饭。不过写作环境很好，每天钻进板房里侃构思、爬格子，没人打扰。辗转4天过去，我刚把提纲写好，一个长途电话，叫董蕴清回厂汇报。剩下我孤零零一个人，闷屋思考，日夜赶稿，好在创作兴致很高。在大庆多年的生活积累，勘探工程的生动素材，此时不断涌上心头，让我驰骋想象，随心编排，逐步把情节组织和人物刻画推展出来。写作一旦卡壳，我便跑到探矿帐篷，找地质队员海阔天空聊一聊，之后，创作思路立刻活跃。很快半个月过去，待董蕴清赶回住地，剧本已写出大半。我问董蕴清：“你汇报完，领导有哪些期待?”他笑道：“一句话：要快！刘主任说，厂里准备把老班子改稿和新剧本一起拿到厂务会，让大家讨论。看样子，要搞剧本打擂呢!”

没错，我们带着完稿回厂后，苏云和刘儒就是这样安排的。厂务会讨论结果，多数领导认为：原来的剧本仍强调打走资派，写地质队夺权，这既显得概念，也不符合形势发展。后写的剧本侧重解放干部，大干快上，不仅触动感情，而且故事性强。在基本形成一边倒的意见之后，苏云当众拍板，以后者为基础，吸纳各方意见再改一遍，力争尽快通过，投入拍摄。

三

《踏遍青山》剧作有如此变动，我并没有为厂领导的决定而受宠若惊。相反，此时我内心深感沉重。原因很简单，竞赛对手不是一般同伴，而是一位著名的老导演。只因我被迫出线，让老前辈有失体面，作为晚辈于心何安？然而，长影早向地质部夸下海口，答应最长一年半拍出此片。如今时间已过两年多，若不能如期交卷，何言责任、信誉？所以，我身处两难的窘境。就在我进退维谷的时刻，忽然有一天，制片主任向我透露，“听说厂领导对老导演有调动，《踏遍青山》由你华导来完成!”听此消息，我大吃一惊，马上说：“这可不行。反客为主要遭骂的，你快向厂领导反映!”

正是在此期间，全国政治斗争风起云涌，瞬息多变。本来自邓小平复出，大搞整顿，国民经济已见起色。然而到了6月间，张春桥《论对资产阶级的全面专政》文章一发表，以“打土围子”为信号，提出了对资产阶级法权的批判，反“左”与“批右”之间的较量，顷刻呈现于国内政坛。我的剧本思路，原本是沿着反“左”与“整顿”的方向改动，而今随着形势骤变，有人却对此提出质疑，认为“很悬”。尽管我坚信自己的观点，按生活的真实面貌在加紧对剧本修改，但不时吹来的冷风却叫人心烦。更令我不安的是，听说原班子在风吹草动下重启炉灶，如果继续对阵，前景肯定不妙！于是我想改完剧本后一交，不在这里“掺和”了。没想到厂领导在二次审查剧本之前，已做出换导演的决定，只是我蒙在鼓里不知道。

这一天会刚开完，老导演让我留一下，有话要谈。他张口第一句便是：“华克，这个戏你拍吧，我要走啦！”我倏然失色，问：“怎么回事？啥时候定的？”老导演奇怪地说：“怎么，你还不知道？我已经被调往艺术片二室了！”我霎时间有点激动，诚挚地把心里话讲给他听：“您不能走！有三条理由：我的老师干学伟和您是同辈，又是朋友，凭这一点，我必须挽留！二是您的孩子被伤害（两年前他的儿子被一个精神病患者意外致死），已够伤心的了，我不能让您再难受。三是我被迫‘上山’您知道，只想跟着您再学一部戏，压根没指望要单挑！”老导演点点头，惨淡一笑，叹道：“明白，你年轻，能者多劳吧！”我决然表示：“这不成！我马上找苏厂长反映。我愿意陪着您把这部戏完成！”

1975年7月25日，毛泽东对电影《创业》的批示下达。信息传到长影，全厂震动，很快在全国文艺界吹起一股反“左”、开禁的春风。这时候《踏遍青山》摄制组也活跃起来，大家急着通过剧本，赶快开拍。但是好景不长，随着江青一伙对毛泽东“评《水浒》”的曲解宣扬，彷徨中的人们转而又观望起来，生怕触动哪根神经难收场。

随着批右风声渐明渐显，苏云等人的创作思路，被认为有否定“文化大革命”及为走资派鸣怨的嫌疑而受到责难。无奈之下，老厂长只好动员我和董老师，另外思考方案。他提议重新立创意，变主题，避开复辟反复辟，再次改剧本，问我们还有没有信心？我直截了当回答：“这等于把我们写的剧本彻底枪毙。现在，创作思路存在明显分歧。另外搞主题先行的东西，没有生活基础，很难成立。”董蕴清想了想，接话道：“厂长您也别为难。我了解，小白楼会战期间，云南地质9队来了一位英雄模范，他的事迹很动人。如果变思路，改创意，可不可以围绕他的事迹来编一编?”苏云思索着点点头：“如果绕开反走资派这条线，以英雄人物为主角，主题围绕四个现代化，剧本或许能改观！不过出行前，先拿出个设想吧。”也就在我们的剧本遭到颠覆，苏云厂长鼓励我们重打锣鼓另开张的时刻，江青召见《创业》组的事件发生。我接到通知后，把草草写完的设想一交，便奔往大寨去了。

四

我随《创业》组成员结束大寨行程，返回北京之后，经苏云批准，和董蕴清飞往昆明，直奔云南地质9队补充生活，重写剧本。

云南地质9队，是地质战线有名的先进单位。它地处深山，道路蜿蜒。前来接站的汽车沿盘山道跑了将近一天，才把我们送到了矿点。刚从长影归来的9队队长得知我们来访，特意准备好房间和茶饭，并组织了一些先进工作者，陪同我们座谈。交谈中，红军长征播撒革命火种，和少数民族弟兄为帮地质队找矿付出牺牲的素材，成为吸引我们的热点。经过几天饶有边疆特色的访谈，我和董蕴清回到住地，搬了两把藤椅，两人悠然地坐在木屋前，望着如画的山川，一边品尝普洱香茶，一边围绕新素材神侃。不过坦白地说，此时此刻我们两个人的心境极尽苦涩，这固然源于我们的剧本被推翻而感到不满，但更多则是对那些主导创作的政治糊涂人发出悲叹！特别是董蕴清，凭他的敏感，似乎预料有更大的政治风暴来临，他说只是推测，还无证据断言。为给他以佐证，每天入夜关灯，我总要讲一段大寨黑会中的江青。他听了目瞪口呆，连连为“红都女皇”爆出的那些疯话吃惊！

我断断续续“泄密”之后，董蕴清的直接反应是：事态严重，邓大人前景不妙，江青那帮人要刮台风！到这时候我们才发觉，来前苏云一再要我们改创意，变主题，原来是为避开锋芒，另辟蹊径，不至于陷入更大被动。通过分析，我们愈来愈感到沉重，担心这部影片只怕拍不成。既如此，打退堂鼓吗？想来想去，不行。董蕴清说，地质战线至今还没有拍过一部电影。长影受地质部委托，不到山穷水尽，咱们不能有辱使命。在他的鼓动下，我们只好调整情绪，奋力强撑。于是两个人以周恩来四届人大提出的建设四个现代化为目标，开始调动想象，把剧本创意设定在西南边疆正在投建的一项国防工程上。

董蕴清作为地质学院的教师，有口才，很聪明。他虽不从业电影，却几乎是未学自通。加上他对野外勘探在行，同我绑在一起，编起故事来互补短长，相得益彰。在推进构思中，他提出设想："看，三线国防工程在边疆上马，提供稀有金属的老矿供应不上。主人公赵旷军从群众报矿中看到希望，他大刀阔斧、敢想敢闯，以超常速度组织地质人员，通过新的技术手段，探寻稀有金属矿藏……"我接着往下编："新发现的矿苗在哪儿呢？我想就在彝族和阿瓦族共居的山坳里。40 年前，红军长征曾经过此地山川，今天搞建设，兄弟民族为帮助地质队找矿，同样给予支援和奉献！"董蕴清一拍手，"好，就这么编！当年红军长征有牺牲，今天他们的后代重走长征路，战胜一切艰难险阻，终于找到了高品位的矿床，成为地质战线以现代化手段探矿的时代英雄……"我们两人你一言、我一语地信侃神吹，很快确立创意，定了主题，接着又以新得来的感人素材串情节，来编戏，前后仅仅写了 20 多天，便落笔飞回长春，把全面改观的新剧本交给了苏云。

剧本交稿后，我们满怀信心，预测这一次改稿有希望。不料审看结果却出乎意外，感到冰凉！苏云告诉我们："这次改稿虽有新创意、新主题，但老导演看了，说它有无冲突论的嫌疑。他认为你们完全撇开现实的阶级斗争和路线斗争，来塑造时代英雄，即使把影片拍出来，电影局也不会签发通过令。"我听此转达几乎发蒙，觉得这简直是翻烙饼！我们千里奔波，日夜写作，到头来竟再次化为泡影！处在这样的境遇中，我真不明白是创作者误入歧途，还是政治斗争的狂浪把我们颠簸得无所适从？

转眼到了年底，江青在大寨发出"反击"的叫嚣，很快演变成迅猛的"批邓与反击右倾翻案风"运动。在强大寒流的突袭中，《踏遍青山》的创作随着舵盘急剧转向，已完全抛开我们两次剧本提供的雏形，开始掉头追风。唯其如此，这部剧作滑稽地转了一个大圈，又回到年初逼我“上山”时的窘境，以反复辟加“反击右倾翻案”为主调的设想占了上风。这期间，尽管苏云发出“追风会翻车”的规劝，但在王淮湘派来的新政治部主任的操纵下，谁也无力与强劲的风势抗衡。风向逆转，剧作班子立刻变为8个人参战的大阵仗。主题先行，各有观点，每人写出一章的剧稿后语不搭前言，很难结构成篇。创作方式如此荒诞，还夸其为是走“群众路线”。呜呼，如此折腾人的恶搞，不知会拍出什么样的影片？

1976年1月8日，周恩来逝世的噩耗传出，全国人民陷于无限悲痛之中，无不为我们国家的命运忧心忡忡。在此沉重时刻，《踏遍青山》一剧不仅没有在逆风中刹车，反而追风追得更紧，摄制组不等剧本完稿通过，便迫不及待地带领演员飞往西双版纳，抢拍外景。摄影师拍完南国边塞旖旎的风光，在地质队浩浩荡荡车辆的协助下，又转景爬上丽江漂亮的玉龙雪山。美景如画的镜头拍了不少，因其并非依照剧本所拍，不知在未来的影片中将有何用？

云南外景结束后，理应转拍内景。但为了让未来影片更紧密“配合形势”，于是剧组回到长影后，再次修改剧本，让演员们待命。伴随“批邓”的深入，写作班子在强势领导的支持下，不停地追风追调，终于按政治斗争的旋律将剧本定型。然而，由于南国样片与再改剧本多有不合，无奈只好奔赴吉林桦甸林区，二次重拍外景。

从桦甸开拍第一个镜头，中国大地便进入多事之秋。唐山大地震之后，人们惊悸未定，9月9日，毛泽东主席逝世的哀乐，即从电台广播送到桦甸河谷。再次沉浸于悲痛的剧组，这时已毫无创作心情，只好草草结束外景，打道回府。从整体来看，这部影片已拍过半，预计一个月内可把内景赶完。然而天有不测风云。就在《踏遍青山》继续抢拍之际，10月中旬某一天，我正在摄影棚内溜边转，张天民和于彦夫两位老友骤然来到眼前。他们按捺不住喜悦地对我说：“华克，劝他们别拍了，北京那四个蚂蚱已经被抓起来了！”我惊喜地“啊”了一声，便发出感叹：盲目追风的人们不听善劝，本指望此片能配合“批邓”一炮打响，没想到内景还没拍完，揪出“四人帮”的礼花弹，便将这只在追风中颠簸的航船最后炸翻！

32 年过去，不堪回首的《踏遍青山》创作过程，教训很多，其中突出的一点是，在政治风向忽“左”忽“右”的变幻中，拍电影几乎成了扭秧歌。即使引导长影创作的操盘手苏云，也难以将他相对正确的艺术主张加以贯彻。而其中最让人痛心的是，由于主导拍片的人在特定形势下违背创作规律，盲目搞政治追风，糊涂观念驱使其一错再错，到头来却以巨额代价与辛苦劳作，换来了惨败的后果。

九、催生的处女作《谁戴这朵花》

一

一部《踏遍青山》，由于创作主导者热衷于“追风”而流产，让我在无谓折腾中耗掉两年时间，痛惜自不待言。这时已近1976年年底，随着全国揭批“四人帮”形势高涨，翌年电影创作态势将有何种改变？自己对选材目标又将做何打算？这一切，在百废待兴的转折时刻，我尚处茫然之中。

1977年春节过后，一天刚上班，我厂编剧户方忽然找我。他问我是否对大庆会战题材还有兴趣？对于朋友的提问，我没有立即作答，只问他有何具体想法？他说：“从《创业》创作来看，最大的成功是抓住了一个好题材。大庆会战素材丰富多彩，不是一两部电影可以拍完的。如果你兴趣不减，我们不妨考虑再搞一个剧本？”我说：“大庆素材丰富广阔，千真万确。但也有人说，有了一部电影《创业》，再拍石油题材，担心不新鲜，怕没有人看。”户方摇摇头，说：“有这种可能，但也不尽然。难道说抗日战争题材，就只能拍一两部《平原游击队》《地道战》就完了？”我赞同地说：“一点不错。关键在于选择什么角度，怎么样去开掘？你觉得大庆对你有吸引力吗？”户方说：“春节时见到苏云，他说大庆会战中，知识分子的作用很大，这个题材值得一抓。”

他这样一说，我明白了，看来想继续开掘大庆会战题材的推手，来自于厂领导。于是我想，在当前政治形势急剧改观之际，文学创作不景气，组来的许多剧本也面临七上八下的危机；目前既无现成的好小说可以改编，更无优秀的剧本可供拍摄；而我将近4年的大庆生活，占有的素材相对较多，又有热心大庆题材的专业编剧介入，与其寻找新剧目，莫如再踏轻车熟路。唯其如此，我便向户方表态："如果你确实对大庆题材有兴趣，就请你向总编室报创作计划，只要纪叶（文学副厂长）、韦连城（总编室主任）同意，我可以陪你到大庆去!"

厂领导经过研究，很快由艺术片一室曹主任下达任务，他对我说："目前在组稿困难的情况下，厂里决定让你和户方再去大庆，力争在较短时间内，搞一个知识分子题材的剧本。户方是编剧，你是导演。写剧本由他负责，你熟悉大庆，让你协助他深入生活，收集素材，写出剧本通过后，由你来拍。"

领命之后，我便打点行装，准备出发。临行前，我偶然在厂办公大楼碰见了严恭导演。他是电影界老前辈，资历深，见识多，早年拍过《三毛流浪记》，20世纪50年代所拍《祖国的花朵》是他的代表作。他站在长廊，关心地问我："你和户方要去大庆吗?"我答："是的，厂里让搞一个表现知识分子题材的剧本。"老导演点点头："噢，剧本怎么搞?是他搞，还是两个人一块搞?"我如实说："他搞，我拍。"严恭"嗯"一声，指点道："这个一定要明确。编剧就是编剧，导演不一定参与。如果导演也动手，那就是合搞，应叫合作。这一点你要把握好，懂吗?"我望着他远去的背影，微微发怔，对于他说这番话的用意我有点懵。在当时，我总觉得只要把剧本搞成，能投拍便令人高兴。至于谁出多少力气，什么单搞、合搞，没必要计较太清。何况经历了"文化大革命"，谁还愿再去争利争名?然而，没想到他的提醒竟不幸言中，只不过这是后话了……

二

初春乍到，寒风料峭。我陪户方来到大庆，一头扎在了让胡路石油研究院，开始对参加过石油会战的秀才们进行访谈。就大庆方面讲，对我们这次来开掘知识分子题材相当重视，并且大力支持。这个时期的大庆，老干部大都解放，原大庆党委书记宋振明已调任石油部部长。跟随他多年的秘书，也是我的好友王苏民，当上了大庆油田领导班子的一把手。此时他指示下属，凡华克导演所到的单位，一要热情接待，二在采访上要周到安排。因此我们在研究院进行了访谈，破例抽出了宝贵时间参加访谈的大都是出类拔萃的工程师和技术人员。不过，访谈进行一周后，我隐隐发现，户方似乎对获得的素材兴味索然。而我呢，则与他相反，觉得在许多人对当年会战的回顾中，有不少可歌可泣的故事，可以构成许多电影剧作的精彩片断。

出现两种不同感受，其实也不偶然。就我本人而言，很长时间我总觉得：《创业》一大遗憾，是对石油会战中科技人员的突出作用表现不足，影片没有把会战岁月科学拿油田的感人事迹做出精彩展现。特别有许多知名的典故，如："科技争论中的红点点，蓝点点，女秀才颠覆布井方案。"又如"康老总为科技闯将卸包袱，大胆推年轻知识分子勇上第一线"，等等。所有这些被众口传扬的生动故事，如果通过艺术加工，都可以构成未来剧本中的出彩戏段，也可以形成表现大庆会战诗史的新侧面。并且从这一角度出发，能够塑造出感人的科技人物典型，也能为波澜壮阔的石油会战画卷增添美学亮点。而我的合作伙伴，由于对大庆会战史缺少了解，对摸爬滚打于工人中间的秀才们的突出作用缺乏直感，加之长期以来社会对知识分子存在偏见，这就使他对讴歌其功绩的前景并不乐观，并随之兴趣锐减。这种情况的出现我可以理解，引导无效也只能随其自然。

不过，他虽兴趣减退，还不至于中断创作。在我鼓动下，户方以挖掘大庆新题材的姿态，开始向全面了解会战史扩展。为开阔眼界，我与好友新任汽修厂厂长的姚明礼联系，由他邀户方前往做客，并组织"老会战"带他参观，同他座谈。在深入走访中，他进一步了解到，构成大庆精神的五个方面是：第一，艰苦拼搏的人拉肩扛精神；第二，科学拿油田的实践第一精神；第三，科学管理的严细成风精神；第四，敢于创新的勇攀高峰精神；第五，艰苦奋斗的缝缝补补精神。这五种精神汇聚一体，形成了大庆人的特殊精神品格。令我意外的是，我这位伙伴户方，忽然之间对缝补精神特感兴趣，他对我说："那天参观缝补厂，我突发奇想：这么多会战家属，有媳妇，有姑娘，他们聚到一块儿，婆婆妈妈，吵吵嚷嚷，如果领导她们的不是女人，而是一个男性厂长，我想肯定有好戏唱！哎，咱们就拿这个题材，搞它一个轻喜剧，怎么样？”

他的提议使我感到奇妙，不知是已定的主张，还是他心血来潮？来大庆前，厂领导给的任务是写大庆知识分子题材，如今他脑瓜一转，竟把目标投向了缝补大嫂，这该如何是好？

户方看我有疑虑，便极力辩解，他说：“你放心，改变题材不是问题，关键你得对它感兴趣。知识分子题材好是好，但它涉及技术层面多，编故事，写人物，相对难搞。它不像家属题材，三个女人一台戏，贴近生活，拉近距离，可以充满生活气息与人情味。至于怎么搞法，只要把大路子拉出来，具体情节可以再考虑。”

听他所讲，不无道理。何况他作为编剧，热衷哪一个选题，取决于他的兴趣，不然，不可能有创作动力。而展现在眼前的缝补厂题材，其舞台实际是大庆石油会战的“后院”，它涵盖的内容是家属闹革命，后勤保前线。无论从全方位看会战，还是就其社会意义而言，都应该是构成会战画卷的一个重要方面。既如此，我除了对他表示支持、给予协助之外，别无选择。

三

剧本创作开始，我建议户方在掌握素材的基础上，通过酝酿，先拉出一个基本构思提纲。几天过后，户方开讲，他说：“首先我确定女主人公应该是家属缝补厂的创业人，可以叫冯普英。围着她转的，有几位性格不同的油田大嫂和姑娘，就像早年长影喜剧片《笑逐颜开》那样，‘几个女人一出场，追打和尚出洋相’。这个出尽洋相的‘和尚’，设想是冯普英的丈夫马达，一个与妻子‘新三年，旧三年，缝缝补补又三年’的勤俭理念相对立的小站长。至于他是油管站站长，还是别的什么站长，可以商量。小站长马达与冯普英之间发生了什么冲突，产生了怎样的纠葛，还没有细想。现在只是一个大路子，具体情节也需要进一步明朗，总之按照轻喜剧的样式搞，能搞出点名堂。”他讲完，我作为补充，认为把马达写成管后勤的生活管理站站长为好。他既是冯普英的顶头上司，双方容易产生矛盾；两人同时又是两口子，“打仗”打得再狠，夫妻关系不会受损。就风格样式而言，构成喜剧除表现喜剧人物之外，还需要有戏剧性与夸张性，讲究趣味包袱和行为嘲讽，不能像正剧那样处处严肃，一本正经。

户方是快手，他依照此创意很快写出初稿，取名《缝补大嫂》。交我看后，我的第一感觉是剧情平淡，没有饶有风趣的贯穿事件；人物形象也很模糊，缺少幽默的生活语言。因初稿不理想，作者没有交总编室讨论，而是希望把构思沉一沉，待酝酿充分再做调整。又过些天，他在情节编织上依然没有进展。困惑中为打开思路，我决定陪同他，奔赴华北油田再次深入生活，做些素材补充。在那里，我们恰巧碰上一次油田后勤工作大检查，发现有的基层领导为炫耀成绩，大搞浮夸风，弄虚作假，被查出不少笑话。这意外的收获，给了他很大启发。回到长影后，户方以新的素材补充想象，使剧本修改加快了步伐。

通常，任何剧本写作欲获得成功，作者必须有强烈的创作冲动与饱满的创作热情。但是我这位合作者，往往一接触生活便产生冲动，而一旦步入构思，稍遇编戏障碍，淡漠情绪便油然而生。眼下这种状态再次出现，无形中让我感到沉重。然而我作为这个剧目的导演，陪伴编剧走访与构思将近一年时间，面对剧本难有突破的局面，既不能越俎代庖，又不能袖手旁观，着实有点犯难。特别是总编室在讨论《缝补大嫂》初稿中，提出了不少中肯意见，指出：全剧写了三个事件，一是缝补大嫂上前线；二是马达摆阔搞大建；三是迎接后勤检查团。这三段戏结构松散，情节发展不够连贯，而且喜剧色彩不浓，缺少饶有情趣的看点。在人物形象塑造上，男女主角之间的冲突拉不开弓，掀不起夫妻既关爱、又互斗的波澜，因而人物没有显出个性色彩……应该说，这些好的意见和建议，如果能加以吸收，剧本的喜剧品位则可以望月登楼，大有看头。然而遗憾的是，我的这位伙伴这时竟望而却步，想打退堂鼓了！

一天晚上，户方约我到他家吃饭，我进门一看，嘿，他把总编室主任韦连城也约到了桌前。杯酌中，谈到《缝补大嫂》的创作，户方对我带他深入油田生活及相互协作多有称赞；忽而转换口气，谦逊地提出自己已是江郎才尽，再改剧本力不从心，看能否让导演接手，他可以就此抽身？我一听颇感不妙，立刻表态："方兄，您切不可过早罢手！文学剧本修改，编剧责无旁贷。什么时候剧本通过，我什么时候接手，再进入分镜头！"我的话很明确，按常规，厂务会通过剧本前，属于文学剧本创作阶段，文责应由编剧承担。作为导演，只有参与意见的话语权。如果把一个不成熟的本子交给我，让我接手改本写作，岂不是让我为编剧代劳吗？我们两人的对话，韦主任在一旁只是静听，他不便做出反应。大家边吃边聊把酒喝下，户方道出了心里话："坦白说，这个剧本开始写时，兴趣蛮大。不知咋回事，越写越不顺，到这时候，我几乎都想放弃了！"韦连城于是接口："你这种想法没必要。《缝补大嫂》剧本有基础，下一步目标，是希望你们再加一把劲儿，把本子的思想和艺术质量加以提高。"户方撂下酒杯，直截了当地说："老韦，华克有点子，有热情，也出了不少力，我把稿子交给他，他怎么改都行。最后，这剧本就算我们两人合作的，这总可以吧？"涉及合作关系的事，韦不好表态，他只是说："怎么修改，你们两人商量。不过有一点，你们这个创作快一年了，应该心往一处想，劲往一处使，力争把这个剧作快一点搞成！"

一方在加温催生，另一方却想退孵出巢。本来是编导自愿结合的创作，如今却因为一方热情锐减而要提前卸责。面对可能半途而废的危险，我不愿看到有违大庆人心愿的作品流产。在难以摆脱的羁绊中，为顾全大局，我只好听从老韦的劝言，尽一点"哥们儿意气"，勉强挑起了修改剧本的重担。

四

首先在创作理念上，我认为"缝补大嫂"题材，只是反映大庆会战艰苦生活的一个侧面，也可以说它是电影《创业》的续篇。不过其规模较小，适合单一事件贯穿，应更多借助男女主人公对节俭办事业的不同理解，和他们在后勤不同的操持方式来推动情节发展，以表现丰富多彩的会战生活画面。正基于此，我在文学剧本修改中，重要一点，是把原来的三段式结构，改为由"迎接后勤检查团"这一中心事件前后贯穿；而将其他两段情节融汇其间，使全剧构思有完整统一之感。同时，我着意强化小站长马达喜摆阔、爱虚荣，并由此让他为自己弄虚作假、闹出笑话制造“陷阱”。总之，我以“卖关子，抖包袱”手法，尽力调动轻喜剧的嘲讽功能，生动刻画夫妻相悖的创业理念和情致不同的个性特征。经过这样的改动，剧本形成如下故事内容：

1962年秋，某油田会战前线开展后勤大检查。油田缝补厂厂长冯普英，主动向生活管理站站长——自己的丈夫马达请示回收破手套、旧工服，缝缝补补，以解决前线急需。而马达却认为油田越来越大，没必要再摆缝补式的穷酸样儿。冯普英带领缝补厂女工们去前线服务，受到正在前线慰问的高指挥的赞扬。高指挥特意让冯普英担任检查团副团长，前往管理站促进工作，但这一安排，其丈夫马达不知道。冯普英来到管理站，发现马达正在写请求追加棉布的报告。他准备给工人全部改新装，把样式过时的工作服都扔掉！而且为此，他还要大拆大建，准备对缝补厂来一番追求时髦的“改造”。面对检查团的到来，马达本想和妻子联手，以自己超前的方案，向检查团将一军，以实现“旧装换新装、小厂变大厂”的雄心。但他不知冯普英已改变身份，“小阴谋”过早向她暴露后，没料到他在汇报会上大吹大擂时，却被妻子揭了个底朝上，让好大喜功的丈夫当众出了洋相！

深秋将尽，前线急需棉服。马达不相信缝补厂能完成任务，急派干事裴杰去外地订合同。女工们为了揽活，用计使合同没订成。由于缺乏经验，女工苏铁玲和李霞做的棉服成了废品。马达得知大怒，下令将布匹封存。为追查事故责任，苏铁玲与李霞发生争吵，冯普英不顾孩子病重，做苏铁玲和李霞的工作，使二人言归于好。女工们总结教训，重新巧裁巧补，做好了棉服。为给前线送暖，在为工人试做皮背心的过程中，冯普英为节约人力，主张动手革新，让缝补厂变模样。而只想突击花钱，多铺摊子的马达，却要将旧缝补厂一下推倒，重建厂房。小站长自命不凡，满以为他的设想能成为典型，没想到弄巧成拙，挨了高指挥一顿批评。通过内外夹攻，马达深受触动，很快在妻子和女工们的推动下，他扭转了贪大求洋的作风。及至春天来临，马达兴致勃勃地办起“修旧大院”，装配了餐车、货郎车，开往会战前线服务，立刻受到工人群众的普遍称赞与欢迎。

我把文学剧本改完后，将手稿交给户方，请他最后酌定。而他很快将剧本打印，交总编室预审。最后剧本经厂务会通过，摄制组开始了筹备活动。乍看这一切都符合规程，不过其间令人费解的是，在打印《缝补大嫂》文学剧本的封面上，却一直没有编剧的署名？

五

作为我独立执导的第一部影片，起步显然有些艰难。从厂长角度看，一个新手能否带摄制组拍出令人满意的影片？处女作品能显示出怎样的艺术才干？其担心自不待言。不过出于保驾护航，厂里还是为我选配了强势的主创人员，像摄影师舒笑言，曾拍摄过《悬崖》《英雄儿女》等多部大片。副导演张圆，是“二十二大”明星，在处理表演上可帮我把关。制片主任单武，曾是老练的政工干部，有能力团结剧组支持导演。粗看，这样的安排像是设置保险杠，在为我护航，但对于一个初出茅庐的导演来讲，由于处于保姆的强控中，往往难以驰骋想象，实现其独显个性的艺术主张。

记得在大庆外景中，由于我和摄影师的见解不同，就曾出现过一次激烈论争，险些造成停工。所拍的场景，是缝补厂一次欢快热闹的篝火晚会，其间有欢歌，有舞蹈，导演力图通过短切镜头，强化欢快节奏，渲染艰苦年代乐观向上的氛围，以突出男女主人公带有喜剧色彩的精神风貌。然而摄影师却认为镜头琐碎，仅仅一个过场，拍那么多镜头没必要。在他看来，只有拍重场，抓纠葛，才是好戏，其他散文式描写，都是浪费。一方坚持用电影语言表达，另一方则固守传统电影拍法，艺术理念的分歧，瞬间导致“战争”爆发！摄影师一怒之下，喝令闭灯光，收机器，撂下现场走人了。到这时候，小导演才体会到什么叫“摄影老大”！

摄制组碰上导演与摄影斗气，只有制片主任出来解围。单武一面向舒笑言老技师送好酒，消气头，一面劝我要尊重老舒的意见，说人家比你有经验。就这样，在作曲家张鲁具有新疆特色的舞曲伴奏下，本来可以拍出一场风味独特的欢乐场面，最后由于向摄影妥协，仅仅拍了两个大全景，几个人物面孔，便草草收兵，让我尝到了初次上阵碰钉子的伤痛。

有了这次合作羁绊，使我明白，作为一个年轻导演，要想实现创作意图，必须善于与各部门沟通，尊重他们的实践经验，而后把各种艺术想法融会贯通，变成大家的行动指南。只有这样，才能拍出比较理想的镜头和画面。在以后的外景拍摄中，我和技师舒笑言不打不成交，我们的关系相处得很好。我把他看成老大哥，每拍一场戏，镜头分切，必向他讨教。而他也换位思考，常常在理解导演意图的基础上，积极调动摄影手段，帮助导演加强人物形象塑造。

这部影片女主角冯普英的扮演者史淑桂，来自上影演员剧团；饰马达的赵家彦，一直活跃在上海人民艺术剧院。这两位南方来客，一到大庆，便各自寻找生活原型，不停地走家串户，参与缝补厂和后勤前线的服务活动，给自己创造角色做一些营养补充。比如冯普英包饺子转面团的动作，就是演员从缝补大嫂家里学来的，很有东北地域特点。而马达憨憨厚厚、大大咧咧的豪放性格，也是他跟随后勤车上前线，与那些工人和指挥员神吹神侃学来的。扮演后勤领导高指挥的演员郭允泰，早年曾担任过电影《怒海轻骑》与《智取华山》的男主角，由于1957年失言，被下放到新疆天山。好心的副导演张圆为给这位老友创造复出机会，特意推荐他来大庆拍片。

当我们进入内景，长影摄影棚里忽然增添了一些新面孔，她们活跃在灯光下，显得分外热闹。这些人不是专业演员，而是来自大庆油田的缝补大嫂。我们邀请这些真正的工人家属参加演出，带出的生活氛围生动亲切，滋生的情趣也自然好笑。更由于她们是第一次拍电影，神奇感与陌生感油然而生，由此闹出的笑话也让人们忍俊不禁，棚里不时传出欢乐的笑声！

1978年春节前，我执导的处女作电影摄制完成，片名由最初的剧名《缝补大嫂》，改为《缝补欢歌》，最后由苏云厂长定名为《谁戴这朵花》。字幕组随之以带有喜剧色彩的衬底，将片名叠化。在审看双片的会上，厂领导对我的初战成果表示高兴，认为影片镜头流畅，叙事紧凑，喜剧情调不错，表演真实淳朴。显著的不足就是：导演手法拘谨，拉不开弓，不敢夸张，怕用嘲讽，有趣的包袱抖得过早，没有把喜剧风格发挥到令人笑声不停。得到这样的评语，我总算一块石头落地，没有辜负厂领导给予我的信任和拍片机遇。不过在审片会结束后，因为几天前听到一点风言风语有损名誉，宛如芒刺插背，迫使我不得不做出澄清，恳请厂长听我诉一诉委屈。

这是一个令人不快的小插曲：据字幕人员告诉我，当全片进入尾声，他们向摄制组索要字幕名单时，编剧一栏没有填写；查文学剧本打印封面，署名也是空白。有关人员经与作者本人核对，字幕稿写上了户方的名字。过后不久，作者未通过摄制组，便直接找字幕员改动字幕，将化名户方更改为真实姓名。与此同时，不知何处传出“导演因参与编剧出力而要和作者争名”的风声，这让我大吃一惊！我不理解，从我改完剧本向伙伴交稿至今，两个人从未见面，更未对编剧署名吐过一言，为何到影片完成确定字幕期间，竟出现如此污人的流传？

事隔整整30年了，每当想起我拍的这部处女作，一方面曾为推我上路的合作伙伴表示怀念，但同时忆起当初严老前辈的提醒，也为这次留下的遗憾深深感叹！

十、从《穿心剑》到《诱捕之后》

一

这是我一段特殊的拍片经历。之所以“特殊”，就是从剧本《穿心剑》投拍，到影片《诱捕之后》完成，一年半内，经历了两次“起死回生”。

1981 年年初，已担任文学副厂长的纪叶向我推荐周原的剧本《覆灭》，由于厂务会未通过而不能投拍，一年多组稿的辛苦化为梦中飞蝶。为安慰我的情绪，纪叶向我提出新的建议：“如果你能在两个月内组到一个新剧本，并且基础可以，我可以帮你优先通过，让你拍戏。”看得出，这是老厂长对我的信任和鼓励，我自然表示感激。

总编室得此消息，最先与我接触的是编辑张育慧。她拿来一个现成的剧本，名为《伍豪之剑》，是上海电影制片厂文学部她的一位同学转来的。剧稿根据发表在《人民日报》上骏骧的同名小说改编，表现的是五卅惨案后，中共上海领导人伍豪（周恩来）派出要员刘英，赴青岛查奸除叛的故事。由于上影厂对这一剧稿没有认可，故那位同学希望能在长影厂落脚。我看过稿子后，和张育慧有同感：认为此剧题材不错，但是改编不好；如果要搞，必须重起炉灶。更由于原改编未征得原作者骏骧同意，我们若决定抓这一题材，只需同骏骧本人商议即可，无须再和上影厂联系。

3月中，我和张育慧约骏骧在北影厂招待所见面。相识后，我得知他就职于中国艺术研究院舞蹈研究所，山东人，很健谈，曾热衷研究中共山东党史，并有记述中共一大代表王尽美的著作出版。谈到《伍豪之剑》的改编，他提出自己不懂电影，要搞，希望与导演合作，这样节省时间，也比较稳妥。对此，我和张育慧尊重他的意见。经过几次交谈，创作意图取得了共识，一致认为，表现地下党斗争，情节性要强，应该采用惊险片样式。同时我们提出，希望他在初稿中，围绕"查奸除叛"这一中心事件，放开手脚，尽情发挥，不受篇幅所限。到二稿导演加工时，再根据电影特点，进行修改和提炼。

路子定下以后，骏骧以他熟悉青岛史实与占有素材的优势，仅用20多天，便写完名为《穿心剑》的剧本初稿。中心情节是：九一八事变前夕，我青岛地下党组织连遭敌人破坏。共产党员赵志雄和李文秋被派往青岛调查，接头不久也被叛徒出卖。为了彻底查明真相，主人公夏东岳由中央特科派遣，扮作冯玉祥部队的军官，从上海乘船赶到青岛，经过一次次与亲友、与上层的明里接触和暗中较量，终于辨别出隐藏的内奸原来是自己的义兄——牙科大夫丁建堂。

读了初稿，我很高兴，感到主要情节生动曲折，人物表现也有特色。只是6万字篇幅过长，总的写法像小说，而且结构松散，枝蔓过多，要使其成为电影剧作，还必须熔裁提炼。于是经和编辑商量，我决定直奔故事发生地青岛，边观察剧中所涉及的特定场景，边到八大关别墅里对初稿再次加工。

或许是兴趣所致，也或许是题材生动，我在一股亢奋的激情推动下，仅仅用半个多月的时间，便将修改稿一气呵成。回厂后，越过常规的审查程序，责任编辑直接把剧稿送到纪叶手中。老厂长看过后，很快对剧本基础加以肯定，只提出若干具体意见，修改后打印分发，交厂务会讨论。令我感动的是，纪叶兑现对我的承诺，从交出剧本到审查通过，前后不过18天，开创了长影审查剧本时间最短的先例。而且此题材也恰逢其时，随着当时我国电影创作形势回暖，广大观众不断发出对作品多样化的呼唤，长影也确实想在这时候推出几部人们喜闻乐见、颇具惊险特色的故事片。正是在这种可喜环境的驱动下，为将这一作品尽早推出，我开始快马加鞭。

二

摄制筹备组很快组成。其间，对影片画面质量起关键作用的人物，是初次拍故事片的摄影师严序中。老严原为本厂特技摄影，他把久望转行的夙愿告诉我后，我看中他的功底和创作热情，因而决然启用。美术师高国良是我的同学，北京电影学院美术系的首届毕业生。制片主任王书斌耿直干练，担纲过许多大片，他来掌门，使我在组织拍摄上充满信心。至于其他部门，虽不全是业务尖子，但出于志同道合，无不怀着最大热情，积极准备拍出一部吸引观众的好作品。

按预定计划，筹备组于6月上旬赴青岛、济南两地采景，然而，当我和王书斌带领采景人员兴冲冲地登上火车，迎着酷暑赶往青岛的时刻，一个意想不到的灾难降临了——可能是车厢闷热，夜间受风，待火车抵达青岛，我准备下车时，忽然腰部剧痛，双腿竟不能动！副导演白英宽见势不妙，赶快搀扶，没想到我的疼点是坐骨神经，任何人都不能碰，要动弹只能自个儿忍痛调整。全组见我这样，目瞪口呆，不知下车后工作该怎样安排？好在最早加盟的一位演员罗永贵与我同行，他来自青岛海军，这次既是向导，又当顾问。他见我突发急病，当机立断地对王主任说："叫大家别慌，青岛海军401医院骨科很有名，我马上送导演入院检查，你带领大家先住下，招待所我已经联系好啦。"

罗永贵在青岛海军后勤部任职。他调车把我送到医院后，立即请来了骨外科主任，快速为我组织会诊。经过两个多小时的诊断，骨外科主任坦言："根据观察，一种可能是腰椎间盘突出症急性发作；再一种可能是腰骶神经根炎，引发坐骨部位痉挛。不论哪种可能，都需要进一步检查，病人得先住院！"罗永贵关切地问："华导重任在身，您看，住院需要几天？"主任摇摇头："不是几天，最快也得两个月！并且还要看病情会不会发展？"老罗慌神，他看我使眼色，便尽力央告道："主任，他是导演，来为咱青岛拍电影，全组都等他拿主意，无论如何，您得让他尽快康复出院！"骨科主任拍拍老罗的肩膀说："你放心，既来之，则安之，我们医生会全力以赴的！"

突如其来的病灾，让我必须冷静对待，而且对采景还得做出妥善安排，否则来之不易的拍片机会，将可能由于轻言放弃而陷于悲哀。我躺在病榻上，望着前来探视的王书斌和严序中说："我的病情，还没最后确定。我希望暂不要向厂里汇报，由你们两位领大家先行采景。等一周后采景结束，那时，医生对我能否出院拍戏，会有明确判定。"制片主任和摄影师完全理解我的心情，并对我的委托满口答应。临别，我要求老王帮我搞一块木板，打算在病榻上插空分镜头，以弥补丢掉的时间。

我剧烈的疼痛经过医生硬膜外注射之后，很快减轻。还令我高兴的是，我在床上不能动的日子里，同房病友杨均山——青岛市公安局的一位伤员，及其爱人给予了我亲人般的照料，和我结成了患难之交（后来在抢拍外景中，他为争取公安交警配合曾尽力操劳）。由于401医院对我采用了最快捷、最有效的治疗，仅仅11天，奇迹出现，我已经可以拄拐走路了。当采景伙伴们高兴地和我辞别打道回府后，又过了两周，我基本康复，于是赶快谢过医生，搭乘轮船，拄着拐杖奔上海选演员去了。

影片《穿心剑》选定的演员，应该说是不错的阵容。正反两个男主角，地下党领导人夏东岳和隐藏的叛徒丁建堂，扮演者一位是长影厂新秀梁同裕，另一位是上海人民艺术剧院的主演王华英。女主角叶玉芝和叶玉娟，原定刘晓庆一人扮演，她也已满口答应，不料后来她跳槽到同样是长影的剧目《心灵深处》；而原在该片饰主角的姜黎黎则与她来了个场地交换，和李岚一起担当了本片的女主人公。至于配角，像扮日特的上影老演员陈述，演女间谍的上海歌剧院庞敏，以及饰古玩店老板的梅熹、饰国民党军法处处长的郑乾龙，都成了这部惊险片中热心捧月的亮星。

由于我采景途中发病，耽误不少时间，加之这部戏背景是20世纪30年代，道具筹措与服装制作相对麻烦，因而等到出外景时，已是寒流疾袭的秋天。为了抢拍尚未变黄的绿树叶，我们因势利导，改变景点，先行拍摄了济南车站和大明湖景观。然后移景青岛，再拍那些秋叶飘零的长街、西洋花园式的教堂，以及万国公墓和郁郁葱葱的庭院。所幸青岛各景点都有松柏和冬青遮掩，拍出的画面依然是绿影叠嶂，优雅而美观。更难得的是，古老的青岛建筑，洋房红瓦，高低错落，摄影师抓住其特点，与崂山古庙、海滨游场比映相衬，形成中西合璧般的氛围，使整个外景样片显得别有风味。至于设定在别墅、教堂里的实景戏，由于青岛市政府的大力支持，进展也很顺利。直到寒冬腊月，剧组在海滨拍完主人公夏东岳与日本人成川的一场对刀戏，宣布外景结束，我才长长吐了口气。而在这时，因为我在严寒中长时间站立海边，腰部痼疾复发，疼痛再次降临，我不得不在回厂之后第二次住院了。

三

1982 年春节前夕，拍完外景的演员们均暂时离去，而我却躺在长春中医院的病房里。治疗中，前来探视的制片主任告诉我："最近几天，文化部陈副部长率电影局长一行多人，来长影视察。据说来长春前，已经严肃批评了北影厂的创作倾向。指出现在有不少编导，为了迎合市场，胡编乱造，大搞情节戏，不顾思想和艺术质量。因此他们要对所有投拍的剧本、样片进行审查，问题严重的要勒令下马。"我听完一震，马上意识到，在清除"精神污染"的态势下，对电影界的整肃又开始了。于是我问他："对我们厂，他们都点了哪些影片？"他答："听说点了《零公里》《刀光虎影》，再就是咱们的《穿心剑》，还有一部，名字忘记了。"他们离去时，我让他们关注事态发展，有消息随时来电话。

然而仅仅过了一天，厂里形势急剧变化。接近中午，我正在打针，摄影师老严破门而入，失声叫："华导，大事不好，《穿心剑》让陈部长给枪毙了！"我闻讯一惊，急问："怎么回事？"他说："刚才剧场开大会，部长发表讲话，先把《零公里》批了一通，说在中越发生冲突中，写两国男女爱情，政治上问题严重，马上叫停；《刀光虎影》编造痕迹大，还有武打，要做重大改动，也暂停工；说到《穿心剑》，他提出两条：一是反现实主义，情节虚假；二是歪曲地下党形象，问题很大。建议不要再拍，应该下马。"我听了以后，险些气炸。心想：创作人员拍片千辛万苦，长官下来，既不与见面，也不谈话，说枪毙就把影片给毙了，实在武断到家。我一气之下，立即要来纸笔，以短信方式给苏云厂长写了几句话，大意是："苏厂长：听说陈部长已把《穿心剑》示众，并将开刀问斩，让我惊叹！我不理解，若有罪过为何不听听被告申辩，再来宣判？故恳请剑下留人，我要求与陈部长面谈！”信让老严带回厂里，直接交给苏云。

短信很快产生效应。当天傍晚，苏厂长派车把我接回长影，参加部局领导和全厂主要创作干部的对话会。我拄拐杖来到办公楼前，恰与苏云碰面，他招呼我说：“你的信，我看完便给了陈部长。你不论有什么意见，都可以在会上当面谈。”有他这句话，我顿时扫去不安。进入会议厅，只见黑压压一片，人已坐满。我默默在台前椅子上就座，单等申辩。

苏云的开场白过后，我被推出第一个发言。事先我已知道，这次矛头所向，主要是针对低俗倾向与伪造瞎编。所以在示礼客气话之后，我坦率直言：“听说部长今天在全厂大会点了《穿心剑》的名，还赠送了两顶帽子，一个是反现实主义，另一个是歪曲地下党形象，这让我有点想不通！”接着我援引他发表文章中曾对“现实主义”的论述：即“再现典型环境和典型性格”应该来自生活真实，不能凭空捏造。我说我们这部作品正是来自生活实际，没有胡编乱造！我理直气壮地列举事实：例如全剧的中心事件，取材于五卅惨案后发生在青岛中山路一桩处决党内叛徒的公案，曾见诸报端。主人公原型叫刘英，以前是红四方面军骨干，历史功绩载于档案。再如两位女主角原型，是我党外围有名的傅家姐妹。神父的原型有两个，一位是我党的朋友董建吾，另一位是在西安事变中向我党传递情报的王神父。我问：“既然剧中的主要人物和事件都有真实依据，怎么能说它是反现实主义呢？”

我讲到这里，扫一眼大厅，只见大家睁大眼睛，屏息静听。于是我接着申辩：“再说歪曲地下党形象。重要一点，我们没有美化叛徒，而是对查奸除叛坚贞卫士的颂扬。在改编过程中，我们从根本上改变了有关暗杀的原貌，把剧作重心摆在对暗藏内奸的调查与识别上。我们如此来概括生活，创造形象，何至于严重到歪曲地下党形象？”我振振有词地把话讲完，会场里好一阵没有声响。

陈部长对我的辩言颇感错愕。在整个座谈会进行中，他几次插话对我解释。他说：“有些历史题材，即便来自实际生活，但因其本身有局限性，所表现的内容不够典型，因此不能被认为有真实性。比如你华克读过《霞飞路的枪声》，这本书，就是描写我们党中央特科早期在上海的除奸斗争。代表人物陈赓、李克农，我们都认识。他们给我讲的故事，比你们写出的还要生动。但这本书作者挨了批评。他不应该在现时披露这些内幕，因为许多人不了解当时特定的政治背景，读后会产生很大副作用。”

不过在散会前，陈部长虽然话犹未尽，但口气显然已变得婉转，他对我说：“华克，你们的样片是拍得不错，放弃也很可惜。剧本呢，我一直看到深夜，也极力想有没有挽救余地？可是想来想去，总觉得离救活距离很远。你要有办法能把它改好，我感谢，会称赞……”他忽而把视线一转，强调：“如果你们厂有不同意见，认为这部戏还有希望，也可以提出修改方案，文责自负嘛。但是我个人认为，像这样表现特殊年代地下斗争的惊险片，要救活很难！”

部长说“救活很难”，自然话有来头。直到春节后，苏云才向我透露：“陈部长临走时告诉我一个情况：前不久中央办公厅下发一个文件，指示今后凡涉及周恩来的文艺作品，一律要停写停演。”底牌一亮，让我顿时傻眼！原来封杀的真正原因，并不单在艺术上，而是政治犯忌，涉及周总理的形象。既然如此，影片还能有救吗？

我心里正在发慌，苏厂长显然已有考虑，立刻帮我松绑，他说：“沉住气，我建议你想一想，主干情节不动，看看有没有可能更改历史背景，跟上海特科这条线彻底脱钩？凡艺术创作，都允许虚构嘛！”他一语提醒，使我顿开茅塞。此时我欲开口回应，他连忙摆手：“你不必匆忙，先打开想象，回去把剧本结构和样片采用的可能性做出评估。必要时，去查查资料，拿出个设想。等你准备好了，我再找两位老导演，一块儿来商量！”

全厂一下四部影片沦陷，苏云压力可见。而且在部长走后，长影人为了争气，喊出了“救死扶伤，施行革命人道主义”的口号。于是苏云拉来热心导演赵心水和周予，积极参加“抢救”，对我赶写出来的修改方案，一起会诊研究。我重新思考的方案要点是：一是根据史料，把全剧背景由1931年改为1936年；二是主人公由来自上海中央特科，改为由中共北方局从天津派遣，因文史里有我党派员到山东组织抗日武装的记载；三是要员来青岛的任务，从原来单一的查奸除叛，修改为为开展抗日武装斗争，清除隐患，挖出内奸。这一方案的产生，虽在背景上有较大改动，但主干情节并未伤筋动骨。而且，融入抗日斗争会使形象塑造更加鲜明，已拍的样片绝大部分能用。方案讨论一经认定，马上有人提出：要不要先向部长报送？苏云摇摇头：“不必。报上去一旦搁浅，摄制组怎么办？等待吗？拍完再说，送审完成影片！”

既然“死刑”有了缓冲，接下来就需要改拍内景来挣命了。于是我在“病”“压”交加之下，每天带着腰腿伤痛，踉跄执导于摄影棚中。好在全组伙伴齐心协力，演员充满创作热情，拍出的样片一批批看好，重场戏组接起来连贯而生动。特别步入后期，剪辑、录音按修改意图反复推敲，精细加工；更有著名作曲家王立平的弹拨乐配以枪声，构成紧张的声画组合，推动剧情、扣人心弦，环境的真实性大增。直到混合录音结束，由苏云重新定名为《诱捕之后》，经厂领导审看点头，我才满怀希望地带着送审双片，匆匆赶往北京。

四

负责审片的电影局局长，这时已由石方禹接任。主管制片的副局长胡启明，曾任职于北影厂，是我电影学院制片班的学长。从求保险出发，我先找到他，把这部影片的遭遇、修改过程向他讲明。他抱着很大的同情心和责任感，劝我精神放松。他这样说：“你不必紧张，拍一部电影花上那么大代价，有那么多人劳动，我们不会做出轻率决定。我先看片，心里有底，就好办了。”他的表态，让我感动。果然不到三天，我们再见面时，他高兴地告诉我：“片子看了，改得不错，起码能吸引我，而且预测票房不会少。政治上我没看出问题，周末我准备请中调部的同志来看看，帮助把把关。等他们拍板以后，再请方禹局长正式审片。”

我枯燥地等待了一周，终于接到通知让我到电影局陪局长看片，听取审查意见。审片时石局长不时插问，从中还透露出陈部长曾批评过的话音，让我如坐针毡。不过结论还不错，似乎在他力争下已得到部长口头允诺，原则上予以通过。但必须按中调部意见对五处不妥加以改动，才能正式发通过令。——至此，我总算初次得以“死里逃生”。

不过刚要离开放映间，方禹局长又把我叫住，拿出几页文字对我说：“这是中调部同志的看片意见，你在这里看一看。意见很重要，你修改时要认真参考。”我接过来粗粗一览，头两行字醒目地掠入眼帘：“总的看，这部影片表现了我党地下工作者对敌人的英勇斗争，表现了他们坚贞不屈、艰苦卓绝的革命精神，作为一部故事片，可以演。”这段文字以下，才是五个方面的具体意见。坦白地说，见到“可以演”三个字，我如获至宝，不愧是胡启明老哥的一大妙招儿，我不能轻易将它放掉！于是我向局长央告：“您看，现在已经12点30分，看一遍记不住，请允许我拿回去做个笔录，明天上午送回来，行不?”石方禹看看表，手一甩，说：“要快，一定要送回来呀!”我大喜过望，转身便走。赶回招待所后，我立刻把情况告诉了同在住所的总编室副主任高鸿鹄。他看了书面意见，马上提醒我：“赶快抄下来，带回厂里。知道不？这就是你的护身符。”

返回长影，为了尽快拿到通过令，我一面抓紧时间对影片修改。同时，把中调部意见抄件交纪叶厂长过目。然而，就在影片按意见改完，即将套底印第一拷贝的时刻，由庐山疗养返京的苏云一个电话打来，令我大吃一惊，得知这部影片被陈部长再次否定了!

苏云在电话里告诉我实情，他说：“昨天刚回北京，陈部长就把我和丁峤(副部长)、方禹叫去碰头，说他经反复思考，认为这部影片还是不能放行。道理是它脱胎于‘特科除奸’，担心上映有副作用。”我立即把中调部对影片的肯定意见告诉他，苏云感到惊讶：“不对呀，中调部的意见我看了，没有你讲的那段话，开篇就是‘影片还有如下缺点’……”我不明白为什么出岔子?只好把石方禹给我原件的过程如实讲给他，而他却说看的不是原件，是复印的。我一听便急了，叫道：“那肯定被改了！原件高鸿鹄看过，千真万确。”苏云似有所悟，随口问：“双片套底没有？拷贝如果没出来，那你暂时……”我当即截话，打岔道：“厂长，没有‘如果’。拷贝已经出来了，您说怎么办吧?”苏云叹口气，立即改口：“也好，那你就带拷贝快来北京吧!”

有了他的命令，我火速赶制完成片再次赴京。这时，恰逢电影局在东方饭店召开创作会。当晚，在前往观摩影片的大巴车上，我见到石方禹，第一句话便问他：“局长，您什么时候给我画句号呀?”他的回答让我一怔：“嗨，陈部长一句话，搞得我好被动！”我一听，便知他是指顶头上司又收回成命，让他在长影面前难为情。当时我有意靠近他落座，随口说：“知道不？我一回厂，便狠狠地挨了批评。厂长说我谎报军情！”石方禹一愣，忙问：“为什么？”我半真半假地答：“您还记得吧？那天您把中调部的意见给我看，我回厂如实传达，可领导说我把文件给篡改了！”局长眨眨眼，追问：“都改了什么？你还记得原文吗？”我立刻把书面意见第一段“总的看……可以演。”背给他听，并现出抱屈的样子怨道：“不知咋回事，这段文字居然没有了，好像是我添加的似的……”石方禹哦哦两声，回应说：“噢……回头我问问艺术处，让他们去查查吧！”

晚上回到旅馆，我把车上的这段对话，讲给了同来送审影片的导演常彦。他听完哈哈大笑，戏谑地对我说：“华克，你听着，你的片子通过了！”我脸一绷：“别逗了，死缓帽子还没摘掉，你开什么玩笑？”他转而一本正经地点评：“这你还不明白？电影局作为国家机关，对中央部委的发文可以不同意，不传达，但不能篡改，不然就是违法。明说吧，局里的小辫儿叫你抓住了！这部影片不给通过，它担得起责任吗？”

事情发展果不出常彦所料。按审片惯例，我的送审排序在第 19 号，起码等半个月才能轮到。但是很蹊跷，仅仅过了 4 天，在京总编室的韦主任便把消息传来了。他来电话说：“华导，局制片处通知，《诱捕之后》正式通过，让你明天 8 点钟去拿通过令！”我又喜又惊，急问：“这么顺利？可能吗？”他透露说：“方禹这次变聪明了。电影局这一次审查完，没做口头汇报，而是给部长送了一张条，内容是：‘《诱》片完成拷贝局已看过，该改的都改了。导演态度很好。请酌定。’——部长无话可说，最后只能画圈了。”

天哪，当我从电影局把通过令拿到手一看，回想历经的磨难，不由得不为两次“起死回生”捏一把汗！

《诱捕之后》全国上演，拷贝达 218 个，发行量可观，“起死回生”本该结束了。但难以想象的是，不知是因为影片修改前没报方案，还是此片有悖于部长大人的创作理念，甚至或隐隐含有对苏云抗令的不满？事情到 1982 年的上海电影创作会议期间，陈部长竟把《诱捕之后》《开枪为他送行》和《大海在呼唤》等三部电影列为批评对象，要加以“展览”。可是上海观众对此却不以为然，反而对所批之作特别赏脸。据后来苏云、纪叶两位厂长谈：就在开会期间，会址锦江饭店前的国泰电影院，看《诱捕之后》的观众天天爆满！从原定一周的片档，居然增加到17天，据说黑票由一块五涨到了两元三，多年来少见！

观众对惊险片如此欢迎，引起与会人们对批评“展览片”的不满。电影剧作家林杉不客气地指出：“电影是广大群众的艺术，群众喜欢的影片，我们却要批判，这是为什么？还有没有群众观点？”于敏、邵牧君等不少评论家、电影家也随之呼应，很快把原定对惊险片和情节片的指责，变成了对无视观众喜闻乐见及不重视电影多样化的批评。由此观之，《诱捕之后》虽然经历了“绝路逢生”，却不能不算是对新时期中国电影向多元化转型的一次意外惊喜。

十一、陪军统少将旧地重游

一

在我的拍片历程中，陪同原军统少将、后全国政协委员沈醉先生旧地重游，并以纪录片形式拍下其有关活动，可谓一次不大多见的文史钩沉掠影。

沈醉其人，以撰写《我所知道的戴笠》《军统内幕》等回忆录而闻名。据其自述，他18岁由其姐夫余乐醒引荐加入军统，受到军统头子戴笠的宠信和重用，一直步步高升，28岁就跻身为军统局本部八大处长之一，被视为最年轻的少将总务处长。在国共两党长期斗争中，沈醉追随戴笠反共反人民，以各种特务手段，对我党领导与革命人士进行情报刺探、盯梢追踪、密谋暗杀，以及刑讯逼供等迫害，犯下累累罪行。直到戴笠机毁人亡，蒋家王朝兵败覆灭，负隅顽抗的他，先在云南被卢汉威迫起义，后又当作战犯被关押在监狱洗心革面；继而于1960年后获特赦成为新中国公民，不久又荣晋为全国政协特邀委员。他毕生起伏跌宕，大起大落的历程，成为一个由特务生涯向爱国人士转化的传奇。

1984年末，在我结束《蓝鲸紧急出动》影片之后，编辑黄昧鲁向我告知，沈醉先生在中共中央书记处书记习仲勋的鼓励下，拟撰写一部书，名曰《冤家路宽》，准备出版。此书将包含当年沈醉受命暗杀宋庆龄、李宗仁、李济深；追捕王昆仑，密查高崇民；跟踪曹亮、冯少白；监视廖沫沙、廖承志；稽查阎宝航、胡子昂；捕杀余心清、朱家壁等多个故事。而著书者于 1961 年末被特赦后，却又在不同场合与上述人士或本人，或亲属相聚、欢谈，回顾历史，宽释前嫌，演绎出了“历尽劫波兄弟在，相逢一笑泯恩仇”的奇缘。得知将有这样一部文著，我立刻产生兴趣，并撰写选材报告希望引起长影领导的关注。很快，苏云厂长根据我的选材报告，决定将《冤家路宽》拍成电视系列片，推上荧屏。

翌年春节刚过，我便带着已定的选题前往北京，走访沈醉先生。行前我曾这样想：同沈醉有过宿怨的革命人士有不少已故，而健在的知名人物大都年事已高。今天，面对台海两岸期盼统一、努力推进国共第三次合作之际，如果能创造机会，促成沈醉先生到当年军统活动过的旧地走访、重游，同那些往日的对手——今天的朋友重新见面，聚首叙旧，并借助摄影机将他们难得的重逢摄入镜头，这不仅可以以“今日沈醉回顾昨日沈醉”的创意，开启这一具有文史价值的电视剧创作，而且作为史料，对于广大青年了解我国革命的艰难历程，阅览中国近代史的种种事变，应该说也是很有意义的探索。

然而当我来到全国政协宿舍，踏进沈醉家门的时候，他的夫人杜女士指着医嘱提醒道：“老头儿患心脏病，会客不能超过 15 分钟。”这使我一怔，显然就是说，沈老不仅同我们叙谈有困难，能否外出走访也可能是悬念。不过当沈醉先生看到我们远道而来，并得知是为其问世之作《冤家路宽》推上荧屏而讨教，内心深受触动，旋而露出欣悦的微笑。他坦率对我说：“我已经 72 岁，时间已不多了。但过去受到我迫害，和我成为生死冤家的人不少，我欠下的悲情孽债也很多。那些深受磨难的革命家们对我宽宏大量，使我不能补报万一。所以我想，在我有生之年，只要是有利于祖国统一大业的事，我一定会尽力去做的。”接着，他拿出 20 世纪 60 年代周总理接见他们特赦人员的一张照片说：“当年总理要我把军统的种种内幕如实揭露出来，让后人知道革命的艰难与反革命的残暴。后来我写了几本书，但远远没有完成总理的嘱咐。现在，《魔窟生涯》我才写了一半，《冤家路宽》只是开头。你们来了很好，是对我的督促。”

听沈先生讲话如此坦诚，我便直言不讳地向他转达了长影人的心声：“今年是抗日战争胜利40周年，此时此刻如果沈老能抽出时间，到重庆、昆明、上海、南京等旧地走访、重游，我们则可以借您与故交相会的机缘，拍一些抚今忆昔的镜头，这对未来电视剧的真实性……”沈醉闻声愣住，讶然地：“啊？还需要我上电影？我可不会演戏呀！”一语让我们都笑了。我忙解释：“别担心，不是请您拍故事片。我们是想采用以今日沈醉回顾昨日沈醉的形式，以纪录片形式拍一些您本人的活动，为将来的电视剧创作提供资料。”他点点头，沉思地说：“噢，是这样。3月份要开政协会，也许……5月我能抽出时间。不过要请假出门，还得办公厅批准。”

3月下旬，在全国政协六届三次会议开幕之际，我由沈老女儿沈美娟陪同，来到北京友谊宾馆，再访沈醉先生。见面过后，沈醉灵机一动，领我走进云南省政协主席朱家壁下榻的房间。做了简单介绍，他指着朱老对我说：“云南解放前夕，我曾三次派人去暗杀他，都没有把他杀掉。现在我们两个却成好朋友了！”朱家壁笑道：“那时候，他有杀人权啊！不过这些事已成为历史了。”得知我有意邀沈醉南下，旧地重游，朱家壁立刻发出邀请：“如果成行，一定要来昆明，我会盛情接待你们！”与两位委员告别后，我悄声向沈美娟发问：“你爸南行的决心下定没有？”她说：“他倒是很想去，怕以后不会再有时间了。可他要走的地方，要看的人那么多，万一心脏病发作，政协领导能放心吗？”

啊，我明白了，言下之意，没有妥善保健措施，老爷子出行困难。但这好办，带位保健医生就行了，关键在于他有没有重游的意愿。待4月下旬，我又一次造访沈家时，已开完会的沈醉兴奋地告诉我：政协会议期间，习仲勋看见他，希望他尽快把《冤家路宽》写出来，说这意义很大。由此，他深感祖国面临的三大任务刻不容缓，必须为台湾回归祖国做出应有的贡献。这就宽释了他的顾虑，决意到阔别已久的旧地走一走，随之也答应了我们拍资料片的要求。

二

经过几次洽商并落实保健措施后，全国政协办公厅终于同意沈醉委员由长影摄制组陪同南行访旧。按计划，我们确定走访的第一站为山城重庆。读过小说《红岩》与看过电影《烈火中永生》的人都知道，重庆是中美合作所的所在地，是戴笠军统魔窟残害革命志士的大本营。一向被指认为小说中严醉原型的沈醉，此次访渝想见的人很多，但他最希望见到的人物之一，却是小说里那位被军统关押的地下党员，被称为疯老头华子良的原型——现贵州省政协常委韩子栋。

说来蹊跷，“文革”前后，一些人根据韩老当年曾在渣滓洞装疯扮傻，被特务放出去买菜而乘机逃跑的经历，以及他在新中国成立后常为我党打入军统、但却一直未被追认为烈士的张蔚林、张露萍等七人扫墓的举动，诬他为变节叛徒，被长期拘禁而失去自由。后来由于当年追捕者沈醉出证，在中央为七烈士平反昭雪之后，韩子栋所谓的历史悬案随之澄清。也正鉴于此因，沈、韩两位昔日的冤家，在20世纪80年代初，有了彼此通信、赠书与互访的佳话。当我了解这段奇缘之后，立刻建议沈先生与韩老联系，约他来山城会面。当时我想，如果让这两位当年一个军统凶魔、另一个披枷牢囚，重新亮相在“文革”后的渣滓洞与白公馆，拍出来的画面将让人发出怎样的感慨啊？

更有意思的是，就在我们离京前两天，一个插曲出现：沈醉偶然得知，昔日曾被他监视并准备抓捕的现全国政协副主席王昆仑病重住院，希望能去探看，但不知王老是否肯见？因为在新中国成立后，二人从未曾谋面。为拍下珍贵镜头，我主动找王老家属说明，很快得到爽快回应，让沈醉分外感动。次日上午，当我们摄制组陪同沈醉来到医院时，王老特意让人把他从病榻扶起，端坐在轮椅上，同这位往日宿敌握手，欢叙。沈醉以诚恳之语向王昆仑道歉：“王老，我沈某实在对不住您，今天赔罪来了！当年您和反蒋人士在无锡太湖畔开会，我奉命一直监视你们，还准备在最后秘密集会时逮捕你们！”王老说：“特务来抓我们的事，早有人通知，很快撤离，让你们扑空了！”说完哈哈大笑。沈醉愧疚地点点头，也由衷发出笑声！这难得一见的喜相逢，霎时被摄入我们的镜头中。

三

1985年5月上旬的一天，沈醉偕夫人杜雪洁，同我们摄制组一行离开北京，飞抵重庆。班机落地，前来迎接的有重庆市政协秘书长和市委统战部人员。他们驱车送我们至沙坪坝，下榻在四川外国语学院。这个学府位于歌乐山麓，嘉陵江畔，校园招待所环境优雅，空气新鲜，更适意的是，距原军统魔窟中美合作所旧址仅一公里远。为照顾沈醉夫妇活动方便，我们特意安排他们住进卧具舒适的贵宾平房。不料沈先生仅住一夜，便提出要和我们一起上楼，不肯特殊。制片主任提醒他年纪大，爬楼梯困难，但沈醉坚持说这可以加强锻炼。而究其隐衷，可能是他面对歌乐山众多的冤魂，如临冥阵，担心平房不安全。

安顿后，由于相约韩子栋迟无音讯，让沈醉牵挂，也令摄制组悬心，于是在渝市政协接风宴之后，沈老再发电至贵阳，询问情况。仅隔一天，便接到韩老发自深圳的回电，他称正随贵州老干部观光团沿海滨参观，两天后即乘班机抵达重庆，同沈先生见面。

当风尘仆仆的韩子栋由女儿陪同走下飞机时，迎接的场面令他震惊——两台摄影机前后摆开，围绕他和沈醉夫妇握手、问候转个不停。及至住地，我向他父女详述了拍片意义与全国政协支持的态度后，韩老这才如释重负，感到高兴。

依照安排，被称为华子良原型的韩子栋与原军统少将沈醉先生，今天走访的第一个景点，是正在修建的沙坪坝烈士陵园。沈醉告诉我："1949年初，国民党兵败西南、从重庆撤退之前，保密局长毛人凤根据蒋介石的密令，对囚禁在渣滓洞、白公馆的共产党员和反蒋人士进行了惨绝人寰的大屠杀，大批烈士的忠骨被掩埋在歌乐山下了。"陪同的人接着说："新中国成立之后建起的公墓，在'文革'中被毁坏。如今拨乱反正，重庆市即刻筹集资金，调来工匠，准备把陵园重修一新，为后人景仰革命先烈竖碑献花。"当我们一行拾级而上，来到陵园工地时，随着叮当的斧凿声，眼前骤然闪现出一尊尊巨石雕像。我们的镜头紧跟着沈、韩两位向前行进，只见他们神情肃穆，望着那一张张雄伟的雕像面孔在默思回想。忽而，韩老驻足在一儿童雕像前凝望，那稚嫩的眼睛，甜笑的面庞，啊，这不是他熟悉的小萝卜头么？老人悄步近前，仔细打量，蓦地欠下身子，双眼一闭，把脸紧紧贴在孩童的脸上。抑制不住的哀伤，顿使他泪水盈眶。这时走近的沈醉掏出手帕，递给韩老，二人在无言的默悼中望着雕像深深鞠躬，在场的人们无不为之动容。

在小说《红岩》中，对军统魔窟渣滓洞的描写令人触目心惊。今天，这个已恢复原貌的展览馆迎来的稀客，并非一般观众，而是当年在这里耀武扬威的军统头目沈醉，和曾在此被关押多年的疯老头——华子良的原型韩子栋。当摄制组陪两位老人走进展馆时，院子里一派宁静。此刻，沈醉几乎不用馆长介绍，伸臂拉住韩老，沿着熟悉的路径，先上楼巡看一个个号房，接着他们来到刑讯室，望着昔日骇人的刑具及老虎凳，两个人开始回忆黑暗年代革命者的痛苦遭遇和不幸。韩老盯着眼前的压杠、铁索和烤炉，沉痛地讲起当年江姐（江竹筠）被酷刑折磨的情景，令在场的人们无不含泪泣声。

昨天是敌手，今天为朋友，此时此刻同聚在酷刑现场，钩沉历史，这凝重的神情，无限的伤痛，一一被我们摄入镜头。就在大家沉浸在抚痛追思的时刻，忽而门外传来一声喊："看呐，华子良来了！"接着又有人叫："哎，那不是沈醉吗？少见呐！"显然是刚刚开馆，人群涌进，观众有眼尖的，一下把两位知名人士认了出来。在一派喧嚷与拥挤中，馆长和工作人员开道领路，迅速把沈、韩二位送出馆门，于是，对渣滓洞的这场特别光顾，匆匆结束。

"如到松林坡，我一定要凭吊杨虎城将军。"这是沈醉到达重庆前，曾一再向我坦露的肺腑之语。他这样说，这样想，完全是发自内心的感言。因为当年他作为蒋家王朝的鹰犬，曾参与了杀害杨将军一家四口的密谋。为此，在他真正倒向人民之后，无颜报还的血账一直埋藏在他心灵深处。于是根据他的意愿，今天他亲自执扶花圈，沿着长长的石阶，一步步攀上松林盖顶的歌乐山。当他来到松林坡杨将军殉难处，双手把花圈献在衣冠冢之后，蓦地一声喊："杨老将军，沈醉对不住您，今天给您赔罪来了！"随之他泪水夺眶，深深鞠躬，发自心底的痛疚之情，不仅勾起人们对杨门忠烈的无限哀思，也让旋转的摄影机记录了五十年后慰藉英魂的情景。曾经被血染的松林坡，如今遍开圣洁的白花。“将军饮恨魂归处，已是彩虹映山麓。”呜呼，为抗战兵谏而获罪的杨老将军，您可以安息了！

结束凭吊，沈醉沿着山坡路径，来到距白公馆不远的角亭。沈先生告诉我们，当年蒋介石为报西安事变兵谏之仇，密令军统把刚从海外归来的杨虎城诱骗到重庆后，一直软禁在这个木屋中。转眼内战兵败，老蒋为了斩草除根，又下令把杨将军和夫人及其子女，还有秘书宋绮云等残忍地杀害。往日的惨景历历在目，使他终生难以忘怀。

接着我们随他奔赴杨家山，同在那里等候的韩子栋一起走访白公馆。大家一踏进馆门，沈醉就滔滔不绝地讲起白公馆的来历。他说：“这儿原是四川军阀白驹的避暑山庄。抗战时期，国民党迁都重庆，买下这幢公馆，在四周墙上加上铁网，将它改建成监狱，关押中共要犯。中美合作所成立后，戴笠得知美国人看中此处风景，便命我另找监狱，把白公馆腾出来给美特改建成招待所。内战爆发后，美国人撤离重庆，我们又将监狱恢复，囚禁共产党要人和爱国将领，像叶挺、许云峰、黄显声等，都曾在这里被关押、逼供。”他陪伴着韩老边走边谈，忽而来到一幢囚室窗外，探身向里面看了看，慨然地说：“50年代初，我被当作战犯从云南押送到重庆后，就被关进了这间牢房反省。咳，怎么也没想到，我当初亲手改建的监狱，变成囚禁自己的牢笼，历史就是这样的公正而无情！”

下午，由重庆市政协组织的茶话会，就设在中美合作所展览馆。这次欢谈，因为有沈醉和韩子栋双双露面而格外特殊。席间，两位老人回顾历史劫波，细述并澄清了许多鲜为人知的阴谋和旧案。他们抚今忆昔，共释前嫌，既为展厅提供了难得的历史资料，也让与会者欣喜地目睹了这一化敌为友的现代奇观。

告别重庆前夕，韩子栋向沈醉提出两个请求：一是邀他和摄制组在转赴昆明途中，到贵阳一游；二是请他夫妇到家中做客，喝上一杯茅台酒。沈老欣然应诺。我们上路后，仅只一夜行车，便到达贵州。

韩老为何执意邀我们来此地呢？沈醉道出了其中的缘由：早在1944年，我党打入军统内部的张蔚林、张露萍等七位革命者，因机密暴露而被戴笠杀害。到了新中国成立后，由于他们的真实身份一直被隐埋，七名烈士仍被当作军统特务而尸弃荒谷。不过，作为活证人的沈醉，深知这七个“特务”属共产党派遣，因此在他被特赦后的回忆录中不仅多次为这七位斗士正名，而且与“文革”中同受株连的韩子栋不约而同地为七名英烈喊冤。直到1981年沈醉当选全国政协委员后，他的第一个提案就是请求党为张蔚林等七烈士平反。曾主管过情报工作的叶剑英元帅得知此情，很快出示了证明，这才最终告慰了七名忠烈的在天之灵。正因为有这样一段靖冤正名之缘，所以当我们陪同沈、韩二位来到息烽烈士墓前时，他们望着新矗立的英烈丰碑，感慨万千！面对久蒙沉冤的忠骨，他们躬身顶礼，抛洒热泪。尽管两位凭吊者身份不同，历史的巨变却让他们发出了心系一体的感叹！

四

辞别韩老，离开贵阳，摄制组和沈醉夫妇一行直飞昆明。云南省政协主席朱家壁有言在先，沈醉先生如与摄制组南行，他一定在昆明迎候接风。

朱家壁在新中国成立前夕，是云南中共地下武装的边区游击纵队司令。蒋介石为保住云南，曾指使沈醉与云南警备司令何绍周，共同对朱进行过“劝降”“收编”与“围攻”。企图破败后，沈醉又三次派人对其进行暗杀，均未获得成功。如今，这两位冤家在昆明相聚，引起不小轰动。更何况当时军统为监视卢汉，毛人凤特意安插沈醉为国防部驻云南区专员兼军统云南站站长。却不料省主席卢汉与中共早有联系，举行起义，将国民党驻滇要员一网打尽，其中就包括沈醉，也因此昆明成为改变他一生命运的关键之地。

当摄制组陪沈先生抵达昆明后，省政协主席朱家壁和省委统战部长杨一堂等亲自迎接，盛情款待。其间，主人安排的几个活动令我倍感兴趣，并及时将它拍了下来。

一是由朱家壁带领沈醉参观当年他与原国民党九十三军军长、云南起义参与者龙泽汇接头的旧屋，以及拜访重病住院的龙老本人。当这三位国、共、特重新聚首，回忆早年卢汉与边纵游击队的交往，大都是通过龙泽汇牵线搭桥，让负责监视双方的沈醉防不胜防，历史的笑声立刻在房间回荡！啊，山河巨变，时光交错，无限思绪，顷刻间化为笑谈而勾销了尘封的旧账。

二是省委宣传部长杨一堂带领沈醉到云南大学走访时，共同回顾了新中国成立前夕军统镇压学生运动的情景。那时，杨一堂还是一个中学生，由于他带头参与闹学潮，被军统逮捕关押在牢中。沈醉曾多次审讯他，见他不肯供出领导学运的中共地下党人，便指挥特务对他使用电刑。杨一堂说，当时他对沈醉恨之入骨，恨不得跳起来咬他一口。而今，他却亲自陪他参观校园，还亲自主持宴会同他举酒碰杯。昨天是恩怨仇家，今天是爱国一家。面对春城盛意，沈老百感交集，哽咽得说不出话。

还有一个安排，令沈醉颇感意外。这就是，在朱家壁主席陪我们去石林观光的前一天，接待人员驱车把沈醉送到了五华山附近的原卢汉公馆。他一下车，看见迎宾者中有两个面孔，顿时愕然。超强的记忆力使沈老分外眼明，啊，这不是当年奉卢汉之命扣押他的警卫营长徐正芳和民政厅厅长杨文清么？没错，是他们。他们对视中，年过五旬的老徐满脸挂笑，伸手便叫："沈老，久违了！"同这两位当年威逼他参加云南起义签字的推手不期而遇，令沈醉惊喜参半，感慨万千！他没想到，事隔36年之后，他们能在原地重新见面！

一阵寒暄过后，大家随之走进公馆客厅。在这里，几位老者抚今忆昔，谈笑风生，共同回忆起1949年12月9日那个历史时刻：当时，省主席卢汉借西南行政公署长官张群之名，将国民党留守昆明的军、宪、特要员调来开会，随之将他们扣留，迫使其参加起义。而当年被卢汉视为眼中钉的沈醉，今天却几乎像说笑话似的，细述他那时如何驾车怀揣兔子般地来到公馆，进门后又怎样看见第八军军长李弥，二十六军军长余程万，师长石补天被软禁，以及自己如何被警卫营长摁倒、搜身，和他自知成为瓮中之鳖后而感到的无奈与气愤……其时、其地，此情、此景，他比比划划，把被胁迫参加起义通电签字的细枝末节讲得绘声绘色，让我们这些局外人听了如临其境，也让摄影机镜头记录了当事人穿越时空的历史见证。

结束了云南的走访之后，摄制组陪同沈醉夫妇又相继抵达上海、无锡和南京。对于当年军统盘踞的这些巢穴之地，沈醉既有作恶多端的足迹，又有十分熟悉与感叹的回忆。如他一到上海，首先提出要拜谒国家名誉主席宋庆龄之墓。因为在20世纪30年代初，他曾受蒋介石之命，企图对这位揭露蒋反共媚日、为国人敬仰爱戴的孙夫人进行暗杀而终未得逞。转瞬在60年代他被特赦而成为全国政协委员之后，又未能有机会向宋先生告罪赔情。今天，当他来到虹口宋庆龄墓前鞠躬致哀时，内心充满的自责与愧疚随之涌动。再像他来到无锡鼋头渚时，望着矗立太湖畔的书阁庭院，回忆起当年搜捕王昆仑等共产党人的情景不住地叹息。而当他抵达南京，躬身向雨花台革命烈士陵园献花时，对于当年军统残杀革命志士的罪恶更是悔恨交加，惶愧难平。此时此刻发自内心的歉疚，让他情不自禁地写下这样的诗句："雨花台畔拜先烈，往事回思倍不安。生死冤家齐恕我，人间天上路皆宽。"这一发自肺腑的深叹，真实地表达了他与旧时代彻底决裂的立场转变。

在离宁返京前的一个午后，我走出房门，看见沈醉独自在廊道里徘徊踱步，没有按习惯午休。我猜他有心事，问话刚要出口，不意他先打招呼："华导，你不是说下午要去……"我立刻心领神会，应道："是的是的，咱俩说好的，我陪你去看戴笠墓。车安排好了，就等你午休后……"沈老连连摆手："不躺了，走，现在就走!"看他迫不及待的样子，使我想起他曾经告诉过我的话："我一生有两位难忘的人：一个是戴笠，在军统魔窟栽培我，重用我，有知遇之恩。另一位是周恩来总理，改造我，特赦我，有不杀之恩。"记得他曾对我说，半年前江苏省政协透露，戴笠作为历史人物，他的墓穴在"文革"中遭毁后，文物单位准备修复。沈醉来到南京，对此出于一种难言的关切，可以理解。

于是我们驱车驶出中华门，直奔明孝陵。抵灵谷寺下车后，留下司机，沈醉领我沿林道径直向后山走去。行进中他侃侃而谈，告诉我1946年3月17日戴笠如何为争夺警察总监宝座，从天津飞往上海途中，因飞机遭遇雷雨，撞山身亡。而在失事当晚，重庆军统局本部在未获消息前商议营救中，一个个头目如何退避三舍，而只有他不惧险阻，挺身而出。以及四个月后在南京埋葬戴笠时，蒋介石又如何亲自来这里察看风水，选定墓址；他又如何秉承毛人凤旨意，为规避后人开棺鞭尸，责令营造厂用水泥炭渣搅拌后，灌进墓穴。待我们逡巡中找到墓地，向四周打量时，呈现沈醉眼底的依然是被毁的废墟，一片狼藉。面对此情此景，沈醉除了五味杂陈，只有对历史扼腕叹息。

五

回到北京，与摄制组相处了一个来月的沈醉先生居然别出心裁，帮我导演了一幕有趣的场景。

那天，他鼓动全国政协文史资料研究室组长文强，以纪念抗日战争胜利四十周年的名义，邀请其成员如原国民党名将陈希濂、黄维、杜建时、郑庭笈以及其他政协委员如溥杰等人开座谈会，为我们的资料片增容助威。这些名将我少年时代便如雷贯耳，如今他们像常人一样莅临会场，同我握手寒暄，互问短长，殊有时代变迁武姿趋雅的模样。开会之前，忽而一个消息传来，称黄维老先生有事不能到会。正在指挥摄制组摆灯架机器的我，赶紧找沈醉问情况，不料转瞬之间，却看见沈醉拉着一位身板硬朗、目光炯炯的老者跨步进门，并向我打招呼："华导，黄老还是来了！"

我望着这位当年驰援淮海战场的国军老将，友好地同他开玩笑道："黄老，当年您是大将军，指挥千军万马，不过今天您到这儿来，要听我的指挥！"黄维顿时一怔，反问："你指挥我干什么？"我向沈醉使个眼色，冲着威武气概不减当年的老将笑道："我要给您拍一个活动纪念照！"黄维不解地："哦？怎么拍？"我立即领他走向布好灯光的里屋，扶他坐在书案前，又暗中向摄影师一挥手，随着机器开动，只见沈醉手捧一本"杨虎城画册"，乐呵呵地走近黄维道："黄老，我给您带来一本画册，您看看好吗？"黄维欣喜接过画簿，一边兴致勃勃地翻看，一边和沈醉聊起当年抗战……几分钟过去，黄维突然转脸问我："喂，我等着呢，你怎么还不拍呀？"里屋灯光刷地熄灭，我含笑回应道："黄老，已经拍完了！"老将军这才恍然大悟，指着沈醉道："好哇，你们合伙蒙我呐！"沈醉咧嘴直乐："插曲，插曲，起驾吧，文强大人招呼我们开会呢！"

我们扛着两台摄影机，行程四省六市上千公里，围绕沈醉南行，拍摄胶片资料达5000多米，最后我将如何处理呢？经反复考虑，我认为它既可为未来拍摄电视剧《冤家路宽》提供素材，也足够以"国共和解"的主题剪辑出一部纪录片来。于是我很快选镜头，编解说，录音乐……仅半个月，一部冠名

《军统少将旧地重游》的纪录短片便制作完成。送到电影局后，局长特邀全国政协副主席杨成武和秘书长杨拯民一道审查。他们看后的意见是：这部纪实短片拍得很有意义。不过，现在公映还不适宜。可暂时存放起来，等待时机。

如今，近 30 年过去，旧地重游的主人公沈醉先生已经作古，他生前关注的国家统一大业，在台湾国民党失去执政地位八年之后，又重新赢得岛内主流民意。面对台海两岸共创和平发展的新局面，我坚信，这部短片一旦掠入观众眼帘，必将以释嫌促和的最强音，呼出沈醉委员未竟的遗愿！

（本文写于 2009 年春）

十二、《密令截击》中的隐秘

一

翻查《中国电视报》，从20世纪90年代初央视“电影频道”开播，十几年间，几乎每年“7·7”至“8·15”纪念抗战爆发与抗日战争胜利前后，总有影片《密令截击》播映。起初我不太经心，只觉得这不过是抗战纪念日的排片需要。久而久之，引发思考：为什么我在1985年执导的这部并不为媒体热捧的电影，却连连成为央视关注的片子？

我猜其原因不外有三：一是《密令截击》的故事，源于日寇侵华溃败前夕，曾发生我太行八路军在石太线截击军列，活捉日军高官铃木传三郎的轰动事件。我们以军事惊险片样式表现，情节曲折，充满悬念，为观众喜看。二是此次截击的最高指挥者，是久负盛名的八路军太行军区司令部首长——刘伯承和邓小平，智慧超显。三是这部影片并未沿袭以往表现抗战题材作品那样，更多侧重双方的军事争斗，而是把关注点摆在了另一层面，即由观察战争引向剖析战争，即透过截击军列情节，揭示日本人民也是这场战争的受害者，以立体视觉引导观众对战争根源作哲理思辩。

这部影片取材于原北京作协副主席阮章竞的短篇小说《清晨的凯歌》。编剧毕必成是著名电影《庐山恋》的作者。1985 年 6 月，毕老弟到全国政协，通过我认识沈醉的时刻，主动提出为我编一个剧本，指的就是这个题材。随后我们一起拜访阮老，听取改编意见。据老作家讲述和我们查资料证实，1944 年抗战胜利前夕，太行根据地的确流传着这样一个故事：八路军太行总部收到绝密电报，一名日军将领将乘军列从太原赶往北平。我侦察队和武工队成功袭击了这辆军列，活捉了列车上的日军将领铃木传三郎。这次袭击在根据地及敌占区引起很大轰动，而组织这次袭击的人，是太行山根据地的著名战斗英雄赵亨德。

当快手毕必成把匆匆改编的剧本初稿交给我时，我看后颇感失望，觉得情节内容单薄，没有超脱以往表现抗战题材的老套。当时新上任的长影文学副厂长张笑天，是毕必成的好友。他将初审意见转告后，不到一周，老毕又匆匆修改交稿；而且尚未正式通过，便以《名将之花凋落在太行山上》为剧名，在《电影文学》上发表。对此，我曾向笑天发牢骚，我说：若以如此粗糙的剧本基础投产，影片不可能拍好。况且剧名也是张冠李戴，所谓的“名将之花”，指的是八路军在平型关大捷中击毙的日酋阿部规秀，而不是本剧的原型铃木传三郎。面对草率改编，我不明白，笑天厂长是怯于作者大噪的名声，不肯得罪？还是碍于“友情为重”，有意抬手放行？对此，我虽不知情，但有一点不可否认，那就是厂务会轻松通过剧本之后，明确不足之处，让导演在分镜头剧本中改动加工。

其实，我和这位江西作家也处得不错。如今生米既成熟饭，我只能默认审查结果。遗憾的是，我对毕老弟缩减艺术追求，不肯多下功夫而倍感失落。尽管剧作缺憾较多，为抓紧筹备工作，我只好先赴山西采景，打算在与军事顾问接触及史料考查中，深入了解截击事件原貌，寻找更多扩大作品内涵的细节和线索。

二

毋庸讳言，艺术创作源于生活。而今我面对剧本缺憾，只有不辞辛劳地多方搜集抗日史料，激发创作想象，才可能在开掘战争题材、深化主题涵盖方面有所突破。这期间，至少有三项资料引起我的思考与琢磨。

其一，走访中，当地文化馆提供一本薄薄的“寿阳县志”，对指挥截击日寇军列的侦察参谋赵亨德，做出较详的记载：

赵亨德，15 岁参加八路军，曾就读过平定中学。1940 年 8 月，华北八路军在石太、同蒲铁路发动了大规模的破袭战（百团大战）。赵亨德在这次战役中，表现了出色的战斗才能。由此，他很快提任为太行二分区侦察参谋，多次率队员担负最危险的任务。

1944 年，日本侵略军在太平洋战争中节节失利。这年冬天，冈村宁次为加强南线部署，把盘踞山西的派遣军老兵调走，换来一批新兵。我太行军区为摸清敌寇兵力，命令善于炸火车、掀铁路，被日军称为石太线“拦路虎”的赵亨德带队侦察。他根据上级提供的情报，得知 1 月 16 日午夜，将有一辆特需军列由太原开往北平。于是，赵亨德从主力部队挑选了一个加强排，顶风冒雪，急行军 200 里，来到寿阳县龙化山下的西庄湾，于距敌据点不远的岗楼间隐蔽。为防止日军巡路铁甲车发现，我地方武工队将“护路员”早已换成了基干民兵。

深夜，日军列车从寿阳站疾驶而来。火车刚进入伏击区，便顺着早被武工队扳开的道岔，戛然离轨停下。车上的警卫见状大惊，疾呼张望，八路军的手榴弹随之颗颗飞进车厢。慌乱的敌寇哇哇叫喊，赶快关紧车门，向外开枪。冲击列车的战士遭到日军的顽强抵抗，连连受挫。紧急关头，赵亨德一马当先，带领战士冒着密集的子弹将炸药包扔进车座，轰轰几声巨响，列车被炸得七零八落！此刻，赵参谋率部飞上车体，打手电搜索，忽然发现两个被炸死的警卫，扑在一个穿便衣人的身上。赵亨德迅即扳动尸体，不料下面蓦地跳出一个鬼子，挥刀砍中他的胳臂。赵亨德忍痛挥拳将他打倒，抓起来看，原来这个装死的混蛋，是个约 50 岁留着仁丹胡子的日军高官。经审讯，他名叫铃木传三郎，任伪山西省教育厅顾问。这个日本军国主义的要人，刹那间变成了我军的战利品，被乖乖地押往解放区。

这一史料出现，使我既对本剧主人公罗北岳的面目有了清晰轮廓，也对侦察小分队开展对敌斗争的特点有了把握。而在此前，我对“截击军列”事件还停留在意念上。但是作为视觉形象的电影，意念不能代替形象。有了赵亨德这个原型，刻画男主角性格就有了凭据，其战斗细节就可能拍得生动，而其行为逻辑也更符合当时情境。唯其如此，人物形象才真实可信，故事情节也才引人入胜。

其二，另有一本书《一个“老八路”和日本俘虏的回忆》，为反派日军将领白川龟一郎形象的创造，提供了具体事证与有价值的信息。该书作者刘国霖，是我太行八路军的随军翻译。铃木传三郎被俘后，他曾护送他走出敌占区，后抵延安，并因照顾过他全家而与他结下友谊。

据他回忆：铃木传三郎，日本青森人，1905 年生，原日本水产高校毕业，曾任骏河台某校教授。1939 年随日本侵略军来到山西，被“北支那派遣军司令部”委以“事务嘱托”之职，并任命为伪省政府教育顾问。他在我西庄湾伏击军列中被俘，就擒时还带着四个小孩。经核实，他是少将军衔，在他的行李中，发现了一张他与日本皇室成员的合影，还有一套天皇赐予他的徽章和银餐具。刚被俘的铃木对八路军充满仇视，尽管如此，我们还是给予他一家相当周到的关顾。押送转移中，他脚上起了很多水泡，卫生员不仅给他上药，还找担架抬着他赶路。他后来在回忆录中写道：“……早饭是香喷喷的面条，孩子们吃的很高兴。出发前，八路军牵来驴子让我们骑，我和长子长女一人一头，小儿子和小女儿由两个八路背着走……”

铃木被俘的消息震动了华北日军，司令官很恼火。伏击战当晚，日寇就急派部队，严令抢回铃木。他们在追击中，曾多次追上押送铃木的我军。为躲避追袭，八路军带铃木一起钻进地洞。但这位高官并不甘心当俘虏，当听到传来日军的脚步时，他拼力向洞外甩纸条，扔土块，试图让日军能救他逃跑。我军带铃木一家整整走了 6 天，一路惊险，昼伏夜奔，连续遭袭，多次经过日寇扫荡的无人区，终于来到了八路军太行二分区所在地。至 1 月 28 日晚，铃木被俘的第十二天，这位日酋终于被押送到我太行根据地涉县。

1945 年 8 月日本天皇宣告投降时，铃木已抵达延安，受到了礼遇和优待。在我抗日军民的教育感化下，铃木由崇信“圣战”开始转向反战。这期间，他和八路军将领叶剑英、廖承志都有过交往。通过延安生活，使他深刻理解了中国人深受侵略战争的苦痛，从而使他不再为军国主义的侵略行径辩解；联系到日本人参战蒙受的灾难，逐渐使他对这场战争深恶痛绝。

战后铃木回到日本，写了一本日记，反省所谓“圣战”的性质和自己的所作所为。他最后说：“我的妻子死了，一个女儿也被炸死了……所有这一切，都是战争的罪恶！”

三

对剧作原型铃木传三郎的深入了解，使我对塑造作为日本军国主义代表的白川龟一郎形象，开启了新的视角。以往电影作品表现日军将领，多以其策划攻击、指挥烧杀为主要层面，很少将他作为一个具体个人，解剖他的灵魂。而在抗战胜利40年后的今天，随着历史沉淀和对战争的反思，剖析战争罪犯心理与透视军国主义的本质，已成为广大影视观众对抗战题材作品的普遍期待。譬如，被日本军国主义奉为神明的武士道精神究竟是什么玩意儿？它的虚伪性和欺骗性又在哪里？尽管它不能在一部影片里得到详尽诠释，但我们至少在真实的皇族将领铃木传三郎身上，窥见了他避战逃离中的怕死和恐惧。他既渴望获取“赢得胜利”的体面，又必须掩盖战场脱逃的劣迹，这种自我吹嘘的“武士道”是何等滑稽！而他大肆标榜的“效忠天皇”到底是真心还是假意呢？我们紧紧抓住这一暴露在战争罪犯心灵深处的症结，逐层揭示他讳莫如深的心态，必定可以通过曲折情节，透视出白川形象的内核。

在电影创作中，创造形象的过程，其本质就是认识形象的过程。应该说，我开始接触剧本时，白川的形象是模糊的。我不知道该怎样表现他，才能使其摆脱概念，别开生面。当我看过记述铃木传三郎的素材，发现他崇尚的帝国精神与其自身人性产生裂变后，终于探见了白川人物的亮点，也发现了这一形象的价值。认识至此，我决定以这一形象内核来统领全剧，将罗北岳“截击军列”事件作为载体，紧紧围绕白川司令官逃离山西战场前的种种表演，及其部属制造的各色迷雾，包括他在舆论压力与人伦关爱之间产生的冲突波澜，深入揭露日本军国主义者推崇“帝国精神”的虚伪性和欺骗性，进而以血淋淋的形象，昭示所谓的帝国精神不仅是掠夺中国资源、屠杀中国人民的战争根源，而且它也把千百万日本人民推向了沉重灾难。

创作实践表明，对形象认知的飞跃，不仅足以丰富人物在复杂情境中的真情实感，扩大作品的思想内涵，而且还促使这部具有观赏性的军事惊险片在主题上得到升华，能给人以更多的历史思考与哲理思辨。

其三，在我进入分镜头剧本加工之前，还有一本叫《浅野三郎》的书，把我从对日本“反战同盟”久远的记忆里唤醒，使之成为描画本片背景的重要参照内容。几年前，在我初读这本书的时候，曾产生将它改编成电影的意愿。但由于它只是描写日本反战人士在华的纪实文学，人物不够集中，故事性也不强，故未形成创作主张。而今在表现日军溃败的背景下，为深入揭示敌营内部的反战情绪，展露日本民众经受战争的苦痛，把书中一些瞩目的生活细节，如千人针袋，为天皇切腹，以及杀人比赛等融入影片，我想这对刻画像秋江智子、少尉吉野和新兵俊田这样的人物，无疑会增添他们的血肉，丰富他们的心灵世界，而不只是将其当作背景点缀和反战的标签。

获得了更多的历史钩沉，于是把思想化为形象，或者说以生动形象表达创作愿望，就奠定了根基，也为活画人物，提供了营养。正由于掌握了更多更新的历史素材，这就促使我必须从导演角度，重新审视剧本的创意与全片结构，也必须从影片的风格样式、悬念看点等方面，对剧作进行细密的调整和艺术细节的补充。

调整之一：突出全剧动作与反动作的焦点——截击与逃跑。

截击与逃跑是全剧情节主干，文学剧本对此表现却流于简单。它只是先表明白川接调令欲乘飞机溜走，但为了顾全脸面，又决定改乘火车。行进途中遭罗北岳截击，他和妻女被八路军俘获，等等。我的分镜头剧本恰恰对白川如何离开山西做了改动，让他的行踪诡秘多变，充满悬念，打破人们对他的一切猜测和判断。改动方式是：先由他宣称北平已派来飞机——接着渲染部下的呛声与哗然——之后突显白川为保妻女安全产生的情感波澜——再是突然间他一反常态，在公众场合扬言要乘坐火车——而暗中的计谋是中途改道，下车换乘飞机——于是在他扯下幌旗的改乘中，遭到我军截击……我以为这样更改，既可以透视白川逃离前的狡黠性格与复杂心理，也给八路军的截击行动加大了难度和变异。

调整之二：强化随营军妓秋江智子的悲惨遭遇及新兵俊田寿男蒙难的家庭命运。

这两条情节线，原文学剧本写得很平淡，同截击军列事件缺乏紧密关联。分镜头中，我借军妓秋江与治安队长山下的特殊关系，把罗北岳感化秋江，活捉山下并撬开其嘴巴的动作扩展延伸。这不仅使全剧主副线纠葛得更紧，对获取白川逃跑机密更加有利，同时通过煽情，也宣泄了侵华战争给日本人民带来的痛苦和仇恨。与此相映，我还把白川内弟在南洋战死，给夫人明子、女儿千鹤带来的悲痛，与作为司令官同窗的俊田一家蒙难，以及他们在相聚中对“圣战”的控诉等再做融会，加重加浓，这就对突显人物的反战情绪，表现我侦察队与反战同盟的结合，做到了有机的联系与加工。

调整之三：为更真实地展现战争背景，我见缝插针，刻意注入日本派遣军在山西掠夺资源、强化治安和培植伪政权的种种细节。

比如，白川在杀光、烧光、抢光的废墟上发现一条狗，文学剧本只是将它一笔带过。而我却通过视觉形象，让白川将它作为战利品掠回豢养。到影片结尾白川逃离时，又将它和那些丧家犬一道打死。前后勾连，以此凸显这个军国主义分子的残忍面目和蛇蝎心肠。

又如，在白川打包装箱之夜，我通过镜头渲染，突出表现了他离晋前焚毁侵略罪证和杀人照片；还浓重勾画他掠走中华文物的贪婪嘴脸。而且特别让小千鹤冒出一句话：“爸爸，我们来的时候，也没有这么多东西呀！”

再如，白川邂逅俊田前参拜神社，这是特意补加的片段。分镜头以扑朔迷离的叠印，制造冥冥幻觉，让他眼前闪现出的影像疑似烛光，却是灵牌，加之他来华征战7年的闪回画面，战骑铁靴，枪炮炸弹，一股脑儿汇成形象，以最后印证俊田在酒桌上吐出的真言：“圣战是什么？是杀人的机器！你，也是……机器！”应该说，这既是全片内容的点题，又是剧情底蕴的显现。

毋庸置疑，生动的细节对形象的诠释，往往含义丰富，凝聚着感染力。我在文学剧本的框架下，通过强化细节，赋予人物更多的血肉，自然而然地增进了剖析侵略战争的思想含量，同时也平添了全片的真实性和艺术魅力。

此外，还在情节展开中加入一些闲笔，例如对伪军刘得贵、韩班长的勾画中，我有意补加罗北岳在饭馆与其纠缠以及给“回心证”的动作；又如在白川进伪省府的过场里，安排伪职人员做“新民操”、躲飞机；紧张较量中，还增加山西梆子演出与白川告别的隆重场面等等，这些具有浓重时代印记和地域特色的点缀，对于再现抗战年月的历史氛围，透视社会各个阶层的动态，不啻是增值的信息与背景的映衬。

四

坦白地说，在我的拍片经历中，对《密令截击》剧本的调整与加工，是我二度创作工作量最大的工程。好在通过走访，获取资料颇丰，为分镜头剧本再造视觉形象提供了补充，致使全剧的视觉语言不论在叙事，在刻画，在抒情，在造势以及在烘托，在渲染等方面，都有凭有据，捕捉清晰，进而为我严密结构、罗织重场打开了想象，更新了创意。有趣的是，正因为我作为导演对全剧脉络有了充实的把握，随之按分镜头拍摄，到后期从毛片剪辑出完成片并审查通过后，电影局责令修改的镜头，最终没超过 5 个，废掉的片长也不过 50 多米。这在当年严格控制耗片比的情况下，与某些名导把大量耗资耗时拍完的胶片整本整本作废相比，是比较罕见的。

与分镜头加工紧密联系的，是我们以什么风格样式来拍摄《密令截击》。风格样式之所以重要，是由于它既能以新鲜的包装，使影片产生大的吸引力，而且也在于它必须以独具的特色，促进作品内容与表现形式尽可能达到完美与统一。就本剧而言，开始我只认为它应是一部惊险片。但究其内容，又应包含正剧特点。如果单纯追求惊险，很容易让观众忽略它揭露军国主义本质的思想内涵。而若片面突出正剧色彩，无疑会冲淡紧张节奏，削弱悬念，显得四平八稳不好看。况且，从现代西方电影趋向类型化着眼，它们往往以某种样式为主，综合其他元素，使作品的观赏性、艺术性和思想性共同提升。我考虑后，决定确定本片以军事惊险样式为主，突出截击与潜逃的动作性与紧张性。同时，在充满悬念的情节展开中，又融会文艺片基因，集中刻画人物，使紧张动作与感情冲突有机结合。这样处理，既可以凭曲折情节勾人心弦，吊人胃口，还能够借抒发情感引人思索，撼人心魄。

拍摄中，我们把外景地选定在山西麻田和平遥。麻田是八路军太行军区司令部所在地，隶属左权县，风景优美，地处山区。当年的司令部大院宛然依在，古朴如旧。堂屋里悬挂的刘伯承、邓小平画像，仍然是抗战年代的装束。而平遥古城，“文革”后已经过初步整修。高阔的城墙，古色的街巷，以及各种雕梁画栋与古建筑物，对于再现抗战年代的历史情境，自然是上佳去处。具有根据地传统的太行民众得知长影人来拍电影，无不兴高采烈，踊跃投入。他们不少人翻箱倒柜，为群众演员献上旧衣旧裤。还有的老乡为参加拍摄日寇烧杀场面，竟赶着自家的羊群跑进了摄制组。

看过《密令截击》的业内人士曾评论，这部影片的表演朴实无华，真实可信。但我必须坦言，本片的演员几乎是清一色的新面孔，没有一个大腕儿助阵。扮罗北岳的河南省话剧演员赵润峰，同饰白川的吉林省话剧演员甘雨洲一样，都是第一次拍电影。不仅他俩，还有扮山下的曹培昌，演岗村的王世俊，饰秋江的徐月杰，扮明子的梁国芹，包括出演一等兵俊田的广电学院教师苏彭城等，都是来自舞台，初登银幕。毫不讳言，让这些演员摆脱舞台痕迹，统一表演风格，实属困难。但由于他们看重自身角色，珍惜拍片机遇，加之一个个饱含进取之心，有一定表演功底，因而他们很快能理解意图，适应镜头，并在实践中愈来愈懂得如何通过内心活动，塑造有血有肉的人物，让形象闪出光亮，给观众以真实与信服感。

影片《密令截击》在全国上映一年之后，一个偶然的机会，我在长影大院碰见了编剧毕必成。当时我们扯东拉西，唯独没有涉及对完成片的评议。倏忽间一位编辑来到眼前，几句玩笑之后突然问他：“喂，大编剧，你对华导拍的戏满意吗?”毕老弟莞尔一笑，回应道：“嗯，拍得不错，老兄改得好，愧领了!”这大概是我同必成的最后一次见面，因为此后没过太久，我便获悉他遭遇不幸。对于这位合作者英年早逝我感到无限悲痛，我们的短暂友谊只能由《密令截击》来做见证。

转眼25年过去，当我闭上眼睛回顾当年拍片的情景时，日寇坚壁清野的烧杀抢掠，太行八路军在枪林弹雨中截击军列的惊险场面，对我来讲早已淡忘。唯独沉淀在脑海里的是由白川、明子、千鹤、秋江以及俊田、吉野等人物所构成的反战形象……

十三、拍文艺片《山雀儿》的幕后

1988 年 2 月，在电影局主办的《电影周报》发布的新闻中，把我执导的《山雀儿》排在该年度各厂受称赞新片的突出位置，可谓名列前茅。嗣后，当我把这部影片的完成拷贝再次送到电影局，并特邀局长滕进贤一道餐叙时，这位曾在大庆《创业》摄制组实习过的老友，掩饰不住喜悦地对我说："柳城（局长助理，艺术处长）去长影审片回来，说《山雀儿》拍得好。我看了，的确拍得不错，有文化底蕴。"又说，"现在拍文艺片越来越难。你们厂让你拍，很不错。争取拿个政府奖吧!"有了局长大人的评价与发话，我不禁喜出望外。

20 世纪 80 年代中期，长影正处于新老交替阶段。老厂长苏云于 1984 年年末，在中国电影家协会第四次会员代表大会上当选为影协副主席，翌年 5 月走马上任。被誉为新中国电影摇篮的长影，已交棒给年轻的新任厂长阎敏军。苏云离厂前的情况是，长影年产故事片 19 ~ 21 部，成为历年向吉林省上缴财税的大户，并有多部影片荣获国家级奖项，由此被命名为"吉林省五好企业"。这样的企业形象与标志，对新厂长而言，无疑构成巨大的压力和挑战。长影今后能否保持改革开放初期的繁荣?"五好企业"能不能再向高层次发展?这些课题在此转折关头，都摆在了阎敏军面前。

其实在这位新厂长的内心，还隐藏着不足为人道的忧患。长影作为一个老厂，大厂，其职工人数（包括“八七五”洗印分厂）2300多人，为其他兄弟厂的数倍。而退休职工几乎是各电影厂的总和。庞大的工薪、医保开支，压得厂财务喘不过气。加上近年来全国电影发行体制以“适应市场”之名，改来改去，什么“定向收购，分等获利”，什么“利润分成，产销挂钩”……在电影日趋市场化和发行公司霸王条款的制约下，电影制片厂的投入与收益逆差愈来愈大，保住制片成本和支撑财务艰局，已成为后苏云时代长影当家人喝的苦酒。

阎敏军把重振长影的希望寄托于年轻人身上。一方面，他上任后迅速改变创作体制，以引入竞争、优化组合的方式，建立了三个艺术片室，充分调动新老创作骨干多拍片、拍好片的积极性。另一方面，他明确提出了“一要票房，二要拿奖”的制片目标，把创效益和争荣誉一同摆在全厂职工面前。就在此刻，我作为来自北京电影学院导演系的首届毕业生，时运中兴，有幸被阎厂长看重，居然被任命为号称“学院派”的艺术片三室主任。一批老同学如陈家林、李前宽、肖桂云、高天红、刘仲明等，也谦让推拥，呼唤我这个不称职的老学长有所作为。在此情况下，经过召开全厂“立志创新，提升效益”的创作座谈会之后，安排一批争创高票房的“娱乐片”投产的同时，选择少量具有较强社会意义和艺术上可能有突破的文艺片题材，作为“装点门面”任务，便成为当务之急。

也恰恰在这时，总编室韩志君热情地向我推荐了李宽定写的一个电影剧本《山雀儿》。宽定是贵州中年作家，他所著的“女儿家”系列小说如《良家妇女》《大家闺秀》《小家碧玉》等名篇，还有《山林恋》《山月儿》《山雀儿》等新作，无一不是以独特角度，来表现作家对当代农村向城市转化进程中的观察与思考。其中，《山雀儿》宛若一篇农家女儿的抒情诗，它透过山雀儿这个美丽而淳朴的黔北姑娘形象，集中展示了当今变革年代的女青年，其精神领域与审美意识发生的涌动和裂变。

《山雀儿》的故事并不复杂：黔北古老乡村姑娘山雀儿，为反对家庭包办婚姻，实现自主婚恋，独自来到省城一位教授家当女佣，向往靠自己力量挣得一份满意的嫁妆费。可是，当她把嫁妆费挣到手后，却又不愿意嫁给她选择的恋人了。这是为什么呢?

原来在山雀儿的爱情生活中,显现出两个“意识旋圈”。第一个,是她仅凭自己朴素的爱意直觉,对自幼由父母做主联姻的对象——个子矮小的刁家强二的反感和对体魄健壮、能打铁、会玩蛇的铁头的倾心。这构成了她反抗家庭包办,追求恋爱自由的第一次爱情选择。作为社会力量代表——妇联主任苗巧英和团委书记易文秀,对她的这一次选择,都表现出了关心、同情和支持,因而促使她赢得了初步的感情自主与爱情满足。但后来却发生变化。山雀儿的第二个“意识旋圈”,显露在她进城之后。由于她有幸栖身于教授家的人文环境,对现代文化意识耳濡目染,对文明生活方式接触熏陶,渐行渐显中她眼界开阔了,知识增多了,从而心灵也丰富了,对爱情品位的追求也提高了。这时候,也只有在这时候,她忽然感到原来对铁头的爱,是那样肤浅,贫瘠,缺少必要的心灵沟通与感情交流。先前对恋人脾性、习惯和特长的种种欣赏,如今却感到是那样的愚昧、低俗和倒胃口。正因如此,新意识的盘旋,使她骤然失去了挚爱的感情支柱,顿时使自己陷入了彷徨和痛苦。而与她爱情命运相关的那些当事人,如母亲、伯公,特别是妇联主任和团委书记等,也对她产生了不理解,甚而指责,认为她这是“变心”“不道德”。他们由原来对山雀儿自主婚恋的支持,变为对她“虽未婚,又选择”的坚决反对。强大的传统观念和舆论压力,谴责山雀儿不讲“道德”,没有“良心”,逼迫这位感情诚挚的姑娘几乎跳河自尽。山雀儿从原来在山村懵懂无知,不会自主选择,到进城获文化滋养,懂得该怎样选择了,但却又失去了第二次选择的权利……正是显现在她身上的这两个“意识旋圈”,深刻揭示出女主人公由“爱的盲目”到“爱的自觉”的心境变化,揭示出她在接受现代文明、背逆愚昧落后之中独立意识逐步增长的艰难历程。而由山雀儿形象折射出来的时代巨变,正是以她的命运缱绻而闪烁光彩。

筹拍《山雀儿》之前,我一直在想,编剧李宽定的前部作品《良家妇女》,已在国际电影节获奖。我再拍他的剧本,能否拍出新的水平,产生大的反响呢?再者,随着电影市场对娱乐片的强烈呼唤和广大观众审美趣味向多元化扭转,再来拍像《山雀儿》这样的文艺片,还能拍出很强的吸引力和震撼力吗？基于这种压力与挑战，迫使我进入再创作阶段时，必须思考全片应以什么样的切入点，来开掘潜藏于剧作深层的社会内涵，扩展未来影片的思想张力与内在吸引力；采用什么样的表现方法，来刻画山雀儿和每一个人物，以增强艺术形象的真实性与感染力；还要想通过怎样的造型手段，创造具有山乡抒情诗般的艺术格调，把雄浑绮丽的黔北风光和婉约细腻的感情流动，融汇在统一和谐的镜头画面里……

有关这部影片的导演构思与造型处理，电影局内部刊物《电影通讯》曾发表了我一篇《〈山雀儿〉导演创作自白》，全文分三个段落：第一，对文学剧本的再加工；第二，对全片艺术风格的思考；第三，造型处理的自我审视。在这里我要强调的是，我作为擅长拍惊险样式情节片的导演，此时既然涉足文艺片题材，创作追求就应改弦更张，把再创作的重点摆在“心理与哲理”“格调与情调”“震撼力与感染力”三个方面，进而提高全剧的美学品位与艺术内涵。

这就是说，首先，只有真实地演绎人物的心灵轨迹，其所作所为才入情合理，符合生活逻辑；而只有真实自然地表现人物，而不是人为编造情节，塑造的形象才令人信服，才能让人沉浸于观赏中，去感悟剧情哲理。依据这一理念，我在处理剧作元素时必定有所侧重，有所取舍。著名导演艺术家史东山曾讲过，导演的功力在于四个字：取舍，分寸。刻画人物的变化成长，关键点在于表现好其心灵转折。山雀儿性格的重大变化，是来自她对恋人再认识出现落差后，产生了感情变异。因此，充分调动剧作元素，加强细节渲染，借助视觉形象，逐次展现城市文化与现代文明对她心灵的冲击与感染，突出揭示一年后她与铁头再相见时，对其愚昧习惯、盲目无知的厌恶和反感，并且把女主人公所受到种种刺激和她内心产生的情感波澜，化作历历可见的画面，这样在促进山雀儿感情风暴来临时，震荡力才会强，显得自然。再一点，要表现好心灵转折，还在于在展示山村姑娘受到文明冲击和愚昧刺激的同时，应把她面临的各种冲突，尽力聚焦成她自身新与旧，爱与恨，进取与退却，坚强与懦弱的痛苦挣扎和心灵撞击。须知，山雀儿形象的典型意义，是她代表了在爱情命运中一直处于文明和愚昧较量的千百万乡村妇女。她们面临的挑战，既在于世俗，更在于自我。或许在抗拒封建包办婚姻上，她们还有一点勇气和倔强，而置身传统观念及世俗力量的反叛中，则往往陷于软弱和茫然。因此，调动电影语言，集中把山雀儿从迷惘失措到自我挣脱的心灵变化历程加以展现，则可使人物形象涌出震撼力，对观众产生大的情绪感染。

其次，中国画一大特点，是善于创造意境，讲究“神韵贯通，情致脱颖”。电影作品欲获得大的情绪感染力，凭借的不是概念，而是形象；是形象本身产生的情调，是彰显全片神韵的意境。而情调的产生，既靠生活感受，也靠审美追求：既提倡抒情与写景统一，又强调立意与造境融合。即所谓创造独出心裁的情景交融和诗情画意。纵观黔北云雾缭绕的雄山，古老偏僻的村寨，层叠错落的梯田，以及山水奔泻的溪泉……这郁郁葱葱的色调，苍苍茫茫的空间，不仅作为造境因素，激发着我们的情思和想象，同时也以它风光独具的魅力，提供了田园诗般的画面。我们的镜头着眼地域风貌，强调城乡落差特征，不止是为了充分展现南国风情，突显变革中的文明；更重要的，地方特色是民族风格的组成部分，由山乡气息与民风民俗汇集的山乡情调，既如歌如诉地倾泻出古老的文化渊源，也以它“突围封闭”的艺术格调，为典型环境中的典型形象增加情绪渲染。

再次，优秀的文艺片，往往以它开掘新的生活层面，选取新的社会冲突，揭示新的思想内涵，给广大观众以心灵感染与震撼。在影片《山雀儿》的创作中，为了使形象产生较大的感染力与震撼力，我们在处理剧作冲突时，特别注重人物间的心理裂痕、情绪抵触和观念变化。影片采用几近写实的手法，透过一个个细小的生活事件，逐步扩大男女主人公之间的心理反差；透过关爱山雀儿的人们给她层层施加的压力，渐进提升传统力量与社会文明之间的观念落差；再透过女主角半在农村，半在省城呈现“悔婚突围”的心理挣扎，将她苦涩的爱情命运推向感情爆发！我们自始至终从内在表现出发，把故事当框架，突出山雀儿的生活流动与感情流动，排除图解和随意性，努力将倾向性潜藏在朴素自然的叙事之中。正是如此，展现在人们面前的心理碰撞、性格抵触与感情决裂，在曲折跌宕中涌生的悲痛涡流，必然真切地冲进观众心灵，给他们以感染，让他们为之心动。

对于力图创作艺术精品的摄制组来说，拍人物，拍诗意，拍情调，是大家共同追求的目标。“刻意求工画雀儿”，这一口号激励着全组成员：摄影，美工，演员和各部门，历尽辛苦、一丝不苟地参与艺术创造。以采景而言，摄影师为了获得诗韵般的景色，半个月内，驱车近五千公里，几乎跑遍黔北的山川村寨。在外景抢拍中，为掠取浓云下的苍山美景，全组每天凌晨上路，盘山绕道两个多小时，直到拍出雄浑凝重的画调，方感心满意足。这部戏的演员，除扮演伯公的村里和饰阿妈的澹台仁慧是老演员外，几乎清一色的都是新面孔。主演山雀儿的茹萍，来自杭州市话剧团，是我看电视短剧《明朗的夏天》发现的。小姑娘当时19岁，是第一次拍电影，好在她纯真质朴，形象悦目，镜头前入戏很快，经过一段努力，很快投入了自己的角色。到内景阶段，为了多侧面揭示山雀儿的心理活动，摄影师提出拟以不同的色温布置光效的计划，创造适应不同心理状态的氛围和影调。然而在以往，不少摄影学家曾否定同一画面不同色温的存在。但我们认为法无定规，只要有利于人物造型，各种手段都可尝试，创新没有捷径。于是我们鼓励摄影同照明师一道，在循规破戒的探索中，共同钻研布光方法，运用不同色温的照明灯，创造不同的光线效果，鲜明有力地映现出人物的心理变化与感情跌宕，促使镜头的情绪感染力大大增强。

令人蹊跷的是，在我拍这部戏的每个阶段，竟出现了跨越监制常规的检验。按制片通则，毛片剪出，由生产副厂长审看点头后，方允准录制台词。但到《山雀儿》一片时，这一关厂里却放权给了导演。当演员完成录音，请厂领导审查台词样片时，给摄制组的回答是，不看了，等录完音乐音响一起看。当时我不理解，好心请领导把关却被拒绝，是他们对导演寄予信赖，还是为简化程序省时间？一次次报请审片而未看，我想也好，干脆一鼓作气，把音乐、音响、特技、字幕全部做完，交出一部完整的声画合成双片，提供领导最后审看。这时已近年关，待双片合成，厂里还没来得及下通知，一个消息传来，电影局派专员即将来长影就地审查本年度拍的送审影片。于是阎厂长亲自发令：审查《山雀儿》双片，厂里决定和电影局领导一块儿看。就这样，我们一路绿灯，在厂里顺利通关！

电影局官员和厂领导共同审片那天，我刚走进厂大门，便碰见厂长阎敏军。他道声“辛苦”后，还没向我问情况，便没头没脑地告诫我一句：“哎，老华，往后别再拍这类题材了，不赚钱，也不讨好。还是多拍娱乐片吧！”

听了此话我脑袋“嗡”的一下，顿感震颤。心想，厂长你一个镜头都没看，就下断言，不早了点吗？难道……是局里差官先行亮剑了？我强压郁闷，回了他一句：“阎厂长，您能不能先看片子，完了再说？”果然，一个半小时后，当《山雀儿》双片放完，大家刚走出放映厅，阎敏军便把我一把拉住，抑制不住兴奋地对我说：“不错不错，看来你真下功夫了！”

紧接着，他领局里的同志到会议室谈意见。首席审片人是电影局柳城处长。他毕业于电影学院演员系，当过青年电影制片厂的副厂长，此时兼任局长助理。他一开腔，便对《山雀儿》进行表扬：“华克导演拍的这部影片，给人的第一感觉，是文化气息很浓。全片围绕山雀儿的两次爱情选择展开叙事，敢于揭示社会生活和人物心理的深层矛盾，表露了变革年代城乡变化的多种信息和思想内涵，能通过富有诗情画意的镜头语言，给人以感染。坦白说，长影今年拍出这样的好作品，令人兴奋，也不多见。当然，它也存在一些不足与缺憾。较为突出的缺点，是女主人公在命运跌宕中，感情爆发力还不大，不强，缺乏足够的渲染催人泪下！”在一场称赞声多于挑毛病的评论过后，最后领导仅让我改动两三个镜头，便准予套底印拷贝，送往北京拿通过令。

说实话，在制片厂资金紧缺的条件下来拍文艺片，我的确捏了一把汗，生怕拍得不像样，引起全厂不满。没想到厂长支持创新，给予了宽松的创作环境，让我们在拍摄过程中一路顺风，实感庆幸！而《山雀儿》摄制组又背负艺术片三室的希望，如果在争荣誉、创效益的竞争中没搞出名堂，败阵惹人耻笑不说，肯定会对重振长影的信心和士气产生负面影响。如今总算如愿交卷，社会效果如何，还要等公映以后，看观众赏不赏光。

最早关注这部新片的是全国妇联。曾在电影局当过艺术处处长的全国妇联办公厅主任邹士明，得知《山雀儿》拍成通过，立即写信给我，准备安排观摩。为此，她组织妇女界人士，并邀请了理论家于光远，文学家顾骧等名流，召开看片座谈会，对他们感兴趣的妇女与婚姻题材电影进行点评。

大家观看后，对这部山村文艺片给予很高评价，比如像于光远谈的论点：

“山雀儿形象之所以可喜，可贵，在于影片透过这个山村姑娘的婚姻遭遇，艺术地反映出我国在处于社会主义初级阶段中，新型农村女青年由于文化提高而迅速改观的精神状态。山雀儿的爱情从盲目，到自觉，是她摆脱封建残余羁绊，追求现代文明，实现自我精神解放和独立意识的标志。全片以抒情叙事的笔调，甚至带有某种悲剧色彩，来表现女主角两次婚姻选择中的痛苦历程，足以揭示出我国现代农村精神文明建设道路的曲折与艰难!”而顾骧从文学层面入手，更多点评了山雀儿形象的社会成因与美学内涵。他指出：“这部电影中的山雀儿姑娘，是作家在穷乡僻壤山村发现的一个闪光形象。她从爱情蒙昧到婚姻启蒙，曾受到家庭、村民，以及妇联、共青团各方的关注和同情。而一旦她进了城，当上了女佣，受到教授家的文化熏陶，城市文明也冲进心灵，她眼前呈现的美与丑，贵与贱，优秀和愚昧，高尚与低俗便发生改观，产生裂变。而此时的她，反倒与以往关注、同情她的人们，发生观念抵触。但传统观念的力量是巨大的，纯真善良的山雀儿无法与之抗衡。全片产生的观念冲突，文化冲突，在山雀儿的心灵撞击中闪现了火花。这是山乡巨变中的火花，是中国农村向城市文明进化的火花。这火花显示了新一代的抗争精神，但也包含了寒气逼人的悲情。编导没有用图解的方法来表现改革开放进程，而是通过塑造山雀儿形象，揭示她内心的向往与痛苦，来感染观众，启迪观众，让他们在审美的感受中引发思索，这是难能可贵的……”

于光远和顾骧两位大家，从观念冲突、心灵变异和审美层面对《山雀儿》作评点，足表达出在改革开放时代，人们对提高主旋律影片思想和艺术内涵品位的强烈呼唤。而一味为追逐票房利润而形成的低俗作品泛滥，若不迅加审美引导，其后果，必迫使艺术家们对讴歌时代精神的文艺片渐行渐远……

十四、《班禅东行》与进藏西行

一、旧作重提

2009年春，在我撰写这部回忆录的过程中，翻出了22年前行将投拍的历史题材剧本《班禅东行》。重读这个未及拍摄便已搁浅的旧作，我不仅感到惋惜与遗憾，也为未能对藏族同胞兑现拍片承诺而难堪。然而在此期间，正是达赖分裂集团在西藏阴谋制造动乱，在国际社会鼓噪各种反动舆论诋毁中国的时刻。考虑到西藏六世班禅1779年朝觐清朝乾隆皇帝这一历史事件，能以确凿的史实鉴证，说清楚西藏自古以来就从属中国版图的历史渊源和藏族同胞历来就是中华民族大家庭的重要成员，于是，重新翻读《班禅喇嘛传》与《清实录》等史料，重温当年中央统战部领导和藏学专家对剧本发表的意见，我在原分镜头剧本基础上，两年经过近两次大的修改、加工，又以全新面貌改编出了现剧本《班禅入朝》，以期重启投拍，力尽心愿。

为使这一历史题材剧目获得新生，我把新改的剧作台本介绍给一家电影公司负责人岳女士，希望得到她的荐助与推动。为慎重起见，我还特别以书信方式，给她发出一个“关于创作电影《班禅入朝》的若干情况说明”。

信中表明：“考虑到自去年以来，西藏问题成为西方反华势力诋毁中国的热点，而我们的舆论发声又似乎略显低软，于是我翻找出尘封22年已近投拍的剧本，重温中共中央统战部领导的意见，并结合藏学专家最近的建议，于月内改出了电影剧作台本《班禅入朝》。六世班禅大师是一位伟人的爱国者……为取得业界人士关注，并可望吸引制作投资，现将最近修改的台本发给你们看，同时告知你们以往的创作情况，便于热心者在运作中做出适当的把握与判断。”

此信还告知：“《班禅入朝》的基本情节线有三条：一是六世班禅额尔德尼为乾隆皇帝册封，时为尚未亲政的年轻达赖喇嘛之师。18世纪70年代，英帝国派兵欲入侵不丹，班禅作为近邻的西藏黄教教主，曾通过致信东印度公司总督赫斯定解劝，成功化解了邻国险被吞并的兵灾。但由此使班禅看到了东印度公司的险恶用心，对其以通商为借口觊觎西藏，始终保持警惕。为顾及西藏的安危兴衰，看好边陲南大门，六世班禅选在乾隆皇帝七十寿诞前夕，通过国师章嘉转奏，请求朝觐天朝，以期获得安边后盾。加之西藏在珠尔墨特反清叛藏战乱以来，朝廷对六世达赖喇嘛时立时废，遗给新一代达赖喇嘛适龄亲政，稳定雪域政教大业，带来困难。这也是他入朝面奏皇帝的一个因由。但由于藏区广大僧众对班禅佛爷远朝清帝的真实原因并不了解，更由于东印度公司遣派名为托钵僧、实为间谍的普南吉沿途一直跟踪，暗中阴谋破坏，故使班禅在入朝的艰难跋涉中，先在塔尔寺遭遇人为火灾，后又在鄂尔多斯草原经受天花病乱……尽管大师率藏僧入朝队伍历尽坎坷，但由于一向尊佛信佛，致力于开疆抚边、民族修和，并具有雄才大略的乾隆皇帝的保护及高规格迎候，最终六世班禅喇嘛在热河避暑山庄得以入朝觐见，为大皇帝祝厘万寿。而在大师与皇帝的会见中，乾隆经过深思熟虑，大胆更变祖制，吸纳班禅佛意，册封现年长成的强白嘉措为八世达赖喇嘛。而六世班禅大师出于对清朝皇帝的无限信赖，在妙高庄严殿为乾隆诵完万寿经之后，当面向他呈进了赫斯定转赠他的‘礼物’——印度快枪和一把银剑……

二是与扎寺有教友联系，并曾充当六世班禅信使的托钵僧普南吉的出现（史中确有其人其事）。他作为剧中主要对立面，曾一直跟踪班禅一行抵达承德。跟踪期间，他一方面策划珠尔墨特叛匪余孽扎巴尔，连连制造‘纵火’

‘抢佛’事端，煽动不明真相的僧众，呼唤班禅停进返还；另一方面，他在班禅兄长、大总管仲巴面前，利用清朝大臣迎候中的一些疏漏，拨弄是非，挑拨离间；再就是他以隐蔽手段，把曾误入叛乱歧路的巴桑代本失散的女儿小卓玛找到，让她扮作伺茶喇嘛，在班禅左右充当坐探。然而虽然他机关算尽，终囿于仲巴为乾隆的隆恩而感悟，加之小卓玛心地善良，暗中护佛，终于击碎了托钵僧的阴谋。

三是围绕巴桑、珠拉姆、小卓玛一家的悲欢离合，与扎巴尔对其三口的拉拢、蒙骗和杀害，以及班禅佛爷对其全家的呵护、解救及仁慈关怀，构成了一条解读西藏战乱年代背景和宣扬佛教以慈悲为怀的抒情线，为全剧凸显藏传佛教特点，浓画藏族文化色彩，做了相应的情节安排。”

信最后表明：“六世班禅朝觐乾隆皇帝，不仅在清史，藏史，而且在中国近代史上也被认为是重大的历史事件。通过电影艺术形式，解读这一历史事件的内涵，确认它的历史定位，并由此观察当今西藏事态的渊源与发展，回击达赖集团制造的各种无耻谎言，对于我们这一代电影人而言，责无旁贷。可以预见，十四世达赖一旦在境外圆寂，藏独集团必然会借寻找转世灵童制造事端，而西方传媒也将同我们展开舆论较量；我们有必要以电影为武器，迎接这场围绕西藏政教斗争的宣传战。而且，历代班禅喇嘛都心向祖国，塑造好六世班禅大师形象，不仅对稳定藏区信教僧众之心有极大作用，而且对于巩固当今十一世班禅在西藏的宗教领袖地位，意义深远。再从弘扬藏族文化来看，这部影片沿途所展现的地域风情——扎什伦布寺，布达拉宫，青海塔尔寺，蒙古喇嘛庙，以及承德避暑山庄，还有传昭大法会，护法神舞蹈，妙高庄严殿的祝寿诵经坛……可以说琅琅悦目，五彩纷呈，不啻为中外观众平日少见的神秘美景！而纵观这些元素，拍出一部既有思想营养、历史价值又有观赏价值的艺术作品，不会是空想。”

二、拜见班禅

回顾长影投拍《班禅东行》，已是22年前的事情。其间历经许多曲折，至今想起来还难以平静。

记得1988年春，我厂艺术片三室导演刘仲明上报题材计划时，曾提出拟与承德话剧团合作，将该团话剧《班禅东行》搬上银幕事宜。因为此前，他已和该团团长，也是该剧作者有过联系。我作为当时的三室主任向厂长汇报后，阎敏军厂长对此意向初表同意，并很快由他带队，组织主创人员前往承德看戏。承德话剧团团长孙德民热情接待了我们，交谈中双方畅叙了长影和话剧团两次拍摄《青松岭》的合作友谊。关于话剧《班禅东行》如何搬上银幕的议题，商洽的结果是，原则上拟将此题材列入长影拍片计划，但必须解决好三个难点：一是这个历史剧场景多，规模大，长影资金有限，可考虑吸引西藏自治区方面参加，共同融资，以解决投资困难。二是为确保涉及民族、宗教内容的剧本在政治上立得住，不出现麻烦，剧本改编应双方合作，争取中央统战部领导的直接支持并听取他们的指导意见。三是在确认上述方案可行的前提下，由长影选定主创人员，组成较强的摄制班子，结合承德话剧团协助，力争把筹备工作做周全。概括起来六个字：票子、本子、班子。双方初步达成共识后，我们打道回府，一切等厂务会研究决定后，再具体实施。

按制片厂一般通则，哪位导演组稿，就由哪位导演拍摄。除非遇上重大题材，厂里对导演功力不放心，才会加强力量或者更换导演。对《班禅东行》导演的人选，厂长们显然认为刘导独自担当，力量有限，因而曾嘱我在本室再行物色，这让我很为难。一是仲明抓此题材已有很长时间，让别人插手或接手，都会造成人为麻烦。而我遵命在私下接触中，几位实力派导演如陈家林、肖桂云、李前宽等，不是告知片约已经排满，没有时间，便是婉言体力不济，进藏困难。既如此，我只好把矛盾上交，请厂长们研究笃定，慎重筛选。然而仅仅两个月，我刚从贵州拍完一部电视剧回京，便被阎厂长中途截住。他正式向我下达指令："经常务会研究，考虑到《班禅东行》剧本改编任务很重，因此决定，这部戏导演由你牵头与刘仲明合作，尽快拟定剧本改编方案，与承德话剧团作者沟通"。对于这样的决定，我既感对刘仲明似欠公平，但又难以抗争，因为厂领导班子已经过权衡，不容更改。

既然难拒绝，只好从命。这期间，首先有两件事摆在面前：一是必须与藏学专家、剧本顾问接触，听取他们对由话剧改编电影的设想和意见。二是在着手改本之前，必须安排主创人员去一趟西藏，实地考察一下外景规模，资金预算，以及西藏自治区对拍此题材电影是否支持？愿意不愿意与长影合作拍片？

中共中央统战部副秘书长李作民和中央民族学院教授李秉铨两位先生，曾以藏学专家身份对话剧《班禅东行》创作提出过不少建言。李秘书长于1950年解放军进藏时，曾担任西藏工委书记张经武的秘书，并曾为毛泽东和达赖喇嘛对话当过藏语翻译，对西藏历史了若指掌，是我们电影创作难得的支持者与顾问。4月中，通过承德话剧团邀请，我们很快在京见面。他们二位对把《班禅东行》推上银幕，倍感振奋，认为，六世班禅作为西藏爱国主义宗教领袖的代表，于1779年率西藏僧众长途跋涉，奔赴热河朝觐清朝乾隆皇帝，是我国近代史、民族史上的重大事件。拍摄此片，首先要彰显西藏作为中国版图的归属地位，和清王朝皇帝对维护西南边陲安全、倡导民族修和与尊崇黄教领袖雄才大略的思想政治内涵。他们坦率指出，话剧最大的缺憾是视点不高，没有把英帝国主义觊觎西藏，企图打开我南疆大门，和六世班禅心系国家安危、倚重中央政府保疆护土紧密联系起来。因而也没能很好回答班禅东行的目的是什么？他朝觐乾隆皇帝想得到什么？其中，为年轻的八世达赖喇嘛亲政请封，固然是地方与中央政权隶属关系的一种体现，但这并不是他入朝的唯一诉求。更厚重更深层的舆情表达，必然还涉及安邦与亲和等重大议题。而这，希望电影给以补足。他们还提出建议，为了拍好此片，摄制组主要成员一定要去西藏走一走，看一看。事关民族和宗教，要尽量多收集些资料。努力熟悉西藏历史，争取西藏上下支持，对于把剧本改好，顺利投拍至关重要。

隔天上午，我突然接到李秘书长电话，称班禅额尔德尼·确吉坚赞副委员长得知拍片消息后，非常高兴，要见长影创作人员，时间安排在下午两点，地点就在他的官邸——东单。放下话筒，我既喜出望外，又手忙脚乱：承德话剧团两位团长为准备进藏已返承德，现通知来不及，我只好带一位主要演员和副导演等同事，匆匆前往拜见。

当李秘书长陪同我们走进东总布胡同时，班禅副委员长魁梧的身躯已在门口相迎。他满面笑容和大家握手完毕，便拉着我走进他壁挂唐卡、充满禅房气息的客厅。我坐在他旁边的沙发上，简要向他报告了长影对拍片的设想与安排之后，班禅大师兴奋地对我们说："把《班禅东行》拍成电影，对加强汉藏民族的团结，意义深远。因为它证明，历史上西藏就是中国领土的一部分。六世班禅是爱国的，在历史上对祖国的统一做出了贡献。最近西藏出现了一些骚乱，国际上议论纷纷。在这样的时刻，拍好这部影片，意义特殊，非同一般。"

班禅大师接着提醒我们："我非常赞成把这部电影拍好，但拍摄工作会有较多困难。一个是导演、演员对西藏历史、民族习惯还不大熟悉，即使是现在的藏族演员，对宗教仪轨、穿着打扮，也不尽明白。这就需要你们进藏深入了解，接触寺院。再一个是历史剧要以历史为依据，不能猎奇，瞎编。一方面，是六世班禅为乾隆 70 寿辰祝寿，不辞辛苦来到祖国内地；另一方面，是乾隆皇帝对此非常重视，给予他最高礼遇。这是史实，都要涉及。重要史实不可多加，加不对，经不住推敲，容易遭到攻击。作为历史戏或电影，其中有一些情节是想象的，本没其事，生活中有，也合乎情理。另一种是真人真事，如历史上十分有名的人物，身世、经历不能造假，要符合历史真实。因为历史剧既要让人得到艺术享受，还要让他们了解这段历史。"

班禅看见接待员送来西瓜，笑道："本来今天想留你们在我这儿吃羊肉，5 点有会，来不及了。大家吃西瓜，改天再来吧！"谈笑中，大师问我对藏传佛教了解多少？恰好前几天我到书店买了一些藏学、佛学书籍，还特意翻看了土观活佛的著作，于是回答："对佛学，我是刚刚学。除了看藏史，我只读过《土观宗教源流》。"班禅惊讶地说："啊？你读过土观的书？他可是藏传佛教一代宗师啊！那你讲讲看！"我连忙搭笑回应："别别，我哪敢在佛门论佛啊？"班禅哈哈大笑，转而问道："你是那年生人？"因我很早就知道，我与他同岁，便答："大师，我属虎。"班禅一喜："你属虎，我也属虎啊！"我马上辩称："您是佛爷，我是俗人，我这虎哪能跟您的虎一样啊？"一语出口，逗得在场的人忍俊不禁，笑声阵阵。

话归正题，大师又告诫我们："拍电影，台词要简练，场景可以多，对话别太多。影片是写历史，但它本身又是艺术。不然，年轻人不愿看。另外，导演要提醒演员，藏族服装要学会穿。真假藏族人看抓糌粑，真假喇嘛看披袈裟……总而言之，希望你们尊重历史，拍出藏味，给人们拿出一部精品来！"

辞别前，班禅副委员长语重心长地说："拍《班禅东行》，长影，承德话剧团都拿出最强的力量，这是第一保证。我相信，统战部、民委，包括西藏、青海、甘肃、宁夏，以及河北承德，北京文物局等地区和部门，都会大力支持，充分协助的。你们坚定信心，来做这件好事吧！"

三、进藏参访

1988 年五一节刚过，长影摄制组摄影、美术、服装、化妆、道具、置景以及制片主任、副导演等主要成员 12 人，在京等来承德话剧团正副两位团长，准备进藏参访。此时，拉萨出现的骚乱刚刚平息，我们前往是否会遇到麻烦？还难以猜想。不过，当我们前往机场，登上飞往拉萨的航班时，却上演了一幕惊险的"返航"。那天大型客机两点起飞，40 分钟后我们从舱窗兴奋地刚刚俯望见黄河，不料飞机一个大转弯，旋而又在北京机场降落。惊讶中，广播告知飞机副油箱漏油，待检修后再次起航。这下可把人吓坏了！乖乖，如果不是及时发现，半路一旦起火，那还不机毁人亡吗？

感谢佛祖保佑，我们一行带着不安的心情，经过近 4 小时的飞行，飞机终于降落在雪域高原的拉萨机场，而此刻西方天空尚辉映着亮丽的霞光。

接待我们的自治区文化厅同志，安排我们到拉萨宾馆下榻。大家还没来得及吃饭，不少人高原反应已波及胸膛。是啊，都怪时间紧促，我们没按提醒在成都度过适应期后再进藏。不过还好，一阵头晕过后，除了呼吸不适，其他感觉基本正常。

依照安排，我们首先参观大昭寺。该寺位于拉萨旧城中心，是藏传佛教僧众心中的圣地。大殿正堂，供奉着 1000 多年前文成公主进藏时运来的释迦牟尼 12 岁等身像。进寺前，我们看到成百的佛教信众，从千里外的家乡三步一叩头地赶到这里，前来朝拜佛祖，祈降吉祥。有趣的是，当我跨进寺门，看到香案上摆有十世班禅的画像，因而随之亮出我与班禅大师的合影时，竟换来侍宾喇嘛的揖礼和惊异的目光。看过遍布神光异彩的圣殿后，大家来到寺庙金顶台观赏。清澈的阳光下，近约千米的红山上，布达拉宫的雄姿巍巍在望。

翌日，我们又去参观位于拉萨西郊的哲蚌寺。这是藏传佛教格鲁派寺院，一世至五世达赖喇嘛都曾在这里居住，与甘丹寺、色拉寺合称为拉萨三大寺。这些寺院里，都藏有明清皇帝御赐的法器、僧衣、佛经、佛像等文物，还收藏着数以万计的藏经、秘籍、唐卡、壁画以及宗教典章。览别三大寺，再攀上巍峨高耸的布达拉宫观光，仿佛走进了蓬莱瑶台般的幻象天堂！当我们步入气势恢宏的红宫大殿，翘首仰望时，那一尊尊金装玉琢的释祖彩塑，仙姿华贵的佛尊圣像，俨然把你带进了古老雄浑的宫苑，群神荟萃的圣乡。在五彩锦绣壁画的映衬下，到处是仙裾绰约之态，闪光披霞之貌。那一幢幢佛宫，一座座圣像，处处见飞花点翠，满目是珍珠瑰宝。遍及宫里宫外，这璀璨的艺术宝库令我叹为观止，这壮丽的古建筑精华堪为世人骄傲！

3 天过后，自治区办公厅肖副秘书长陪一位仪表不俗的人士来到宾馆，告诉我们，遵照班禅副委员长的嘱托，特邀拉鲁先生来给摄制组讲一讲宗教礼仪和有关西藏的风土人情。经了解，拉鲁现职为自治区政协副主席，有一番传奇般的经历。少年时的拉鲁·次旺多杰，曾是西藏的显赫贵族。1946 年他 32 岁，成为噶伦。1959 年曾追随达赖集团叛乱当过两天叛军司令，投降后被送往原家族拉鲁湿地，参加务农劳动。12 年后落实政策，不久又当选为全国政协委员。他经历丰富，多次沉沦，是少有的西藏历史见证人。他见到我们十分谦和，整整一个上午，热情讲述了藏教僧侣的穿着佩饰与各种礼仪，并且做出不同的姿态演示，尽量让我们在拍片时心里有底。而当他讲到达赖、班禅出行的随驾仪仗时，大家不禁为之一震！

他告诉我们，两位佛爷若远行，护驾仪仗队起码 3000 人。前卫 1000 人要骑快马、赶骆驼，带着帐篷开道扎营。后卫 1000 人要牵牦牛、拉粮草，并押送贡品。加上中间各类轿乘、马车和护驾卫队，浩浩荡荡把阵势拉开，如长龙般地摇首摆尾……听他道出实情，暗想外景经费，我不禁望而生畏！

一个阳光明媚的早晨，自治区派车送我们前往后藏首府日喀则，走访我们影片主人公六世班禅的驻锡地——扎什伦布寺。汽车跨过雅鲁藏布江上的曲水大桥，登上冈巴拉山口，碧波荡漾的羊卓雍湖便向我们招手。穿越美丽的湖畔再往前行，海拔 4500 米的山路，让制片主任刘力、承德话剧团团长孙德民等人呼吸困难，迷迷瞪瞪。好在有氧气袋协助，给他们一点清醒。而我和摄影师张松平却反应不大，依然围绕拍摄外景，谈笑风生。一直到下午 3 点许，汽车跃过海拔5000 多米的路峰，遥遥望见日喀则古城时，许多人才从高山反应的迷幻中逐渐苏醒。

扎什伦布寺，藏语意为“吉祥须弥”，位于日喀则城西的尼玛山东侧。整个寺院依山而建：金顶高耸，宫墙蜿蜒，大殿建筑群雄伟壮观。因为这是全片开头的主景，我们必得仔细观看。其间，最令我们关注的是班禅大师的寝宫和他的禅房。当寺院管委会主任领我们攀上殿阁，绕过回廊，走进古色古香的禅宫时，那琳琅满目的唐卡经卷，金碧辉煌的神龛佛像，宛若把我们带进了近古的佛家仙境，驱使我们对未来的后藏教主神姿，展开想象。

来到扎寺正在修建的灵塔前，我们巧遇了多年前为十世班禅绘影的四川画师。他告诉我们，“文革”期间，寺内五世至九世班禅的灵塔和祀殿遭到破坏，为此，中央政府特拨大量专款、黄金、白银和珠宝，调工匠来为他们修建合葬灵塔与祀殿“扎什南捷”。于是他饶有兴致地领我们钻进塔内，观看正在施工的灵塔穹顶和他精心绘制的壁画。也正是在这里，让我们瞻仰了六世班禅大师的佛容，和他千里跋涉，奔赴热河朝觐乾隆皇帝的情景。画师说，再有半年，灵塔便可完工，届时，十世班禅大师要亲自来主持开光盛典，如果那时你们能把影片拍成，必会引起轰动。然而谁也没想到，恰恰在翌年 1 月 28 日，班禅副委员长完成开光典礼之后，因操劳过度而不幸圆寂。之后，他的真身肉体随着新灵塔的高高耸立，也永远长眠在这里。

告别扎寺回到拉萨，摄影师悄然向我提问：“导演，你掂量掂量，这部戏能拍吗?”我反问：“你的意思呢?”他说：“明摆着，单看外景，横跨西藏、青海、宁夏、内蒙古与河北五个省。先不说大队人马、服装道具、吃喝拉撒，仅仅班禅佛爷的仪仗队，号称 3000 人，咱们省点用只要 300 怎么样？还有马匹、骆驼、牦牛呢？要多少？大景地跨越，车辆，牲畜，行帐如何安排？厂长说他铆足劲只能拿出 300 万，这点钱，只怕雇马牛骆驼、汽车卡车都寒酸，还有那么多服装、道具、置景和劳务费怎么办?”是啊，拍大型历史题材电影，没有足够资金支撑，难以完成。这让我回味临行前厂长的交代，要争取西藏方面能参与合拍。而眼下自治区党委书记出行在外，没有他的首肯，有谁能拍板表态呢……

四、重载搁浅

当我们回到长影全面汇报后，厂长们经过研究，提出如下方案：一是明年（1989年）庆祝新中国成立四十周年，初定《班禅东行》为我厂的一部献礼片。二是西藏自治区方面，要立即派三室副主任李万甫进藏洽谈，就共同筹款、摄制安排等事项敲板定案。三是为抓紧筹拍进程，编导要尽快会聚一起，着手剧本改编。与此同时，摄制组其他部门可先抓制作准备，副导演将根据情况，考虑选择演员。

依此决定，我即赴北京，先和原话剧作者孙德民碰头，待责任编辑韩志君赶来，我们就剧本改编思路开始讨论（刘仲明导演因有其他事，未能同行）。这之前我已考虑到，从话剧到电影，这不仅是表现形式的重大改变，同时也涉及电影语言、人物塑造、改编结构和情节内容。因为电影更注重艺术形象的视觉性、逼真性和生动性。特别在进藏参访之后，宗教场景历历在目，众僧举止栩栩如生。因此我对全剧的形象构思与情节调整，在经过翻阅史料与反复酝酿之后，已大体有了雏形。于是当进入电影改编，原作者要我拿出方案时，我一方面将新的框架结构和盘托出，同时也对一场一场戏的情节组织，人物刻画，包括场面与细节的安排，都提出具体意见，并通过商讨以获其赞同。正是有了这一次沟通商讨，奔赴承德后，仅仅一个月辛劳，我们便双双脱稿。由于在落笔中有分歧，文学厂长张笑天来电话明示编辑：如果意图不能统一，可将原作者写的初稿与华导演改编的二稿同时打印上报，由主管厂长和统战部顾问审阅、比较。

时已8月中旬，由于进藏的李万甫迟迟没有消息，厂里上下都很焦急。好在中央统战部江平副部长、李作民副秘书长，并偕民族学院的李秉铨教授已到长春，专程来审看剧本。他们在宾馆花了整整一周时间，多次对剧稿提意见，并同主管厂长与编导反复交谈。他们强调，剧作应突出爱国主义这一主题。班禅朝觐乾隆的历程，要彰显民族团结的思想内涵。他们细审细看，还就其中不少细节处理与宗教规范做了校正和评点。临行前他们明确表态，认为导演分镜头改稿贴近预定创意，比较生动合理。唯其如此，厂领导最终同意以分镜头稿为定稿，通过投拍。拟定与西藏签上合拍协议后，摄制组再开赴外景地承德。

然而重载压力接踵而来：一方面，西藏自治区文化厅因合拍资金尚无着落，难以痛快表态，李主任仍在拉萨等待。另一方面，承德话剧团演员一拨拨来到长影，恳请导演安排角色；而恰恰有不少主演，又必须按班禅大师和统战部的要求，更换为藏族演员。这还不算，由于电影局已明令长影将《开国大典》列为重点献礼片，也在抓紧筹办，拍片资金显然难上加难。眼看季节已入深秋，依照计划，我们必须赶在隆冬前，在承德拿下满朝文武迎接班禅入朝的几个大场面。可是眼下大队被困，寸步难进，似乎随时有下马的征兆。可是，就在厂长犹豫不决、大家心灰意冷的时刻，李万甫一个电报打来，给我们带来好消息。电报称：日前自治区党委与政府召开联席会议，决定与长影各出资300万元，合作摄制影片《班禅东行》。决议文件，将由文化厅以传真的方式发送长影。这一喜讯传来，阎敏军厂长掂量之后，很快让生产处下达通知，摄制组可以出外景了。

浩浩荡荡的摄制队伍开往承德古城，既给市话剧团带来了拍片机遇，又调动了全团人员以接待搞创收的热情。演出队盘灶开火，把排练场改为招待所；为摄制组担当后勤，成了他们的主要工作。这期间，入选的藏族演员陆续赶来；前往江苏赶制清朝官服的业务也已展开；美工部门加紧制作古典道具；置景部门忙上忙下，开始在武烈岭与大佛寺前搭盖迎宾楼牌……乍看上去，各项准备正逐步到位，但由于西藏资金迟迟落实不下来，大家只能在准备中耐心等待。眼看寒流袭来，厂里一面让进藏的李主任加紧催促，同时告诫摄制组，没等到资金落地，不能开拍。

然而季节不等人。就在我们七上八下、满腹愁怀的时候，阎厂长从北京打来电话，要我和现场的制片王静波快速赶来见他。当我们乘吉普车连夜抵京后，他开门见山地告诉我们："电影局滕局长找我商谈，今年长影要拍两部献礼大片，显然资金很困难。从大局着眼，《班禅东行》剧能不能暂缓投拍，集中财力保一保《开国大典》？因此把你们两位叫来，想听一听组里的意见。"他心里的话虽没和盘托出，其潜台词无非是两个字："下马！"这一点我在路上已有预感，并不突然。此刻，为不使他太为难，我立即表态："既是局长发话，我们没意见。坦白说，拖到这时候开拍，大风寒流一来，外景未必能够拍完!”阎厂长看我挺爽快，忙抚慰道：“下马，好说不好听，道理一定要给剧组讲清。这部大片是缓拍，不是不拍。所有服装、道具都有用，等明年条件成熟，还可以继续出外景。”饶有意味的是，一番宽心话说完，他又透露个消息：刚接李万甫电话，他说西藏第一批款已经汇出，金额大概是 40 万元。我苦苦一笑，无言以答。心想，此款若早来一个月，外景还能拿下。现在吗——晚了!

我和制片王主任回到承德，迅速向承德话剧团团长和全组成员做解释工作。两天后，眼望着满载服装道具的 17 辆卡车浩浩荡荡返回长春时，难过与惆怅令我发出沉重的感叹：“无论是本厂职工还是话剧团，碰到拍片搁浅还大都能够理解，可是面对藏族同胞的全力付出与殷切期望，我们该如何向他们交代呢……”

十五、为央视拍《宝宁寺香客》

或许是出于对藏族同胞发自内心的歉疚，也或许是难以承载对班禅大师期望的失落，在电影《班禅东行》停拍半年之后，一个新的机缘，让我走进为中央台拍摄电视剧的行列，编导了表现十世班禅迎接青海解放的四集电视剧《宝宁寺香客》。

老实说，在《班禅东行》搁浅之后，我一度很难过。虽说这部电影暂停的原因很明确——季节耽误与资金短缺。但我作为导演，总有一点负债难脱的感觉。这期间，制片王静波曾几次找我，希望重整旗鼓，缩小规模，力争把《班禅东行》拍成，别让花了几十万制作的服装道具没有用。然而 1989 年 1 月 28 日春节前夕，热情支持长影拍片的十世班禅额尔德尼，因主持扎什伦布寺灵塔开光典礼操劳过度，在日喀则不幸圆寂。得此消息，使我们重启外景的设想，再次消弭。因为班禅大师曾以人大副委员长的名义致信国家文物局，希望他们为拍此片门槛开禁。他也曾亲自提名，要聘请西藏的甲嘎、比隆和青海的嘉雅、却西等活佛担任宗教顾问。如今大师已去，通关渠道堵塞不通。就在我补过无着，难以释怀之际，一个长途电话从青海打来，让我顿然一喜。

打电话的是我一位同学杨建业。他毕业于电影学院演员系，曾就职北影演员剧团，扮演过电影《小二黑结婚》中的小二黑。“文革”前，北影派他们一批演员赴西宁支边，后来多人返还，只有他在那里安家，搞文化产业开发。他来电话一是春节问好，二是告诉我西宁有一部获奖京剧，是表现青海解放前夕，一喇嘛寺僧众为保护寺院珍宝，同“三马”家余孽及佛门败类展开的争斗与博弈。他问此剧目能不能改编成电影，或者是短篇电视剧？恰巧不久前我的好友张天民调任中国电视剧制作中心主任，在通话中，曾约我给中央电视台拍一点少数民族题材的作品。于是，我让杨建业快把原剧本寄来，以便我把握剧情，与天民主任沟通。

进入1989年的长影，俨然已黯淡了往日的昌荣。电影市场化的逼近和发行方式的变更，给制片厂造成愈来愈大的亏损，职工甚至连工资都不能按月领。这使得创作人员对拍片望而却步，不得不改变“电影至上”的观念，在初显蓬勃的电视剧制作上探寻出路。坦率地说，我对号称“文化快餐”的电视剧开始还不屑一顾，然而未曾想1988年年初在贵州拍电影间隙，鸭溪酒厂老板出资十万元，让我们帮该厂编拍了一个两集电视剧目，拍成播发后，组内几个“穷秀才”立刻变成了“万元户”。还不能只看报酬，电视剧因其拍摄之快，周期之短，与电影相比，可谓高效神速。唯其如此，经过初试牛刀，再来为中央台拍戏，我感到底气很足。

鉴于我和张天民有《创业》合作的信任，因而就“喇嘛寺夺宝”一剧与他沟通后，他欣然放手让我改编剧本，并按四集长度，为我投拍安排资金。同改编《班禅东行》剧本一样，动手前，我和制片王静波先跑了一趟青海西宁，请杨建业带我们去塔尔寺参访，并就剧本改编、外景筹措等事宜与他一一商定。

对于剧本改编，此前我已经有藏区的生活积累与创作实践，重启构思，大有轻车熟路之感。所不同的是，原作是京剧，重武打，多唱段，而要把它改成以视觉形象为主的电视剧，就必须调整情节，重塑人物，并充实其思想内涵。

首先，总体创意有所改变。我采用了原作围绕喇嘛寺盗宝与护宝争斗的故事框架，但却将原来模糊的背景确定在青海解放前夕的1949年。这样，不仅把寺院的这场夺宝争斗，同当时在青海迎解放的少年班禅能联结在一起，而且也增加了主角洛桑活佛护宝的政治因素与时代感。

全剧故事，由一位神秘香客在我大军横扫马家残余势力的硝烟中，来到宝宁寺展开。与其同时，装扮成香客来自甘南的吉玛公主和扎西额驸也借观看大法会之名，来拜望寺院主持洛桑活佛。几经战乱浩劫的洛桑，这时一面遵奉十世班禅佛意，在筹办降凡法会；一面在为保全濒临战火的古寺珍宝，暗中封存转移。此刻，实为藏奸的神秘香客抵寺后，勾结一心想篡夺法台高位的大僧官郎杰，以追查吉玛、扎西的真实身份为名，诬陷洛桑私通共军，阴谋在寺内制造动乱，意欲趁火打劫。而实由我军派来争取洛桑活佛的吉玛和扎西，借助与洛桑亲信隆嘎的特殊关系，几经周折，揭穿了奸匪妄图掠宝的图谋，并火速通知解放军部队，将奸匪及其帮凶马家兵一起消灭。接着，大法会亮出了五世达赖、文成公主以及六世班禅等佛祖遗存的珍宝，而此刻在欢庆西宁解放的大道上，洛桑活佛也迎来了十世班禅驾临的佛轿……剧本完稿，天民定名为《宝宁寺香客》，并由全国佛协主席赵朴初为它赐题墨宝。

这部戏的主景地，我们选定在青海塔尔寺。塔尔寺相传为黄教创始人宗喀巴的诞生地。它得名于大金瓦寺内为纪念宗喀巴而建的大银塔，藏语称为“衮本贤巴林”，意思是：“十万狮子吼佛像的弥勒寺”。该寺坐落在湟中县的莲花山坳中，是我国藏传佛教格鲁派六大寺院之一，也是青海省首屈一指的名胜古迹。其中以八个塔、大金瓦殿、九间殿等最为著名。寺内诸佛殿装饰的堆绣、壁画和酥油花，被人们称为艺术“三绝”。酥油花集塑雕艺术之大成，内容丰富多彩：有花红叶绿的百花异草，千姿百态的珍禽异兽，栩栩如生的人物肖像，以及取材于神话传说的历史故事等。每年农历正月十五日，是塔尔寺一年一度的酥油花灯会。届时，喇嘛们将精心制作的酥油花摆到寺外广场，让成千上万参加灯会的人们观赏。

摄制组到达之前，杨建业提醒我要尽一切努力，求得塔尔寺管委会主任却西活佛的支持，否则休想踏进寺门。我立刻想到十世班禅大师生前，曾拟定他为我拍电影时的宗教顾问，于是我特捧哈达前去拜望，送上礼品。当这位青海佛教协会副会长、十世班禅的追随者看到我与班禅的合影，并得知拍此剧是为纪念大师迎接青海解放时，他不禁由衷高兴，破例地动员全寺喇嘛，参与拍摄大殿诵经；而且还开放他特居的活佛庭院，让我们在那里拍摄主人公洛桑活佛的禅房内景。

对照今天的长篇电视剧而言，当初的四集短篇，近乎是小菜一碟。但那时毕竟是起步，“麻雀虽小，五脏俱全”，我们依然像拍电影那样严谨操作，一丝不苟，只不过用的是磁带而不是胶片。为保证影像质量，制作中心给我们组派来了优秀的录像师和录音师；而我们仅仅为拍好几个规模不大的战斗场面，也不惜从西宁千里之外，调来枪支、弹药和本厂的烟火员。今天看那时确实有点冒傻气，不会“偷巧”省钱，然而拍出的画面效果，还真是受到了大家的称赞。

这部剧的演员，饰洛桑活佛的谭非翎来自承德话剧团。女主角吉玛与贡嘎喇嘛，扮演者都是当地藏族。其他如僧官郎杰、额驸扎西以及神秘香客多吉达娃，则各由甘肃省话剧团与青海歌舞团推荐。也许是身在佛地有运气，我们开拍不久，便碰上了塔尔寺的降神法会。由于法事突现，并无准备，当剧组听见寺外广场鼓乐齐鸣，看见众僧身披鬼魔藏装、晃着五彩神面翩翩起舞时，我才急呼摄像师，赶快架机器。好在大家手快心齐，难得一见的蹦蹦跳跳打鬼舞，不到两个小时，我们便像拍纪录片似的录制完毕。当这批素材在剧中呈现后，看到的人们无不感到新奇。

外景中，一个选小班禅演员的插曲，让我记忆犹新。如前所述，班禅大师和我都属虎，是同龄人。20 世纪 50 年代初，报刊上的少年班禅照片我常看见，印象很深。那时的班禅仅 12 岁，他作为九世班禅的转世灵童，于 1941 年由堪布会议厅按宗教仪轨选定，并于 1944 年上报当时的国民政府，至 1949 年 6 月由代总统李宗仁颁令，批准他为第十世班禅额尔德尼，在青海塔尔寺完成坐床典礼。同年 9 月西宁刚解放，班禅即派亲信同中国共产党联系。10 月 1 日开国大典那天，他向毛泽东主席和朱德总司令发出了拥护共产党和人民政府的致敬电。毛泽东和朱德复电慰勉，对他的爱国主义举动予以高度称赞。

为了将十世班禅当年迎解放的光彩形象在本剧重现，毫无疑义，我们必须找到与他当时相貌相近的佛颜少年。但是找来找去，一直未能如愿。眼看外景收尾，情急之下，导演只好亲自出马。一天早晨，杨建业夫妇本要带我走访郊区的京剧团，而我灵机一动，却让他领我走进一所学校。校长问我想看什么？

我答：想看看初一学生做广播体操。顿然间一声哨响，初一年级四个班的中学生撒向操场。这时我随着音乐播放，走向一排排操练队列，端详着一个个适龄少年的模样。走着走着眼睛一亮，发现其中一个学生很像小班禅，然而接着巡看，瞅见后排另一个比他更像！当我们把这两位小同学带回组里，经过表演测试与化妆着装之后，那个酷似班禅的少年以他的聪明灵慧，立刻成为剧中十分理想的形象。

与中央电视台同仁们合作，使我们这些电影人对电视制作工艺的了解逐渐增多。录像师高贵祥在拍摄现场，除了细心操作，还经常向长影人员传授视频、音频知识，并就电影和电视在拍摄条件方面的诸多不同，和大家切磋。不过像我们这样兴师动众地拍大场面，他们还经历不多。而就在一次抢拍草原枪战的收尾中，我们却共同遭遇了一次意外的坎坷。

那天摄制组驱车 40 多公里，前往湟中草原，花了近一天时间，把解放军横扫马家兵的战斗场面拍完。不料临到傍晚，天降大雨，一直不停。制片见势不妙，忙招呼大家把枪支弹药装车，让它与拉摄像机的面包车先行返还；然后组织全组撤退，避免被困草滩。然而高原气候难测，雨越下越大，载人的车辆还没开出一里地，车轮便陷进泥坑里。慌乱中大家下来推车，可是司机越加大马力，轮子越往深里陷，折腾半天，徒劳无功。雨夜里人困马乏，怎么办呢？茫茫大草原，无处呼唤。那时没有手机，只有派剧务搭吉普回城，调卡车前来救援。等啊，等啊，我们一直等到半夜，才看见小吉普亮灯回来。问情况时，带来的消息竟让人目瞪口呆——剧务说，先前拉枪支的卡车和拉中央台机器的面包车半路上因误闯禁区被解放军截住，全都给扣下了！好在第二天由县武装部出面交涉，还亮出了拍片获准的持枪证及弹药使用文件，部队这才原谅了我们的失误，让折腾了一天一夜的弟兄们回组团圆。

后期制作对我而言，也颇感新鲜。离开复杂的电影剪辑机房来到电视片制作间，突然感到快捷而轻便。但它毕竟属于新工艺，从复带、编剪，到录音、调频，各类操作程序要从头学习。那时中国电视剧制作中心的宽带机房很紧张，各剧组排班往里挤。好在我们是四集短剧，我们这些生手，花了 10 多天才制作完毕。

当我陪同张天民主任和中心审查人员来到放映厅，首次观看《宝宁寺香客》之后，他们对剧情内容、导演处理、演员表演和摄影画面均感满意。特别是我们拍出的藏传佛教舞蹈与地域风情，他们都很欣赏，而对于屏幕上显现出俨然像电影那样的视觉效果，也同样给予了赞誉。经过一番评议，此剧顺利通过，最后在提出若干小修改的同时，把播出时间定在纪念国庆四十周年前夕。

也就在此时，中国电视剧制作中心的新台标诞生。《宝宁寺香客》作为首批冠以新台标的电视剧，于 1989 年 8 月在中央电视台一套黄金时段正式播映。

十六、抢拍献礼电视剧《焦作风暴》

作为电影导演，必须不停地抓剧本，才能择得良机，拍出称心的电影作品。而在20世纪80年代末到90年代初，随着电影市场的不景气和文学界创作的日渐低迷，连连出现剧本荒现象，令人忧虑。

这期间电影厂为求生存，不得不屈从娱乐片的主流趋势，推出一些品位不高的惊险、武打、枪战题材，来应对市场所需。而反映时代发展与社会改革内容的主旋律题材，由于剧作空间狭窄、表现单调乏味，很难对观众产生吸引力。既然要迎合市场，拿到票房，仅仅侧重影片的观赏性（或解读为刺激性），而轻视其艺术含量和思想营养，后果自然令人失望。但想获得观赏、艺术与思想三性统一的好剧本谈何容易？作者没有扎实的生活积累和艺术功底，加上品位缺失与急功近利，送来的剧稿除了瞎编乱造，掠色猎奇，导演很难见到其情节基础尚能认可的选题。出于无奈，我也曾深入到国家安全部门，收集素材，走访体验，写出了以深挖暗藏间谍为故事的剧本《凌晨三点半》，但一进入审查门槛，安全局却担心暴露侦察手段而未准投拍。如此辗转，搭上不少时间，往往以徒劳换来一声长叹！

1990年4月中，我正和石油部一位作者商讨改编开发玉门题材《滚滚石油河》之时，见到时在焦作市科协任职的胞兄卢巴生。他对我说，焦作市委党史办有意邀你回一趟家乡，拍一部革命历史题材的电视剧，向来年建党70周年献礼，可不可以？我问他们有剧本吗？他答：正在写。不过是业余作者，水平怎么样还很难说。既是家乡父母官出题作文，我自然难以回绝。于是请他转达：盛情难却，我理当出力尽责。不过一切取决于剧本和资金，等初稿有了眉目，再协商如何操作。

两个月转眼过去，焦作市委党史办一封电报打到长春，称剧本已写完，请你速来就拍摄事宜商谈。看起来他们对此剧立项很有信心，而当我打电话向巴生兄询问后，方得知拍片策划单位有三：市委办公厅、组织部和党史办。该剧取材于《毛泽东选集》第一卷，在第一次国内革命战争篇中，曾提到焦作煤矿大罢工等运动掀起的反帝反封建风暴，为年轻的中国共产党跃上领导中国革命的政治舞台，进行了预演。他们将以此题材展开故事，创造一幅豫北人民革命斗争的历史画卷。同时还筹集了拍摄资金30万元，一心想为明年党的生日献礼做贡献。至于剧本，作者谁也不给看，就等我们抵达后，再交换意见。

当时我想，看架势焦作市决心很大，要去，不能单枪匹马。于是，我邀请摄影师金恒义与美工师柳焕兴一道前往，这既有利于前期准备，也能够在评估剧本和立项中有所商量。启程时大家满怀希望，而到达后，党史办路振乐主任和作者让我们一看剧本，大家无不感到失望。作品内容，基本上是作者从中共焦作党史、地方志上摘取的工人罢工运动和地下武装斗争。他从1925年写起，一直写到1937年爆发抗战。仅仅六集电视剧，跨度竟长达12年！且不说全剧头绪散乱，没有贯穿的情节与事件，就连其中的人物，也时有时无，时隐时现；既看不到主要人物，同时连一般配角也随心所欲地不断更换。如此种种，可以说它是若干历史素材的罗列，离形成电视剧的剧本，还相距甚远。同伴们瞅我摇头，问我打算怎么办？我的回答是：剧本没有基础，只能打道回府。

金恒义、柳焕兴两位技师认为这样不妥。他们说，家乡满怀希望请你来，不能只对他们讲，剧本不行不能拍。起码要想想办法，出出点子，让他们知道应该怎么干才能使剧本达到投拍标准。如果你提的建议他们办不到，那我们也算尽到了责任。我领会了二位的好意，但此时已近8月，如果让作者推翻此稿，重启炉灶，且不说其功力难以达到，提笔两个月便是冬天，外景要拍到绿色，必须等到明年开春，这对于亟待功成的拍摄单位来说，只怕不愿等待。所以，面对基础条件不具备的情况，若要我出主意，相当为难。

但剧本的缺陷又不容回避。我思考了一个晚上，决定向主办方实话实说，看他们作何考虑。当路主任领着作者和党史办几位领导前来座谈时，我先来一句“家乡人不说外气话”，然后从专业角度，比较系统地对剧本基础不足、时空跨度过大、缺乏情节构思等问题，一一谈了看法。他们感到我讲得道理充分，口气中肯，也印证了他们的担心。不过在失望之后，路主任反问：“市委领导盼头很大，所以才请你回老家。既然一剧之本不行，那你看怎么办好呢?”

他把球向我一踢，显然是希望我能出手相助，帮他们解围。其实我已预感到有此一招，即迎君入瓮，拉我上套。而我顾虑插手弊多利少，只好表态说：一是作者已付出辛劳，我可以提建议，但不能越俎代庖。二是我也曾预览过一些焦作的文史资料，若把那些零散的历史记载编成故事，且没有生动的人物素材提供参考，打算短期内写出像样的剧本，很难做到。

然而路主任微微一笑，先给我戴了顶高帽，接着又来一个“黄袍加身”，露出他“拉我下水”的存心。他说：“你华导演是专家，又是家乡人。我们业余的不上路，你科班出身还写不出好剧本吗？反正家乡这件大事要靠你啦，你说咋办就咋办，我们一定紧跟!”他一条绳索甩下来，逼我俯首就范，想挣脱没门儿。

我虑及这是严肃的责任，不能轻率应允，作为缓兵之计，于是说：“拍电视剧，本子，班子，票子，缺一不可。班子没问题，摄、录、美，服、化、道，我可以组合，保证拍摄。票子呢，听说你们已经筹集。唯独一剧之本，是大问题。怎么办？你们若能另请高明，推倒重来，最好，投拍可以等待。而如果非要拉我上阵改剧本，请给两天时间，让我看看材料闷一闷。两天后若能闷出个方案，咱们再来讨论，行吗?”

我一被套上夹板，便迎来两天失眠。苦于手头缺少素材，我只能在调动生活积累中浮想联翩。好在自己少年时期生活在河南，借助身为教员父亲结交甚广的条件，经常带我奔走于小城和乡间，因而，对当时国民党统治下的社会图景历历在目，记忆中存留着不少广大穷苦百姓与富豪、贪官、乡绅、宪警争斗的鲜活画面。于是我紧紧围绕发生在太行山下沁阳、济源两地的“沁济暴动”这条主线展开构思，随其时代变迁，很快酝酿出了“泪洒锄奸”“驱鬼抗捐”和“夜袭警察局”等几个故事片段。我深知，原剧稿所缺的是故事，只有从历史回顾中挖掘出传奇事件，编出相对可信的情节，剧作才生动好看。

两天过去，路主任带领党史办所有成员来听方案。我对他们说：“今天，我讲三个小故事。如果你们觉得有意思，咱们就往下编。要是认为不对路，就算我黔驴技穷，勉为其难了。”

一番客气话之后，我先讲开篇“泪洒锄奸”的构思梗概。我说，屏幕一闪，便是焦作煤矿罢工已7个月。英国买办勾结军阀，买通商会，破坏罢工运动。他们的主要手段是，捕打工人，收买内奸，迫使工人领袖冯纪刚下令复工上班。而工会执委们，此时正为呼应开滦工潮，接济工人弟兄而四处募捐，力争洋人答应复工条件。就在双方紧张较量的时刻，有三个煤矿童工潜入英商会馆，从窗缝窥见了洋人收买工贼的勾当，随即他们被管事意外发现。洋买办怕阴谋败露，调商会狗腿搜查，追赶，并在教堂将一孩童残忍杀害，由此引起矿工极大悲愤。罢工委员会领导工人含泪抗争，终于在揪出内奸、揭穿英商欺诈嘴脸之后，赢得罢工斗争。

第二个故事“驱鬼抗捐”的创意是，罢工领袖冯纪刚的大舅梁敬禄，是梁庄大院的地主老财。他的大儿子梁跃青，是倾向民主、想当律师的中学教员。二儿子梁跃才，是混迹于焦作政界、谋取官位的国民党县党部委员。其女梁跃贞，是受革命影响而失学的进步青年。她关注大嫂瑞莲在家中“遇鬼”的惊扰，也常对老爹以苛捐苛租欺压佃农产生不满。天灾战乱，贪官污吏抓丁逼捐，把农民推上绝路，给梁敬禄买卖人口提供了财源。佃户冯老栓，因无力还债，被迫卖女，但却在倒卖欺诈中被梁家逼出人命。老栓托人写状告到县衙，执笔人梁跃青没想到所告的幕后黑主竟是他父亲。接着，梁家“闹鬼”——老公公“扒灰”，导致瑞莲自尽。梁跃青得知隐情，愤离家门，在秋收起义的影响下，跟随表哥冯纪刚投身到抗捐的洪流中，倾泻怒恨！

第三个故事“夜袭警察局”，是由抓壮丁引发而来的情节继续。贪婪的警察局长在镇压抗捐中，眼看抓来的壮丁不少是老头小孩，天天要管饭，赚不了黑心钱。于是他拉开架势审问，追查抗捐的幕后主使人，并将冯纪刚、梁跃青列为共党疑犯，敲诈勒索，威逼梁老太爷献出银元。梁家老二跃才不甘示弱，搬出县长与其说和，结果，竟以两家儿女联姻，换来监牢放人。就在此刻，国共破裂，南昌枪响，冯纪刚根据党的指示，为建立地下武装，采用里应外合之计，借胖局长办订婚典礼的鞭炮响，巧妙地夜袭警察局，一举夺了黑狗子们的枪……

我把草草编出的梗概讲完，党史办成员当场给予了称赞。他们说，你不愧是专业导演，编出的故事既吸引人，又能看见画面。大家讨论一番，路主任当即拍板。他说："你这么一讲，让我们看到了希望。这一剧之本，只能靠你改了。下一步怎么干，你提计划吧！"他把重任向我一甩，我反而犹豫起来。我回应道："故事好编，落笔很难。要从头把六集剧本写出来，需要时间。眼看就到9月，过了阴历八月十五，就是秋风扫落叶。外景四季不见绿色，怎么拍？"一语提醒，大家都感到没辙，但又不愿拖到来年等季节。问我怎么办？我回答："如果必须往前赶，抢时间，就得孤注一掷，背水一战。一是，让摄影、美术师速回长春调人，我从现在开始动手改剧本。二是，鉴于剧本没定稿就立项，有违常规，所以应该向市委报告，争取认可和批准。这样即使遇到风险，也不必太担心。"

我很佩服路主任的工作效率，他找市委办公厅杜秘书长及组织部张部长一商量，立刻请市委书记范钦臣到宾馆，听我汇报。当我向他讲述了焦作拍电视剧碰到的难点、问题的焦点，并简要介绍了新的剧本构思后，直截了当地提出："范书记，拿下这个任务，目前关键是时间紧，按常规干不行，必须早下决心。我一不怕'呼'——鸣枪上马，也不怕'啪'——落地刹车，就怕犹豫不决误季节。如决定上，可兵分两路，边改本子边运筹，力争把秋景抢到手；要是心里直打鼓，那就按部就班磨剧本，等条件成熟，再找摄制组。您看呢？"范书记呵呵一乐，对我说："你回来参战，我欢迎。听了你的方案，我有信心。总的来看，担子重，比较难。不过你们是内行，有经验。我想只要路子对，各位努把力，应该可以干。当然，这只是个人意愿，等下周召开常委会，再听一听大家的意见，怎么样？"

范书记明朗的语言，给三部主持人——路主任、杜秘书长、张部长三位吃了个定心丸。于是经聚会商谈，我很快开列名单，打发金恒义、柳焕兴二位技师回长影搬兵。而我却留在宾馆，开始昼夜写剧本，抢时间。4 天过去，刚写出第一集，杜秘书长便打来电话，邀我立刻到市委，拟借常委们开会之机，插入拍剧议题。走进会场，主持会的范书记拉我就坐在他席旁。他先对我作了介绍，接着，便让我直接向众常委报告拍电视剧的有关情况。我长话短说，焦点明确，一方面吸引他们对编创的故事感兴趣，同时又提出，眼下只有抢拍才能完成任务。众常委听完介绍，会场显得很活跃。他们纷纷表态，支持把剧目拍好。其间，积极发言的市政协主席说："首次以焦作历史为背景拍戏，对于弘扬革命传统，扩大本市影响，很有意义。如果这部电视剧能在中央台播出，那我们就能真正为建党 70 周年献礼了！"他这一发声，立刻获得大家呼应。范书记随之看我一眼，点了一句："老华，中央台能不能播，这要看你啊！"

电视剧还没有开机，市委又给我添加了播出难题。这意味着他们一是要我保证剧目质量，二是希望我能和中央台取得联系。怎么办呢？前者我可以刻意求工，尽心尽力；而一定要中央台播映，就必须寻找途径。于是我一个电话打到张天民家，以向他请教之由，告知了详情。说来也巧，此时中国电视剧制作中心，正因为缺少现实题材剧目而受到上级领导的批评。天民主任得知焦作有此题材投拍，显然很高兴。当天他在详细了解了剧情内容、班子组成和投资状况之后，立即答应可与中心合作，并敲定北京亚运会拍片一结束，将调摄像器材和录制人员前来助阵。这个喜讯经我一传出，热心扩大地方影响的焦作人士无不为之振奋！

转眼间摄制人员陆续到位，投入紧张拍摄准备中。而我在日夜赶稿的同时，还必须协助副导演，从北京、郑州及承德等地剧院物色演员。此时剧本我仅仅写出一半（三集），演员阵容只能先确定几个主角，如工人领袖冯纪刚，党代表罗念安，贯穿全剧的梁家太爷和其儿女跃青、跃才和跃贞，以及反派角色商会会长、警察局长、敌军营长等。其他配角将随剧情进展，尽量就地取材，让一些形象有特点并热心出演的非职业演员来承担。比如剧中有一位上级党委派的军事指挥李委员，虽然在第四集出现，但为了中秋节前抢拍青纱帐，必须及时安排人选。可是，急切中找不到合适演员。忽而有一天聚会，原武陟县长李志孝在酒桌上被我发现。我不由分说，便把这位气宇轩昂的朋友拉进剧组，试镜后竟获得许多人称赞。拍完戏他曾开玩笑说：我当县官儿没扬名，想不到还能在电视剧里露露脸！

秋收前半个月，田野还能见到绿色。剧组等不及剧本写完，便呼吁对所有春夏场景，实施抢拍。由此我只好暂停编剧，带领主要演员，把涉及太行山下的所有绿野村貌、绮丽山川，提前收入镜头；而对剧作还未写到的中学校园和云台山战斗场面，也尽量采用过场和纪实形式投拍，为其后的剧情联结铺排预案。

因为是抢拍，作为导演，现场很大成分是即兴创作，需要机动灵活。比如在博爱县街头，我看见仍保留许多传统小吃的摊贩与古老建筑，及时将其摄入画面，对于营造旧时代氛围，凸显地域风情，无疑会增添特色。而在拍摄梁家大院时，“瑞莲之死”一场戏本想一划而过，但依据家乡风俗，大户家丧礼必有唢呐鼓乐，且借助渲染吊丧，可以更强烈揭露梁老太爷的假仁假义、男盗女娼，所以我们就来了个入乡随俗，在市委协作组的热情张罗下，使这场戏拍出的效果超出预想。

由于是抢拍，白天我必须工作在拍摄现场，续写剧本的差事，只能留到晚上。好在是文责自负，将审查程序全部移位到全剧拍成之后。因而此时我虽感劳累，但却有创作自由，不受任何无谓的限制和束缚。而这，也是我能够深挖素材、调动想象，在极短时限内重写剧本，大胆投拍的心理支柱。正因为宽松环境赋予了创作信任，也促使我在紧张抢拍外景的间隙中，见缝插针，迅速将剧本第四集“敌营策反”、第五集“沁济暴动”和第六集“道清曙光”写完打印，为剧组演员及各部门依据规定场景拍摄，特别是缕顺人物关系与内景外景衔接，增进了把握与信心。

后期制作——倒带剪辑，录词配音，以及录音乐、加音响，依然被安排在北京中国电视剧制作中心的机房。由于拍摄顺利，素材理想，六集剧一经剪出，初看全片剧情，既脉络清晰，吸引力也强。只不过当年仍属于磁带工艺，为达到电影视觉效果，我们还必须通过数码复带加工，来提高画面质量。

就在这时，从焦作传来一个口信，制片方要求片头片尾各有一首歌，演唱还点了著名歌手毛阿敏。电视剧借助歌曲开场或收尾，近年来已属惯例，他们有此希望，无可厚非。不过欲邀请人腕歌手，并不容易，一需高酬金，二要找关系。没想到来自焦作的一位剧务神通广大，他先通过亲戚请来李双江，而李双江仅拨一个电话，毛阿敏便应声光临。作曲范伟强以他优美的旋律，安排男声李双江，女声毛阿敏，一前一后，男声高亢煽情，女声委婉动听，经过音像双带合成，它终于为这部电视剧抒发出时代感叹，画上了圆满的句号。

紧张的抢拍和制作，使我们在焦作市委协作班子和中国电视剧制作中心的支援下，仅用两个月时间，便将这部冠名《焦作风暴》的电视剧摄制完成。张天民和焦作市领导共同审看后，一致给予了肯定和好评。1991 年 6 月 25 日，中央电视台 2 频道在“纪念中国共产党成立 70 周年”的特别栏目中，把《焦作风暴》推上荧屏，正式播映。

十七、遭遇战：《枪访要塞》

1991年我执导的《枪访要塞》，是以解放厦门之战为背景，表现我侦察人员潜入海港敌垒，获取布防机密的一部枪战片。接手这一题材创作，开始并非我的本意，是在一种特殊情况下，我和一位陌生作者的一次意外遭遇。

1991年4月的某一天，编辑李秋彦找我，称：福建一位作者王榕春，给我们厂送来一个名为《代号凤凰花》的剧本。它主要是写厦门解放前夕的前哨战，故事集中发生在军港要塞和即将溃败的国民党海军。总编室看了初稿，认为有一定基础，但是它没有写出吸引人的故事和人物。我们让他修改了半个月，但能力所限，一直上不去。梁主任说您拍过《蓝鲸紧急出动》，熟悉海军，所以想请你看看这个剧本，看有没有可能改成一个能拍的作品？总编室主任梁恩泽，是我的同年好友，在本厂剧本投产的旅程上，曾给予我很多帮助。这时他让编辑送剧本给我看，我不清楚，是退稿碰到了麻烦？还是想让我帮作者排解难点？

我看了送来的剧稿，感到它框架一般，叙事平庸，缺乏时代感和扣人心弦的事件，一看便知是来自业余作者的手笔，缺少电影编剧的基本功。对于这类稿件，我看完只能写几点书面意见，至于如何处理，还是由总编室酌定。然而，我的意见似乎给了作者很大触动。据李编辑讲，他自感功力不济，创作难以成功，因此向梁主任提出，希望与导演合作，共同努力把剧本改定。

此意向转达过来，立刻被我婉言回绝。原因是，我曾有过因剧本合作而名誉受损的教训。因此，我既不愿获成功时掠人之美，也不愿因失败而承担责任。表态过后，梁恩泽亲自打电话对我说："华兄，成败在即，高抬贵手吧！王榕春在福建《支部生活》杂志当编辑，喜爱电影，为人老成，希望通过改剧本给你当学生。你能不收留吗？"他一语把我打动。回想当年我走进电影学院，不也是因为有素昧平生的恩师成荫的引导，才使我走上从影的道路，而今对于后辈才俊所求，能吝力不容吗？

就我本人而言，每拍一部影片，总习惯从修改剧本入手，直到把全剧结构、戏点、人物、语言，以及细节处理、重场铺垫、高潮推进和情绪渲染等等，都改得相对满意，再投入拍摄，才能节约时间，省工省力。而今，王榕春把他的半成品剧本摆在我面前，我在指出它的主要症结之后，依然按上述剧作要点，帮他考虑新的构思，从而拟出符合本剧独特风格的修改方案。

在推进构思中我曾问他："你设定的高潮点在哪里？"他答："是打进敌人内部的特工'凤凰花'在逃离追捕中，拿到布防图。"我告诉他："作为编剧，在掌握素材确立创意后，一般都先考虑整体布局，即所谓起、承、转、合——全剧的结构。因为电影既是视觉艺术，也是结构艺术。而在全剧结构中，一个开场，一个高潮，至关重要。特别是高潮，是全剧冲突的集中点，爆发点，人物矛盾关系的交汇点，转折点，因此应该首先设计好。美国电影评论家爱德华·劳逊曾提出'从高潮看全剧统一'的论点，认为高潮是'考验结构中每一个元素效用的试金石'。这就是说，就剧作结构而言，从开端、发展到结局，编剧所安排的一切冲突关系、矛盾纠葛等等，都应该是为突现高潮而设，使其在高潮中刺激情感爆发，推动矛盾转化，进而透过剧情演变，使作品的思想意义得到升华。你现在把高潮点定为'拿到布防图'，这是'谍战片'老一套手法，很一般化。你应该把关注点引向人物，通过人物之间特殊的矛盾关系，寻找并强化心理冲突，从而编织出令人意想不到的看点，创造出别开生面的剧情画幅。"

夏衍在给我们讲电影剧作课时曾指出，编剧在构思中，只有善于做到

“人人心中所有，而人人笔下所无”，才能做到独出心裁，令人刮目相看。而这，往往就要求我们不走捷径，敢把自己“逼上绝路”。比如本剧，高潮点设置不让我们的特工拿到布防图行不行？用其他方法获取布防机密行不行？

我这样想，意在另辟蹊径，围绕关键人物——拟定布防图的特邀顾问鹿将军——寻找突破口。这就是说，编剧可以把“凤凰花”获取布防图，仅当成动作引线，而他行动的真正难点，应是争取鹿将军的倒戈与转变。这样，我们把全剧焦点放在争取人心而不是拿图上，自然就抓住了主人公的行动目标，也相应可以缕出新的情节链条。于是，原作中所有热热闹闹的人物，如我军侦察队长田参谋，地下联络员琴医生，敌军港要塞的陶司令，阴险的特勤处长蓝上校等，都应一改原貌，视为配角，而只有潜伏于敌海军的副官夏侯亮（代号凤凰花）和秘密制定布防计划的鹿将军，才是实际上的主角。也由此根据实际主角的正反行动目标，对全剧结构重新思考，依循双方的心理逻辑和动作轨迹，来调整情节内容，并将所有人物的出场，结局，以及重场刻画、过场穿插，做出新的定位与规划。

每一个剧本，都应该有一个基本构思，即所谓“戏核”。确定高潮点，一般说，就是指确定“戏核”。本剧中的高级顾问鹿将军，一方面被陶司令请来搞布防；另一方面他又对人身被监视心存不满，对溃败前景丧失信心。而这，就决定他内心必有复杂矛盾，也因此，他是卧底特工夏侯亮力图征服的要人。编剧写戏，既应善于系扣——山重水复疑无路，也要善于解扣——柳暗花明又一村。夏侯副官征服鹿将军的奥秘在哪里？不在武力，而在心理，在夏侯亮和琴医生解救了他的夫人和孩子，使他从内心深处获得了人性的感动，扭转了对共军的曲解和疑虑。紧紧抓住这样一个剧情基本构架，对组织全剧纠葛与缕顺情节脉络而言，就有了支撑和依据。

记得有人说，聪明的作者，抓住开端和高潮，就抓住了全剧。仅就结构来看，此话不无道理；但又不完全，它不能脱离人物性格与思想内涵。如今有不少电视剧，之所以让人看了难以信服，不合情理，一个重要原因，是作者为了追求某种强制收视效果，写出的人物严重违反自身的心理逻辑和行为逻辑，造成了其品格与形象的扭曲。我们则不同，夏侯亮对鹿将军的攻心战，既符合我军瓦解敌垒、化敌为友的崇高目标，也符合他本人的特殊身份与冒险个性。不仅如此，剧作突出心理征服作用，借助琴医生为救将军孩子而中弹牺牲，还能使其在全剧高潮中产生情感打动，给本来属于惊险样式的枪战片增添抒情色彩。

本剧在调整构思中，我们还特别注意到它的样式与风格特点：紧张、惊险，充满悬念，并勾人心弦。在这方面，好莱坞的许多类型片、情节片，提供了许多成熟的借鉴。比如，其间一个重要手法是制造“危机”，生出“看点”；让“危机”一个接一个，“看点”一环套一环。而且，每一个危机的出现，都给人濒临绝境之感，然后又以“绝招”化解危机，使产生的看点格外新鲜。

依照如此法则，我们为拟出具体方案，根据素材提供的剧作元素，选定了三条动作线：一条是田参谋率领的侦察小分队，冲破道道险阻，探寻“凤凰花”的下落，以实现里应外合。另一条是“凤凰花”以绝对隐蔽方式，追查鹿将军的布防机密，在恢复联络中摆脱敌方怀疑。第三条“接应鹿将军家眷”虽是一条副线，却是我潜伏特工与敌军特勤各自利用与争夺的焦点，也是为关键人物横遭威胁、转而获得营救的一种铺垫。我们将这三条动作线交错展开，时而在敌我相遇中暗藏凶险，时而在追捕中发生枪战；双方人物面目不时变换，地工人员遭遇艰险又不时转危为安。诸如此类的情节安排，把人物不断向高风险推进，得来的艺术效果自然引人入胜，别开生面。

处理好编织情节与刻画人物的关系，也是调整构思中的难题。原稿曾把田参谋所带领的侦察小分队潜入军港，一直当作主线来写。全剧安排的枪战，大都围绕他们遇阻而设，而且许多是为打而打，还愈打愈激烈。但是，这恰恰与他们的侦察任务、行动应加隐蔽而不能轻易暴露相悖。何况，他们的所有动作，应是在暗中同凤凰花配合，并不能直接和敌方主要对手鹿将军接触。唯其如此，就必须调整主次，压缩游离篇幅，借助枪战，来刻画夏侯亮这个深藏不露、力破凶险的卧底人物。特别是在他和狡猾敌手——一直在怀疑、监视他的蓝上校较量过程里，我们改变表面化的猜忌，侧重斗智斗勇，写出两人之间看似明里联手，实为暗斗心计的复杂关系，从而演绎出跌宕多变的好戏。当然，在刻画人物中还应该留意，一定要写好对手戏人物的对白，使出口的语言既简洁犀利，又生动有趣，努力做到潜台词含义丰富，并充满生活气息。

文学剧本改好，《电影文学》杂志拟先发表。为尊重原作劳动，我不愿并列署名。王榕春坚辞不从。我推让不过，勉强附署一个化名“蓓茗”。此时，长影为在全厂推动激励机制，对创作机构再次进行了调整。我所在的新艺术片室领导，换上了年轻人。他们看过我改的剧本，对拿到票房抱有信心。因此，积极帮我筹建摄制组，并上报计划，将它列为本年度投产任务。

然而，我接着又有新的遭遇——投产计划并不顺利。原因是，全国电影市场萎靡，各厂拍的新片卖不出去；发行机制陷于瘫痪，流动资金难以周转。在这种情况下，一位负责生产的新任副厂长，特意找我相劝：“干脆，咱这部戏别拍了，不过稿酬照给你。别搞得辛苦一场，到头来，还让你华导演扛着片子叫卖去？”我问他：“你是不是认为拍这个剧本不赚钱？”他答：“本子可以，也有新意。只不过现在市场摸不透，我囊中羞涩怕赔不起！——这样吧，如果你有办法拉来赞助费，我立马批准你采景去！”

厂长向导演哭穷，这让我没有想到。历年来，导演拍片，制片厂拿钱，我们早已习惯。如今市场化却逼迫导演拍片拉钱、筹款，旧有的观念急需改变。理解了厂长的难处，当然要自寻出路。于是，我让编辑李秋彦与福建作者王榕春联系，看他是否有门路，请福建省能为拍摄解放厦门影片提供一点赞助？王榕春编刊的杂志社隶属福建省省委，他通过省委组织部一位上司，直接打电话给厦门市委，请他们予以考虑。接着，我和编辑带介绍信飞抵厦门，拟拜访市委办公厅主任。开始，秘书听说我们来是为厦门拍电影，接待相当热情。然而一提到请他们赞助点钱，脸色骤趋冷淡。原本想安排和主任见面，瞬间改口说主任马上要去海南。眼看公关没戏，无奈之下，只好返还。

对于我们空手而归，厂里并无抱怨。相反，生产处很快同意拨给启动金，支持摄制组外出采景，借调演员。那时，随着文化市场的变动，从 20 世纪 90 年代开始，各演出单位对外借演员的劳务费便层层加码，这无疑等于给本来就十分紧张的制片投资继续增压。而军费开支，也不同于 8 年前拍海军题材影片时，只需向军委报军事预算后，一道命令，给予特惠减免。如今，只怕这部影片的军费，要照章付款了。

面对这一切，在制片人制度尚未实行以前，摄制组花钱的压力，在很大程度上加重了导演的负担。一方面，为了保证艺术质量，该花的钱必须花。另一方面，制片厂为节约成本，又不容突破已经紧缩的预算。更何况剧组人员的奖金与节约成本挂钩，导演创作稍有自我发挥，超出预定范围，便招来制片部门的非难。但，这毕竟是一部战争片，枪炮弹药，烟火兵舰，任你怎样节省，多拍一条胶片就要多撒不少钱！怎么办？我作为导演，只有精心设计镜头，严格现场准备，以尽量避免无谓的消耗出现。

囿于资金有限，外景地不可能远赴厦门港湾。从拍摄有利考虑，我们把主要场景，选定在大家熟悉的海军旅顺基地。首次独立拍片的摄影王长宁，面对由山峦、海湾、军港、战舰，以及要塞司令部、海滨渔村等实景构成的环境组合，相当满意。他决心以雄浑的色调，明暗的光影，凌厉的节奏，再现解放战争的时代氛围和敌我争斗的紧张气息。拍摄中，我和他有一个共同的美学追求，那就是二人都看重“造境”。我们坚信，只有创造出逼真的活动环境，剧中人物的所作所为才显得真实而生动。因此，在场景造型上，我们要求置景、道具等部门，力求严格细致，还原时代特征。比如海湾、要塞，遍布鹿砦；司令部陈设，古旧凋裂；海军俱乐部氛围，充斥美式洋味；海港医院内外，伤兵、警特流窜。在衣着装束上，则希望服装、化妆人员，从历史真实出发，尽量使角色扮相符合年代，贴近生活。哪怕是军官的一套戎装，一条缀饰，医生护士的白挂或女人必戴的首饰，也不能摩今弃昔，而必须与剧情时代吻合。

将本片定名为《枪访要塞》，依据是它突出枪战。有枪战，必有惊险，有悬念。这也是动作片的独特风格与看点。但作为创作者必须明白，具有吸引力之处并非是冲冲打打，噼噼啪啪。不管你打得怎样精彩，打出什么花样，只能取悦人的眼睛，而不足以惊惘其心灵。因此，艺术追求的目标还在于造境：造危机，造惊险，造悬念。只有善于抓住敌我双方内在的冲突线，充分展示对手之间的心理战，使枪战场面成为必然，其发展态势才触目惊心，勾人心弦。

比如田参谋率侦察小分队潜入医院，在和地下联络员琴医生接头中突遭搜检。这时，敌我双方共聚大院，搜索与摆脱，成为创造险境的主要动作。我们先突出特勤兵沿楼道搜查的紧张氛围，再通过渲染，强化追索的危机感；直至让观众感到，敌人把化妆为伤兵的我方侦查员已逼近绝路，然后利用已铺垫的因素，着琴医生突然拉开大门，让正在叫闹的大批伤兵汇涌而进；骚乱中我侦查员混入其间，造成敌特勤兵真假难分。接着，双方追逐中遭遇，一阵对打，侦查员随担架逃遁……可以说，只有把人物推向危机旋涡，才能使他们经受考验，展现出智慧与才干，惟其如此，塑造的形象才会显得活灵活现，生动而新鲜。

再看卧底特工夏侯亮与特勤处长蓝上校的交手。他们之间的行动，一直处于监测与反监测的危机中。蓝上校为迫使鹿将军俯首就范，暗派保安团连副在半路劫持将军家眷，并在开枪现场对共军栽赃诬陷。夏侯亮冒着暴露身份的危险前往营救，从将军夫人口里获知其中阴谋。这段戏前后有两次枪战，前者是敌连副虚张声势，为劫人质制造谎言。后者是夏侯亮暗中与我侦察队配合，为捉拿疑犯、获取口供而大胆冒险。接下来他返回途中被蓝上校堵住，追问他夜晚为何外出？夏侯副官手握底牌锐气不减，同他展开唇枪舌剑的辩论。直到蓝上校阴谋败露，气急败坏，强行把对手扣押在司令房间。由此可见，枪战作为一种动作手段，只有和人物的命运紧密关联，制造的险境才令人揪心，翘首以盼；而一旦高招出现，化解凶险，人们又无不为智勇生辉的形象鼓掌赞叹！

我们拍这部影片，一个重要场面是海上激战。这场戏把全剧推向高潮，也是男女主人公夏侯亮和琴医生，同敌营对手鹿将军与蓝上校之间的命运对决和生死追讨。

从分镜头来看，这一大段情节分两条线：一条是，琴医生偕李副官为营救鹿将军的孩子，顶着枪林弹雨在凤凰山麓奔跑。而另一条，则是军港要塞舰艇出动，由蓝上校指挥海军官兵，在海上追逐夏侯亮裹挟鹿将军逃跑的快艇。拍枪战戏比较艰苦，也很麻烦。特别是每拍一个镜头，要重新压子弹，埋炸点，需要时间。而拍“背孩子逃跑”戏中，孩子一遍又一遍哭叫，女演员连连奔跑跌绊，加上硝烟弥漫，弹火飞蹿，我们很怕出危险。老实说，两天下来，每拍一条胶片大家都捏一把汗！

不过到了抢拍海上戏的时候，却格外顺利，为剧组始料不及——那天舰船出海，我们竟意外地迎来两个月内少见的碧海蓝天。这对于摄影而言，无疑会拍出十分理想的色调和画面。而且，北海舰队官兵配合周全，他们不仅领会拍摄要求，全力保障舰艇追逐的航速，还难得地换装参加枪战演出。一时间，海上舰船疾驰，浪花飞溅，枪弹爆响，烟尘弥漫……剧中敌我双方经过一番追逐、激战，最终以我特工把阴毒的敌手击毙，胜利地把搭载鹿将军的快艇驶向凤凰湾为终点，从而结束了这一蔚为壮观的场面。

1992 年春节过后，我们经过紧张地剪辑和录音，按预定计划完成影片，赴京送审。甚感庆幸，电影局认为这部枪战片叙事流畅，拍得精细，能吸引观众，给予了好评。而在它上映之后，不仅很快赚回了成本，还赢得了可观的利润。

十八、拍测绘兵短剧《情壮海崖》

进入 1992 年秋，随着国内经济冲浪放缓与电影发行体制改变，长影投资拍片已相当困难。为凑够年度制片指标及吸引社会资金投入，厂里尽量招来一些独立制片人，以购挂厂标形式应对困难局面。在窘境困扰下，一些主创人员纷纷外流，寻找可拍剧目与打拼空间。也正于这时，我在家乡为武陟县化肥厂制作宣传片期间，被一位军界朋友邀请到郑州解放军测绘学院。

这位朋友叫刁民，是测绘学院政治部副主任，10 年前他在北京总参测绘局任职，喜爱文艺创作。我拍《诱捕之后》时与他常有接触，交情不错。此时他向我推荐说表现当代测绘兵艰苦奋战是个好题材，希望能拍一部电视剧，约我与他合作。拍军事片我不陌生，且他答应提供创作条件，盛情之下我慨然应诺。开始，他把写好的剧稿拿给我看，读后感觉像是报道，缺乏故事，人物显得单薄。要充分展示测绘战士的精神风貌，必须充实素材，在艺术表现上进一步地提高。问题指出后，他坦承剧本存在缺憾，同意另起炉灶。为了拉我助阵并补充生活，他一个电话，打到了总参直属的天津红星测绘大队，以支持创作为由，提议去该队走访，了解这个被总部誉为测绘先进团队的光荣业绩与奋战历程，进而为塑造现代测绘兵形象物色原型。我们一致认定，要写出好剧本，深入生活是必由之路。然而走访前刁民囿于政务缠身，不能同行，他只好特邀一位女编辑东南清代他出征了。

走进天津红星队大院，迎接我们的是一群年轻而有文化的测绘兵。他们乐观活跃，谈笑风生，碰巧女编辑小东是将门之后，熟悉军营，善于沟通，于是很快与他们欢谈无忌，坦率交心。大家几乎像朋友唠家常那样，把自己从业的苦辣酸甜，拼搏历程，乃至于婚姻恋爱，遭遇的苦痛，毫不掩饰地一一道出，毫不脸红。他们甚至在抢话中还互相“揭发”，吹牛表功，使座谈会开得生动活泼，不时发出笑声！可以说这种走访我还少见，它让我真切地看到了现代军人的内心所向与真情实貌，那坦荡的胸怀，豪迈的情调，如果不是面对面直接感受，一般情况下很难捕捉得到。

有两个年轻人给人印象很深，一位姓唐，绰号唐老鸭。他道出的烦恼是，在经济大潮冲击下，社会大众日渐富裕，而测绘兵的奉献和待遇不成比例。比方说转战到城市，住所费每天 5 元，餐费 3.5 元，而吃一碗方便面就花 2.3 元，不够打理怎么办？再说，从义务兵到志愿兵一熬就是六七年，退役后想找工作何其难？可是作为测绘使命，国界疆界、军事坐标，烈日暴晒，冰山风啸，无不伴随他们或东奔西跑，或天涯海角。若不是有一种奉献精神在支撑，怎么能冲过艰难险阻，把一个个测绘任务圆满完成？另一个小伙儿叫李洪涛，已满 27 岁，他面对的是，若想和女友成婚，必须转业离队，人家不愿跟一个天天不见影的丈夫过日子。而他当测绘兵八年，很快就要提干，他是选择立即成家，还是继续服役求发展呢？还有另外几个“活宝”，像肩宽体棒、苦钻技术的 GPS 能手陈宏博，以及喜欢公关、东跑西窜的机灵鬼向海洋等。他们发自肺腑的心声，活灵活现的个性，在我的脑海里打下了深深的烙印，成为剧作揭示生活矛盾、塑造人物形象的重要引线和原型。

在生活中发现人的矛盾心理，进而捕捉其行为逻辑，这已是影视创作必定遵循的规律。经过两次来天津的访谈，我们在获得大量素材的基础上，打开想象，确立创意，开始通过情节构思，展开了对一群有追求、有技能并纯真可爱的测绘军人的描绘。应该说，选好剧作元素，是立创意、编故事的前提。那么，我们抓了些什么呢？一是，南海石油区——它既是剧中人勘制测绘控制网图的主攻点，也是外国人搜集情报的出没地。定点在这里，可以自由发挥，使情境紧张有趣。二是，特区驻地——城市生活的灯红酒绿与测绘兵的艰苦环境形成强烈对比，对展示人物的拼搏精神十分有利。三是，GPS 定点定位仪——这是测绘兵攻关征战的现代化武器，其机能与配件的好坏，既关系勘查的精度，也决定测绘任务的成败。四是，相逢与分手——主人公和女友相见甚难，而见面后又痛苦分离。由这一爱情命运演绎出的波澜，可以展现出不同的理想追求和生活价值观。五是，转业与升迁——复员转业或升迁，这是现代军人必须面对的课题，也是部队建制的特点。把新老三代测绘军人摆在一起，可以凸显现代测绘兵面对前途压力的矛盾心理和抉择之艰难，从而能揭示出他们挣脱窘惑后的壮美情怀与奉献宏愿。

要把众多剧作元素组合在一起，编出动人的故事，关键在于创造人物。于是我脑海里一下蹦出三个“宝贝”：唐老鸭——唐天涯，大公牛——牛大功和飞毛腿——毛向飞。他们号称红星测绘二队的“三剑客”，受命在南海石油区测绘控制网图。该大队是第一次采用 GPS 定位系统，乘测量船征战南海，一三四队进展缓慢，只有二队首战告捷，返航上岸。但欲速则不达，二队唐天涯等人由于 GPS 测量仪发生故障，测绘精度大打折扣，必须返工补救。于是引发了他们跑遍海口大街，寻找购置备件的门路；求购中，出现了唐老鸭与被疑为间谍的儿时同伴，现为某涉外器材公司代理蔚华的邂逅。在购置 GPS 器材的路上徜徉时，小唐还遇见了一直在等待他、寻找他，希望同他结婚成家的恋人孟霞，两人倾诉久别深情，但却无条件谈婚论嫁。在省城，“三剑客”从住所到商店，再到宾馆的来往奔波中，由于囊中羞涩而忍受了疲劳与饥饿，因而又引发了他们对待遇不公的不满。随着剧情展开，以唐天涯为主人公的情节线——比如他从蔚华那里获得器材帮助；他与孟霞之间的感情因距离拉大而挥泪分手；以及“三剑客”在卧病的老队长鼓舞下迎战沙洲岛礁，经过艰难拼搏，终于拿到了准确的勘测资料，等等。在一个个事件里，既包含了测绘兵的酸甜苦辣，也展现他们的攻关欢乐，剧作正是通过这群看似机灵淘气却肩负庄严使命的战士们的经历，宣扬了当代测绘军人那种情壮海崖的奉献精神与乐观情调。

这部剧属军旅题材，而军旅剧目更看重思想营养。当然这思想不是直白、图解，也不是说教，而是把思想化为形象，让人在情绪感染中获得有益的滋养。电视剧重视语言艺术，精彩的台词会留下烙印，能产生穿透力量。例如唐天涯、牛大功和毛向飞对生活待遇大发牢骚：“……碰上几个同学，搞开发，一个个财大气粗，活的挺潇洒。请我们吃顿饭，两千块都不算啥！可我们呢？吃两碗方便面，就是超标准。海上作业，吃不上菜，喝不上水，这能让人没想法吗？”大队长郑强回应道：“是啊，如今有人花上千元吃大餐，叫工作需要；而我们跑天涯海角啃凉馒头，习惯苦战苦熬。这该怎么看？小老弟，一个国家就像一个人，有脊梁，有手脚，也有肚皮。脊梁骨架硬，支撑全身。手脚要干活，很劳累。只有肚皮鼓鼓囊囊、吃饱喝足挺舒服。一个人，只要肚子不要脊梁行不行？他能挺起腰杆站得住吗？不能。人没有脊梁要瘫痪，国家没有脊梁受欺负，都想挺着肚子找舒服，谁当脊梁去受苦呢？”他接着又说，“当兵的价值不可能和享福画等号。我们的价值就是人民的责任，国家的使命，就是军帽上的五角星！”这种铿锵有力的语言出自生活，编不出来。它不仅生动形象，而且寓意深刻，闪光出彩。

经两个月写作修改，四集剧本完稿，由总参文化部审查通过。但投拍资金却煞费一番周折，最终想方设法筹措了30万元。这时我已搭建了摄制组，初步决定，外景点为海军舟山基地和改革开放的特区海南。待外景结束，拟返回郑州测绘学院，在校园里续拍有关场面。

监制人是总参文化部首长和测绘学院政委。带领剧组出征的是制片人杨永革，总参文化部干事，中校军衔。扮演唐天涯和蔚华的演员分别出自“上戏”和“中戏”，“三剑客”的另两个宝贝则来自空政话剧团。至于像服装、化妆、道具等辅助部门，杨干事一个口令，八一电影制片厂立刻派人支援。说来我和海军有缘，当我们剧组抵达舟山定海后，为保证10月中旬开拍，海军基地很快从宁波调来了快艇和航船。然而首战东海并不顺利，我们第一次乘船出动，便经历了一场意想不到的海上遇险。

出海前，杨干事拿来海图，告诉我，拍摄景点定在嵊泗海域的蛇岛，航进路程较远，可借机先拍些舱内镜头。但是不巧，有两个演员晕船，不适应几天海情拍不了。于是我只好先找来船长和摄像，把船舱的拍摄计划一一宣讲，便于双方配合，保证功效。航保船经6个小时颠簸，驶进蛇岛后下锚。我们实指望第二天风和日丽，抢拍“勘查沙洲岛礁”，不意后半夜狂风骤起，海面大浪涌来，令人发毛。早上一起床，杨干事便找我通报，说最近几天海况不佳，基地命令立即返航。“岛礁”那几场戏，只能挪到海南拍了。说话间全组人员已打包理件，由水兵保护上船。就在这时，惊险场面出现：狂风恶浪颠簸着橡皮艇，把挤上去的人颠得左摇右晃，很难靠近大船。特别是第一拨摆渡里有女助手小东，她身体纤弱，头晕胆怯，万一不慎落水，肯定被大浪吞没！情急之中杨干事眼疾手快，一把抱住小东的双臂，紧紧拉拽。待皮艇靠近船舷，他使尽全身气力，将她托举起来。仅仅几秒的时间，舷边的水兵伸手将这位小女子一抓，连拉带拖地救她上了甲板。望着这惊恐的瞬间，我们所有人被吓出一身冷汗！

返航途中，为抢回丢掉的时间，我们在海军舰员配合下，抓紧摆机布光，抢拍船舱。有些航保配角一时缺位，船长和指导员便纷纷自荐，踊跃参演，逗得全船官兵笑不拢嘴，拍出的效果竟出奇的真实自然。待夜幕降临，杨干事瞅大家一天劳累，于是同船长一商量，决定当晚停泊普陀山，领大家去参观。消息一报，全组雀跃！大家知道，普陀山属我国佛教名山。上有号称“海天佛国”的普济禅寺，是供奉南海观音的宝刹寺院。下船后，全组人员带着好奇与神往，在夜色中观瞻了寺院的多宝塔、观音碑和九龙殿。望着云游而来的善男信女，我们也有缘参与拜佛行列，以虔诚之姿点燃香火，跪拜在庄严慈祥的观音像前，为我们在海上脱险庆幸，为此后的海南远行祝愿。

拍完舟山外景之后，杨永革带剧组直飞海口。在这里，我们将通过摄像机来展现南海风貌和特区景观：要拍椰林庇荫的街道，豪华阔绰的写字楼，灯红酒绿的酒店和来客纷沓的宾馆。8 年前我来此拍《蓝鲸紧急出动》时，海口还显得荒疏穷困，而今，宽阔的大街车流如潮，高楼大厦鳞次栉比，繁华的景象令人炫目，整个市区充满生气与活力。然而，城市面貌的巨变，却给电视剧拍摄带来难题：制片部门去各景点联系，不论是饭店、酒家或写字楼，几乎都遭到冷遇。原因很简单，人家租借要高价，而剧组袋里拿不出钱。左磨右蹭好几天，景点定不下，大家愁得干瞪眼。可喜天无绝人之路，正在作难时刻，美工师左军拉来一位朋友，很快出现转机。他这位友人原是下海淘金的女子，曾在大东海游泳遇险，被左军搭救上岸。两人此时意外重逢，可谓有缘。此女子来海口已两年，认识不少旅游业老板。经她奔波走动，牵媒拉线，列入计划的豪华酒家、公司门面一个个被廉价租用，有的为推销宣传甚至不要钱。见到此情此景，制片人杨永革心绪顿然舒展。

在海南都会拍戏的一周，让剧组人员实实在在感受了测绘战士们遭遇的困窘。每天打理我们的是一餐餐盒饭，因菜价昂贵而难见星点鱼肉。大家眼望着靓女傍大款在酒家进进出出，贫富差距之悬殊令人难受。或许正是带着这种刺激，使演员在拍戏中不仅对情境加深了理解，其表演也随之有了更真实的感情流露。特别是拍摄全剧的最后场面——岛礁之战，可以说扮演者经历了一场难忘的熬煎。这个由舟山移来的景点，经几天寻找，最后定在文昌县海边。那里遍是椰林、沙滩，荒无人烟。剧组在这里买不到饮水，除随身带几块面包、咸菜，根本吃不上热饭。加之头顶上烈日暴晒，脚底下热沙滚烫，我们每拍一组镜头，都要同毒火般的太阳较量。仅仅两天的沙洲滚爬，不少人的脸已晒成了猴麻花！好在刚一停机，便迎来一场瓢泼大雨，尽管有人着凉打喷嚏，可当大家看到已胜利拿下的海南外景时，艰辛的滋味就变成记忆了。

尽管我们拍的是电视剧素材，但整个摄制过程，我却严格按照拍电影那样对待。二者显著的差别是，前者叙事松散，含水量大；而后者要求结构紧凑，浓缩故事精华。而且电影画面讲究构图，重视光调，不像电视剧镜头多显粗糙。在后期制作中，我特别钦佩杨干事的调度才能。他熟悉业务，不仅快捷地安排最好机房，又从容组织配音并拉来名角杭天琪、蔡国庆录制歌唱。在我们经过努力，将这部冠名《情壮海崖》的电视剧完成以后，中央电视台选在八一建军节佳期播映，不久还荣获了解放军文化艺术创作的奖项。

十九、国殇留影：《血洒江阴》

在20世纪末中国电影业急剧转型的年代，我作为一名创作者，不仅面临制片投资短缺的困扰，同时也难得碰上可心的选材。运气往往在偶然间出现，当我结束《情壮海崖》的拍摄，在家选读小说的时候，1994年秋的一天，编辑王晓莲找我，称福建有一位民间投资人，手中有钱，攒了一个剧本《海军上将陈绍宽》，因涉及舰船，投拍遇到困难。她说您拍海军题材有经验，肯不肯担当导演？在我得知她受这位朋友之托，想表现抗战之初“江阴沉船”的重大历史事件时，不禁悄然动心，于是回答她：“首先我要看剧本。本子成立是关键。至于怎样来拍，需要哪些条件，一切等剧作确定后再谈。”晓莲赞同我的意见，经电话联系，她很快陪我飞往福州，与制片人见面。

说来别致，抵达福建一打听，没想到这里竟冒出许多家投身影视的皮包公司。迎接我的制片人叫陈则明，30岁面貌，话语不多，颇有头脑。他对已故原国民党海军上将、后为全国政协委员的陈绍宽家乡很熟悉。那里乡亲鼓动他投拍纪念陈绍宽的影视剧，积极帮他筹措资金。他先找来一个人写剧本，初稿被他否定。接着他又花钱请来一位作家，写出的本子还是不满意。他把各稿拿给我看，声称这个题材写不好不拍，要拍就拍得壮观好看，让他们公司也露露脸。他的想法我感到新奇，没想到个体制片商还如此有眼力！我问他：你究竟想拍海军上将陈绍宽的一生？还是集中描写他为阻挡日寇“沉船江阴要塞”这一段？他不苟言笑地回应道：“大概剧本失败就在于贪大求全吧？如果华导有高招，我宁愿推倒重来，另起炉灶。我不在乎什么作家改稿，浪费多少酬劳！”他的想法对头，说明对创作有要求。他敢于撑腰，我的顾虑很快打消。之后，我统揽有关素材，观察到，陈绍宽生平最精彩的一段，便是他指挥抗击日寇的“江阴阻击战”。只有集中篇幅围绕“要塞沉船”这一历史事件展开故事，这部电视剧的主题才有意义，也才可能拍得紧张好看。

为深入开掘这一题材，我反复查阅史料，了解“江阴沉船”的来龙去脉。详情是：1937 年七七事变后，日本海军第二舰队旗舰“出云号”开进上海黄浦江。其下属的第十战队和第五水雷战队，相继开赴长江口和华南沿海伺机而动。当年 8 月 6 日，国民政府召开国防会议，蒋介石批准海军部长陈绍宽提出的“构筑江阴水下封锁线计划”，决定用沉船来堵塞长江江阴段航道，以阻止日军沿长江西进，并准备歼灭已进入长江中游的日本军舰。但是这一军事机密，竟被时任行政院机要秘书的内奸黄浚泄露给敌寇。8 月 10 日黎明，日本万吨级旗舰“八重山号”及泊于汉口的近 20 艘日舰，匆匆逃往淞沪长江口。而此时集结于湖口的国民党海军，因未接到开火命令，眼睁睁看着敌舰逃之夭夭。事后，黄浚及其在外交部任职的儿子黄晟，被判为卖国罪，处以死刑。

尽管“瓮中捉鳖”的目的没达到，但阻止日舰沿长江西犯的计划仍须进行。陈绍宽令海军一面抓紧征集商船，对长江江面进行封锁；一面紧急拆除江阴以下江面助航的灯塔、灯标。与此同时，海军主力第一和第二舰队，计 20 余艘战舰驻防于江阴要塞，配合陆军拱卫南京。而日寇方面，也紧锣密鼓地加紧集结。至 8 月 11 日中午，日海军“由良号”等六艘巡洋舰相继侵入吴淞口。当晚又有 10 艘驱逐舰和鱼雷舰，鱼贯进犯黄浦江。加之弹火频袭，敌机盘空，战争阴云越来越浓，局势十分严峻。

8 月 11 日晚，蒋介石电令陈绍宽“立即实施沉船封江计划”。陈绍宽接电后，赶至南京江面登舰，午夜抵达江阴，与已在那里等候待沉的旧军舰及征集来的商船会合。当这位海军部长检查完沉船的各项准备后，含泪宣布了封江令。预定的“水下封锁线”为两道：江阴长山脚至长江北岸的罗家桥港，以沉没旧军舰为主；北漕航道福姜沙江面，将沉没大小商船。8 月 12 日中午，曾在甲午海战中卓负盛誉的“通济号”等 7 艘旧军舰，在敌忾同仇的氛围中陆续自沉。遥与相望，从招商局和民营公司征集来的 21 艘大小商船，也各按指定位置悲壮沉江！——这动人心魄的一幕，显示了中华民族抗击日寇侵略的豪壮气概，影视剧有义务把这一可歌可泣的光辉史章留记下来。

透过悲壮感人的历史事件，表现海军上将陈绍宽的忠勇爱国精神和他与全国民众众志成城的抗敌意志与气节，不论对结构故事或刻画人物而言，都具备足够的彰显力量和艺术内涵，几乎不用雕凿虚构，便可描画出真实动人的历史画卷。遗憾的是前两稿剧本游离中心事件，编造过多枝蔓，人物塑造主次不分，缺少生动情节和感人场面。唯其如此，我拟定再次创作，必须围绕主角陈绍宽的独特军事作为来调整结构，以“淞沪危机”“请缨调船”“要塞阻击”和“大江悲沉”四大段，充分展现淞沪抗战前的险情，置主人公于临危受命之中。随之推进，表现他在调集商船时与各界民众同仇敌忾，共赴国难，进而描绘他迎着敌寇的炮火与轰炸，在江阴要塞的茫茫江面上，饱含悲愤地指挥数十艘战舰与民船下水沉没的感人场景。我重新拿出的剧作，力图把民族危亡时刻的抗日将领和民众描画得顶天立地，把那种共赴国难的大无畏情怀宣扬得气壮山河！

20 天后，以《血洒江阴》定名的新剧本完成。陈则明看了我改后的剧本，赞声连连，评价了三个字：很专业。而我却提醒他问题所在：如“大江悲沉”作为全剧高潮场面，剧本写是写了，怎么拍呢？时下若想在江阴调集舰船拍摄，绝无可能。即便是临时租借，小成本制作也拿不出几个钱，更不允许把船只沉在江里边。此其一。其二，此剧格调凝重，要想拍出时代感，必须杜绝草台表演。那么，制片人准备花多少钱去请专业演员？其三，电视剧拍出后挂谁家台标？在哪里播映？制片方对此有何定见？陈则明面对我的提问，一时哑然。显而易见，像他这样的非专业人士，只知拍片赚钱争名誉，对于摄制工作的种种难题，不会想得太具体。而他一经我的点拨，显得茫然无措。于是说：“我现在全靠您了。您是导演，有经验，说怎么干就怎么干！只要能把片子拍好，您说声需要，我就拿钱！”嘿，他倒挺痛快，坦诚授权。或许这是他对我的信赖，也或许是不太懂行的制片人的特点。

制片人委我以重任，我当然会尽力尽心。在建立摄制组之前，我主动帮他做了三件事：一是我奔赴上海，邀请到著名演员金安歌来扮演陈绍宽。老金时任上海儿童剧院院长，曾在电影《西安事变》中扮演张学良。他此时正愁没有好戏演，听我讲了故事，欣然同意登场。二是我去南京采景的途中下车，直扑江阴探访，没经任何人介绍，闯进市委大门，会见了宣传部长。对方听了我对《血洒江阴》剧目行将投拍的一番宣讲，不仅热情支持，而且还特意邀来文化局长，就外景协作、资金赞助等事宜做了具体商量。三是抵达南京后，我通过江苏电视台的同学吴志弘，约见了他们的电视剧部主任陈小航。双方经过洽谈，他们同意出资5万元，参与此剧合拍，并拟议以江苏台台标对外播映。而且他们还将协助拍摄南京外景，连后期制作的机房也可以提供。陈则明听到以上消息，不仅欣喜感动，而且信心倍增。

《血洒江阴》虽然是一部四集短剧，照我追求的目标，却依然要按电影要求那样拍摄。为了保证画面质量，我特别从长影邀来摄影师董印德担任摄像。他拍过著名电视剧《武则天》，有很好的技艺素养。演员阵容也很强：在金安歌之外，扮演二号人物舰队司令季良的演员宁晓志，与饰陈绍宽副官的侯勇，以及演水手长的陈国典，都是南京前线话剧团的台柱，日后均在多部影视剧中显赫亮相。扮演蒋介石的演员许道临，为广大观众熟悉，其形象俨然是中年老蒋。出于乡土朋友情谊，陈则明召唤而来的化妆、道具等人员，大都来自福建电影制片厂。

电视剧开拍前夕，一个棘手难题不容回避，这就是：陈绍宽要率领海军将士在军舰上活动与迎战，小小民间摄制组，不可能向军委报军事计划调来舰船，这该怎么办？或许我小看了陈则明，没想到他还真有办法。这位制片人借助特殊关系，直接找到福州军区作战处的上级。他开展公关活动，很快报来喜讯，告诉我：军区同意剧组进入马尾军港，可以利用十一节假休班，以参访军训演练名义登舰拍摄。不过时间就给两天，避免违规惹麻烦。至此，军舰是解决了，可是我问：在舰上开火用的枪弹呢？陈则明掉头一转，拎着钱，直奔福建电影制片厂。他从那里不仅搞来拍摄专用的道具枪弹，制片厂还配给他一位烟火员。

各方准备停当，剧组如期在马尾港登舰开机，抢拍紧张而有序。回顾当时的情景，演员表演充满激情，摄像照明动作如风，各部门配合精心到位，拍出的战场氛围雄浑凝重。特别在沉船前“祭江”那场戏中，陈绍宽身着戎装，带领众水兵列排在军舰上。他望着乌云遮盖的江面，饱含悲痛，将一把把纸钱撒向江水，祭奠甲午海战壮志未酬的英烈，激发全舰官兵誓与敌寇决一死战的豪情。金安歌在表演中，以岳飞的《满江红》来激荡胸臆，热血沸腾，眉宇紧锁，闪闪点珠的泪花，霎时把满腹的国家仇、民族恨吐露出来，让在场的人们无不为之动容。

陈绍宽与世交的师妹商议租用商船几场戏，均安排在其宅邸内景。此景点选定在福州“林则徐纪念馆”，那里府第雅致，古色古香，拍出的环境与人物形影如画，时代感强，从亲情角度表达了这位海军战将的报国向往。剧组转景到南京之后，由江苏台协助，在旅游胜景“美龄宫”摆开机位，顺利完成了“蒋介石官邸”“海军部会议厅”等重场戏的拍摄。其间，气氛营造威严紧张，演员表演自然流畅。直到我们把南京中华门、玄武湖等过场和街景的镜头拍完，剧组的摄像机才打包装箱。

陈则明作为一个民间制片人，我佩服他的精明。早在军港外景拍摄中，他便在福州找好善做模型的能工巧匠，根据战舰史料的提供，按摄像提出的比例要求，很快把十几艘大小不等的特技舰船制作完工。而且在结束海上任务之前，他带我们找到一个湖面，按镜头需求将舰船模型摆放下水，然后点放烟火，由摄像师采用铺轨移动的老办法，先拍出军舰沿江驰进的效果，再徐徐拍下一艘艘舰船落水沉没。这种土特技拍出的意境，虽然与电影特技不能相比，但就一部成本低廉的电视剧而言，能在屏幕上见到舰船浩瀚的影像场面，还真的表现得不错！至于敌机盘空、俯冲轰炸等镜头，因难以找到资料，陈则明便委托我回到长影，约请特技美工，赶制飞机模型，并以熟练的操作技术把有关画面一一拍成，为圆满地完成全剧素材提供了保证。

我们的后期剪辑和录音等制作，都安排在江苏电视台进行，许多难题得以解决，都多亏热心相助的好友吴志弘和电视部的女将周南征。还有录音师张晓钢，把这部电视剧一直视为是用磁片在拍电影。他在录台词时一丝不苟，精益求精，合作情谊令我感动。由他推荐我的作曲，谱写的音乐旋律优美，悲壮动听，气势恢宏地抒发了抗战将士赴汤蹈火的炽烈深情。在这部电视剧叠上字幕制作完成后，民间与省台的两位制片人均表示满意，庆幸获取成功。而当我和周南征代表江苏台赴江阴奉送 DVD 盒带时，市委领导连夜观看，之后发出感叹："江阴阻击战悲壮沉船，驰名中外，今天总算有影像记载了！"

二十、拍青春片《毕业交响曲》

一

一种途茫失望的忧伤，驱使我忿离长影而去，尔后在迁居北京的日子里，开始酝酿创作我的最后一部影片：《毕业交响曲》。

我从1992年拍完影片《枪访要塞》之后穿插两部电视短剧，3年间没有再拍电影。这一期间，原长影厂长阎敏军已届满离厂，调至中央电视台为筹建电影频道奔忙。长影这个被誉为“新中国电影摇篮”的地方频频摇晃，出现震荡。我作为一名有36年工龄的老职工，对现状失望之余，只能愤然出走。

好在北京有老伴儿家的故园，已重修建。因其宅位距清华、北大不远，我独住期间，常常骑车跑进校园图书馆阅览。这年恰逢开春，京城各大学的人才招聘会接连不断，这让我初次见识了20世纪90年代末大学生应聘难的种种景观。从招聘场馆归来，我难以平静，浮想联翩，思考着能否对当代大学毕业生题材进行开掘，创作出一部反映改革开放后教育战线面貌改变的新影片。

萌生了创作意愿，却感到动手困难。因为我必须从零起步，先走进高校，为积累创作素材寻访体验。其次，教育部门有关高校毕业生现行的就业政策，必须在剧作中体现，因此，争取国家教委对这一创作的支持，甚为关键。其三，考虑到即使剧本写完，指望长影出资投拍，怕已困难，故而还必须在深入走访与争取教委支持中，寻求资金渠道，为摄制此影片创造条件。1996 年春末，当我把创作意向告知我的好友——已出任厂总编室主任的王霆钧时，他立刻说：这个题材很好，我可以帮你牵线搭桥。他告诉我，他中学时代的一位老师贾玉亭，是国家教委高校毕业生就业指导中心的负责人。他可以打电话请他协助，希望我与他联系后明确启动步骤。

根据就业指导中心贾主任的建议，我给国家教委主任朱开轩写了一封信。信中讲明当前高校毕业生就业面临挑战，这类故事近年少见，我想就这个题材创作一部影片。为此希望得到国家教委的支持，并恳请在深入各大院校走访及专业咨询上给予方便。不几天，朱主任的批示便下达到学生司。接着，由学生司牵头，就业指导中心配合，同我一起拟定了工作计划，并委派陈宏舟以特邀编辑身份，具体协助我下院校深入生活。

二

我选择的目标，主要是大学工科。我认为，了解工科毕业生的择业表现，对于洞察我国改革开放进程中大学生的价值取向和他们波动变化的择业观，画出的形象更具时代感。为此，我先后走访了清华大学、北京理工大学、北京科技大学以及北京大学等重点高校，和各校的学生处、招聘办人员，包括他们推荐的有代表性的老师、同学，就应届毕业生应聘中的各种心态、遭遇，乃至曲折的故事，进行了多次采访与座谈。

不过令我苦恼的是，这种采访式的了解生活，尽管也搜集到一些应届毕业生择业中的经历、坎坷或片断，但作为素材，却显得浮面而零散，不足以结构故事，也很难打开刻画人物的想象空间。比如，当时北京高校毕业生一个普遍心态是“宁要北京一张床，不要外地一套房”；不少同学向往沿海大都会，不愿到边疆挥洒汗水。在他们看来，若想高工资，有作为，只有到大城市有机会。如果找工作奔向内地城镇，得来的不是荒废与失意，便是封闭和穷困。因此，一时间形成了“宁肯拥挤独木桥，不肯边远寻大道”的景象。但说来说去，这些大都是一些生活现象：共性遭遇很多，个人命运稀见，独特性格极少，概念面孔普遍。这对于剧本构思与形象塑造而言，可以说相当困难。

怎么办？看来欲速则不达，必须沉下心来，深入底层，直接与同学们沟通、交谈。于是由陈宏舟策动，我和他在就业指导中心贾主任支持下，决定离开北京，奔赴我国西北一些院校和厂矿，对那里行将应聘，或已经就业的大学生们的生活面，全方位进行走访。

我们的第一站是西安交大。这个在西北闻名遐迩的学府，同上海交通大学一样，为我国工业战线输送了不少优秀人才。恰巧这里有陈宏舟四川家乡的一些同学，而且也正赶上该校应届毕业生忙着应聘，寻找工作，这就使我们的接触访谈亲近随便，气氛融和。而且让我们感受最深的是，这里的大学生淳朴实在，谈吐真诚，没有京城某些学子那样的浮躁之风。

交谈中，我们偶然听到这样一件事情：4 年前，有一位青年企业家曾致函西安交大，愿为一位刚入学的特困生提供学费，条件是他的姓名必须对所选对象严格保密，以成全其美。如今这位同学即将毕业，几次三番含泪请求学校，告诉他这位恩人的姓名。而学校领导恪守承诺，没有答应。于是他先是四处打听，接着又利用假期，寻访好心人的踪影，很想告知 4 年来在他的激励下，自己如何勤奋攻读、省吃俭用，最后被评为一名优秀生。这一来自真实生活的素材，对我有很大触动。尽管前因后果显得朦胧，故事也不大完整，但对于塑造未来女主人公形象而言，我感觉已隐约捕捉到雏形。

通常创作中，寻找素材犹如沙里淘金，不下大力气、深功夫，很难获得珍品。在我的记忆里，来西安交大，仿佛刚打开想象闸门，它促使我必须伸进一步，集中关注当代大学生在择业道路上碰到的各种心理曲折和摇摆不定的命运。于是我们继续西行，走访了兰州大学和白银厂，试图看一看在艰苦荒凉的条件下，行将择业和已经就业的毕业生们的模样。

在兰大与同学们谈心，还听到一则新闻：一位学计算机专业的高材生，被广州一家大企业录用，工资可观，环境优越，为许多同届毕业生所羡慕。但他家里小妹妹的一封来信，却促使他毫不犹豫地改变了初衷，和另一位赴甘肃镍都的就业者对调了工作。原因是，他上 4 年大学的经济来源，全靠小妹给人当保姆打工。毕业前一个月，他母亲突然去世，妹妹为了哥哥顺利就业，一直瞒着而未惊动他。他见信后痛哭流涕，大放悲声，决意忍痛割爱，再也不愿让小妹妹为自己做出牺牲……这个故事，我们听了很动心。我想，如果把它和西安交大的素材连接起来，挖掘患难亲情，岂不是可以扩展更丰富的情节内容吗？

来到白银厂，我们却看到另一番奇特景象：这家大跃进年代上马的有色冶金企业，在改革开放之后，听不到冶炼的隆隆机器响，也不见大干快上的气象，掠入眼帘的，却是全厂上下忙着治理环境，为新老职工加紧盖房的景象。

我问陪同的技术员，这是为什么？他笑道："孔雀东南飞，形势逼人呗！边塞再不改善条件，人才流失不算，今后谁还敢来呀？"于是在同科技人员座谈中，更听到了不少震撼之声。他们说：不是我们叫苦，在边疆干事业，有许多事叫人寒心。20世纪50年代我们风华正茂，响应号召，唱着毕业歌，为边疆建设来支援，怀着一颗火热的心想大干一番。大家越冰川，走峡谷，找矿进山，炉前冶炼，被称为建设社会主义的游击队员。我们献了青春献终身，献了终身献子孙，贡献不算小吧？可是如今老哥们儿已满头白发，眼看就要退役，居然连妥善安置都成了问题！

还有的工程师尖锐地指出：人人讲西北地大物博，矿藏丰富，可是现在有不少地质队缺资金，没活儿干，抱着金饭碗没有饭。而某些地方野矿，掠夺开采，管理混乱，大把大把地捞钱。不少国字号公司用人，论资排辈，搞近亲联姻，大力培植子弟兵。某些当官的为谋私利，宁可安插没有文化的大舅哥、小姨子，也不肯提拔有能力的大学生和年轻人，这能叫人安心吗？

他们的话让我心里发沉！我不由得扪心自问，为什么当今大学生一股脑儿向沿海大城市拥挤，又为什么他们对远赴边疆封闭胸襟？看来这许多疑问，只有深入到生活沟底，才能发现隐藏其间的深层矛盾。

不过和白银厂领导座谈，也有新的发现。一位副厂长告诉我，高工流失的沉痛教训，迫使厂里改变观念。那就是，白银厂要想重现雄威，名震海外，必须想方设法留住人才，吸纳人才，让业务骨干感受到对他们的温暖和关怀。出路只有一条，破除陈规旧章，大刀阔斧改革，让贡献和待遇挂钩，调整用人政策。比如新招来的大学生，可优先安排项目，发挥他的才能。再根据各人表现，或增加劳务补贴，或职务提前晋升。包括住房待遇，得改改排队老规矩，应该利用一切优惠，增加对精英人才的吸引力。如今你看，政策一变，立马灵验，今年招聘办去西安高校一宣传，我们的招工指标很快完成！

在开发生活矿藏中，从发现主题到表现主题，进而深化主题，这必是一个内心体验和反复认识过程。它不能一蹴而就，要经过筛选、沉淀和提炼，由情感触动而达到概括集中。

记得有一次，我同清华大学余寿文副校长交谈，他告诉我一则新闻：不久前，日本教师团来华参观，登上天安门。他们指着金水桥外的景色，让他们带领的孩子们来数数，看看一分钟之内，有多少辆日本公司汽车通过长安街……我听了大为震动，它刺痛了我们民族感情的神经！心想，像这样能激发大学生责任感和使命感的刺激，何不将它溶入电影情节呢？后来，在走访老教授时，他们都提起当年看电影《桃李劫》听毕业歌受到的感动，因为它唱出了挽救民族危亡、担负国家责任的心声。这声音扩展了强烈的爱国主义精神，也使我对作品主题的认识更趋清晰。

三

观察社会矛盾，提炼戏剧冲突，一直被认为是剧本创作的基本功。回顾20世纪90年代，我国电影创作在吸取西方电影文化滋养之后，“生活流”“意识流”一类的表现方法，曾对电影文本更加真实地再现生活状态，摒弃“戏剧化”模式，给予了强力推动，并产生良好的视觉效应。但这并不意味着因此而否定“戏剧性冲突”的作用。从美学意义讲，黑格尔主张的“冲突律”，对于透察生活现象，揭示其矛盾本质，有其表达深刻思想的艺术功能，即他所谓“艺术的灵魂和生命”。也正是缘于此，现实主义的文艺家才普遍摒弃自然主义，而积极推崇创造典型。

不可否认，强调思想内容，必须和表现形式相辅相成。比如说运用全新的电影语言，创出别开生面的造型，以及倡导独具个性的风格，和独出心裁的技巧，无疑是当代电影改变陈旧手法的一种提高。但遗憾的是，近年来某些膜拜好莱坞的大腕儿们，吹捧技巧达到极致，以至盲目地走向唯美主义，轻视内容，迷恋形式，不仅使影片丧失观众渴求的思想营养，也从而淹没了作品的美学价值。唯其如此，当我通过走访，发现新老大学生在择业与就业过程中潜藏着深刻的社会矛盾时，灵感豁然洞开，意识到未来影片必须触及择业难的深层障碍。这障碍既有体制转型中的缺失，也有经济大潮冲击下被扭曲的心态。所以在考虑表现形式之前，我首先想到的是，我们筛选素材时，只有把关注点集中于社会冲突和个人命运，并抓住联结二者的纽带，以此来支撑形象画面，剧作的社会意义和美学内涵才可能在潜移默化中显示出来。

不错，由大量素材发现主题，确立创意，紧接着就要构思情节，编织故事，把精彩的内容装进叙事的篮框里。那么，我是怎样来创立本剧故事的架构呢？

——几年的大学生活，使梁映霞和路云涛成为形影不离的恋人。即将毕业，面临抉择，一心留校考研的路云涛，迎接女友从塞北实习归来，告诉她，眼下留京的名额，竞争激烈。部属的科研所、设计院已人满为患，要想留在北京求发展，只能降低应聘门槛。品学兼优的梁映霞，既不愿留京充当边角料，放弃所学的冶金专业，又不忍离开恋人，到外地求职飘泊。一时间面对何去何从，使她陷入烦恼，不知如何是好。

西北镍都一位女总工，带病来到北京有色冶金公司要人，为的是要把一个重要项目推上去。梁映霞偶然闻讯，拨动了她回西北家乡创业的心。但此举立刻招致男友的反对，表示绝不愿跟随她到边塞喝沙子面去。路云涛的恶语虽然触伤了女友，但在恋情牵动中，她还是顺从了男友“曲线回京”的建议，随同学奔赴广州著名的“博洁”化工产品公司去应聘。不过，她高高的期望值，换来的却是事与愿违，因为这种外企体制，大大限制她才能的发挥。招聘后虽被录用，但一察觉专业贬值，竟带着失望心情，毅然弃穗而返京！

回到母校，白发教授有一批重要资料，委托小梁飞送镍都。在辗转交付的过程中，她得知即将见面的女总工蔚华，原来是她多年寻找、曾暗中资助她求学的大恩人。而且在相见时，这位隐姓名埋名的大姐因操劳过度，已俯卧病榻，奄奄一息！惊愕，感恩，落泪，痛心……面对这位20世纪50年代献身西北稀有金属开发大业的科技勇士，梁映霞揪心愧赧之余，放眼镍都景象日新月异，决意秉承蔚华宏愿，回西部家乡扎根，从而为报效祖国施展身手，拼力奋进。而她的男友路云涛考研落榜之后，在颠簸彷徨中觉醒，随之也踏上了开发西北的征程……

四

回到北京，仅一个月，我便以《毕业歌》为片名，把剧本初稿写成。我先拿给陈宏舟看，希望能获得初步肯定。不料这位特邀编辑好话不多，送给我的，大半是坦率的批评。他开门见山地指出："老导演你观念太旧，还不真正了解今天的大学生。在我看来，剧本描画的人物，还停留在20世纪五六十年代的校园水平，既缺少经济大潮冲击下那种利禄泛起的浮躁，也少见那些自命不凡的'精英们'奇思怪想的喧叫。坦白说，初稿显得老气横秋，一点不新鲜活泼。以我之见，这影片要想获得大学生的青睐，一定得更换他们现在的精神状态，把您习惯的老传统情调改一改！"

我听了脑袋嗡的一声，有点发懵！没想到这位刚走出大学门的年轻人，说话竟如此不留情。待我沉静几天后，渐渐清醒，意识到这种失误并不奇怪，它源于自己脱胎的年代。我必须承认自己守旧，对校园生活缺乏新鲜感受。正由于观念上有落差，才导致我没能以全新的想象，鲜亮的色彩，勾画出社会大变革中新一代学子们早已变化了的神态和风采。

认真说，创作上没有颠簸，不可能写出良作。著名电影剧作家林杉在回顾《上甘岭》剧本创作中，详细讲述了他遭遇的坎坷。记得他曾这样总结自己的写作过程，大体是：深入生活，产生冲动，酝酿构思，初稿形成；初感杂满肤浅，转而伏案沉痛；跃身自我摆脱，颠覆另辟新径，几经剪裁反复，提炼概括集中，重在塑造形象，升华才获成功。他感慨地说，"上甘岭"的战斗生活太丰富、太动人了。只有冲动而无沉思，只能写出事件的一般过程和人物的表面特征，它画不出人的精神美感，不能冲击观众的心灵。而只有摆脱初级冲动，进而深刻地去理解人，观察英雄们的忘我精神，并精确地找到感人事件的核心，从而依据生活规律与行为逻辑，活画出他们情操中最真最美的神韵，作品才能获得生命。他这些发自肺腑之言，不啻为学步后生的座右铭。遵循他的引导，我面对被讥为"老气横秋"的初稿，不得不也来一个"自我摆脱"，继而在重新步入校园的体验中，再次观察新一代骄子们的音容笑貌，透视他们择业中的奇思怪想与内心烦恼，然后再对全剧调整作出新的思考。

勇于摆脱，二次生活，在构思调整中立刻产生效果。我通过在清华食堂和同学们一次次就餐，欢谈，在大学文艺活动中心纵情交流，观看排练，很快，各种朗朗的笑声，激烈的争辩，伴随着一张张青春焕发的面孔，闪现在眼前。于是，一群朝气蓬勃的人物应运而生，如：和女主角梁映霞如影随形的女伴，活泼、洒脱的“小灵鸟”刘柏灵；跟在路云涛身边转、快嘴快舌好争辩的“小鬼才”孟超人；牢骚满腹、投往乡镇企业的采矿系“大炮”孙坦克；头脑清晰、讲求实际、选择军工基地的“男中音”田家川；以及虎头虎脑、智商不高、走偏门下海的“小熊猫”熊毛毛……有了这群活宝的聚集，剧本豁然漫洒出青春气息，它不仅增浓了男女主人公的活跃色彩，也平添了大学校园里的戏谑机趣。无形中，忧郁换喜悦，老气变朝气，鲜活流动的时代生活画面赫然清晰……

五

这年7月间，我把剧本改完，寄给长影总编室主任王霆钧看。过了很多天，因一直得不到消息，我便打电话到厂里。霆钧告诉我：“剧本《毕业歌》厂领导都看了，认为不错。只是马上投产有困难，厂长兜里没有钱，所以我没法回信谈。不过你别急，李厂长就要去电影局开会，拍摄资金，他或许能向上面争取争取!”但是我心里很着急。我担心的是，眼看暑假来临，招聘会外景在即，生怕错过北京现成的好机会。不过，心急吃不了热豆腐，没有资金投入，怀揣剧本也只好干等喽!

等就等吧，眼下电影业不景气，拍成拍不成全靠资金说话。然而一等就是一个月，陈宏舟好心催问，我无法回答。

就在我憋在家里以浇花种草解闷的时候，一天，电话铃突响，我赶快接听，没想到，来电话的竟是广播电影电视部新上任的赵实副部长。这位原是长影的同行，转业从政，年富力强，仅仅几年，便从厂党委书记位置调到团中央。又经历练，调广电部主管电影。听说她到部里依然亲近随和，没有架哄哄的当官模样。我一听笑语便同她开玩笑："你行啊，赵大部长，你现在坐的交椅，原是夏衍、陈荒煤的位置，我盼你像他们一样，把中国电影推向辉煌啊！"她连连自谦。寒暄过后，她说起正经事："您那个《毕业歌》剧本，我在北戴河看了，题材不错，几个人物写得也活。这个主题社会很关注，您得抓紧拍出来呀！"我听清来意，顿时欣喜，马上叫苦道："唉，巧媳妇难做无米炊，厂里没有钱，怎么拍啊？"她当即安慰道："给你透个消息，部里每年拨给电影一笔专款，以预贷方式支持重点影片。你回头请长影厂写个报告，电影局会根据剧本情况报批的！"显然，这既是推动，又是关心，正是在赵部长履新开路的关键时刻，厂里经过一番必要程序，终于解决了这部戏的拍摄资金问题。

令人不解的是，我已过天命之年，还跃跃欲试来拍青春片，能拍得好看吗？作为老牌大学生的我，别人怎么看，我不管，反正这样的题材我喜欢。坦白说，我并不想以过去的体验，去重复表现《年轻的一代》中肖继业式的人物，但望着在时代变革、民族振兴，国家需要栋梁人才挑起重担的时刻，不少年轻的大学生看重自我，患得患失，以短视目光来择取自身价值，我不能不为他们感叹，更有责任援引他们在奔向广阔施才空间的同时，向他们发出成才报国的呼唤！正基于这样的心愿，我为刚刚成立的摄制组，写出一个简要的导演阐述：

故事蕴含一个主旨：成才报国。

本片想说两句话：一句是，年轻的大学毕业生们，当你们在选择职业和个人前途的时候，是否也应该同时考虑到国家的前途和民族的振兴？另一句是，用人单位的同志们，在当前人才走向市场化的时刻，你们是否应该转变观念，改革机制，"栽好梧桐树，引来金凤凰"，以政策优势把优秀人才招引过来？

本片作为反映我国高等教育改革，展现老中青三代知识分子为祖国富强建功立业崭新风貌的作品，它应透过形象投射出多角度的社会信息，输送出丰富的思想含量。由此——

1. 要借助场面、景色和细节，充分展现我国社会变革、蓬勃发展的时代面貌和时代特征。

2. 应深刻揭示大学校园和工业战线内外，人们的价值观、择业取向及用人标准正在发生巨大变化，呈现强烈冲突。

3. 侧重表现新老两代学子由于经历不同，环境差异所必然产生的社会代沟与时代印记。

4. 还要展示出由于经济发展不平衡，东西部地区的明显落差，对新一代大学生产生的心理影响和创业激励。

5. 要尽力宣扬全社会在为国家富强、民族振兴的奋斗中，对进取精神和真善美情操的热情激励与呼唤！

6. 本剧以塑造好梁映霞、蔚华、严教授三代大学生形象为主要目标，并且以他们唱出三支不同时代的毕业歌贯穿全片。“竞争论”“脊梁论”和“沉浮论”是支撑本剧主题思想的三根立柱。而“专业取向”与“弹性人才”则是展开冲突思辨的核心。

7. 以雄健清新的风格拍出校园生活的逼真性和文化氛围，以斑驳多彩的色调再现当代大学生们的独特个性和生活情趣，从而提高影片的艺术品位。

影片投拍，季节是摄制组面临的最大难点。本来，毕业分配、学生应聘是在春天，而如今开机已过深秋，抢拍外景将冒很大风险。一旦寒流袭来，秋风扫落叶，不仅拍不到绿叶、春色，很可能拍了一半，废掉全部样片！加上女主角更换人选，又涉及北京、甘肃、广州等景点，可以想象，剧组将要闯过多少难关？

然而就在此刻，清华、北工大等首都高校，在国家教委的统筹组织下，全力以赴，热情参与，以最快速度抢拍了毕业典礼和校园景色。中国有色冶金总公司和甘肃镍都上下，也提供条件，慷慨协助，终使我们在一个月内，不断逢凶化吉，闯过险阻，如愿地拿下了全部外景镜头！

在后期制作阶段，为把影片做得精细，强化情绪感染力，我们特别感谢作曲家云华，他在很短的时间里，以饱满的热情，为全片谱写了动听的音乐和歌曲。当大家在银幕上看到第一拷贝时，这部重新定名为《毕业交响曲》的影片，以它清新明快、乐观向上的情调，激越凝重，而又充满活力的画面，带给人们的除了观赏与欣喜，还有拼搏奋进的时代精神给予他们的鼓舞和激励。

二十一、苏云：长影辉煌期的引领者

——纪念原中国电影家协会副主席暨原长影厂长苏云逝世五周年

一位资深的老电影艺术家曾感慨地对我说："在电影厂，如果你能摊上一位既懂行又在行的好领导，那就是你当导演的福分。他不仅能成就你拍出好影片，还会让你干起来特别舒心。"这句话，让我联想起电影界名人赵丹1978年弥留前发出的呼唤。他以自己多年来的创作坎坷和沉痛教训，希望引领电影事业发展的操盘手们既懂行，又在行，关心爱护艺术家们创造性的劳动，热心提供方便条件和宽松环境，鼓励他们为多出健康感人的电影作品大胆创新。特别是在新时期党中央提出改善党的领导，提高执政能力之时，我们回顾以往政治思潮起伏涌动年代的创作经历，无不对那些掌舵清醒、监制开明并爱护艺术家个性的电影开拓者们表达深深的敬意。而被誉为新中国电影摇篮的长春电影制片厂，曾在困难时期受命并长期担任厂长的苏云，便是被主创人员和职工们公认的杰出电影事业家，是值得我们深深怀念的领导人。遗憾的是，在2005年7月31日他驾鹤归西，永远离开影坛时，我作为他诲育的晚辈未临悼别现场，而今在沉痛的追思中，脑海情不自禁地闪现出这位长影辉煌期引领者的一幅幅难忘影像。

近年来，千百万年老和年轻观众通过央视《电影传奇》，重新感受了长影作为新中国电影摇篮的昔日辉煌。那一部部打动人心并影响几代人成长的影片，像《桥》《中华女儿》《光芒万丈》《白毛女》《钢铁战士》《神秘的旅伴》《平原游击队》《董存瑞》《上甘岭》等等，以其真实的时代面貌和淳朴感人的艺术特色，开创了我国电影事业奠基的画廊。而在奠基者行列中，身经抗战洗礼的八路军文艺战士苏云，名列其间。1947 年 10 月他 23 岁时，即受命随“西北电影工学队”，带着“延安电影团”战火中拍下的珍贵胶片，由钟敬之、成荫带队，历经艰难跋涉，赶往东北兴山，在杰出电影家与开拓者袁牧之、陈波儿的领路下，参加了迎接新中国诞生的第一个电影基地——“东北电影制片厂”的创建。

穿过东北解放战场的弹火硝烟，来到革命电影拓荒地的苏云，凭着对革命事业的满腔热情，开始了参加拍摄《民主东北》等新闻纪录片、科教片及美术片的实践。他由不懂电影到熟悉电影，从摄影助手晋职为摄影科长。待 1949 年“东影”迁回长春，他以自己刻苦钻研技术的擅长，相继被任职制作处、制片处副处长、技术处长并兼管洗印化工厂。1955 年“东影”更名为“长春电影制片厂”，随着大量故事片的创作与投产，他作为厂技委会主任，在看“样片”、审“双片”及定“校正拷贝”的过程中，同艺术家们展开广泛探讨，全面提高素养，也因而从所谓“技术棒子”一转为谙熟艺术三昧的内行。唯其如此，在长影为庆祝新中国成立十周年拍出一大批献礼影片并迎来首次繁荣之后，时年 36 岁的苏云，以其年轻有为的实干风貌，被中共吉林省委任命为长春电影制片厂的副厂长。

忆往昔岁月峥嵘。回顾新中国电影事业的发展历程，其间一大遗憾，是随着国内政治运动的潮涌起伏，电影业前进的航船往往处于颠簸摇摆之中。而作为国家电影制片厂策划创作与组织摄制的掌门者，在党的文艺政策与“左”的干涉纵横交错的境况下，往往陷入对诸如题材选目、思想倾向抉择的艰难与困惑。特别在政治大潮来临时刻，他们能否头脑清醒地把舵，既坚定执行党的文艺方针和团结知识分子的政策，又力排错误干扰，保护艺术家的创作热情与艺术特色，就成为判别他们或有胆识跃向潮头、或是怯被浪涛淹没的分界了。

1960 年，经过反右斗争的长影，一批执导过《上甘岭》《董存瑞》《六号门》的党员艺术家如沙蒙、郭维、吕班等，因被错划为右派分子而备受伤痛。广大艺术和技术干部又囿于厂主要领导违背创作规律，对艺术粗暴干涉心灰意冷。我正是这年10月从北京电影学院毕业，踏进长影门槛，目睹了“大跃进”后厂院里出现的沉闷和饥色，也感受到不懂行、不在行的家长式指挥棒，敲打电影摇篮引发的创伤和震荡。翌年喜见转机，周恩来连连召开知识界座谈会，平息人们对反右扩大化的怨气；而且还亲临“全国故事片创作会议”，重申党的知识分子政策和“百花齐放、百家争鸣”繁荣艺术的方针。为贯彻会议精神，长影党委两年两次召开扩大会，总结教训，并根据中央“调整、巩固、充实、提高”的八字方针，改选党委。也就在这一时刻，一些反右“左派”对苏云入选党委委员发难，声称他在总结会上的发言，意在“为沙蒙、郭维等右派翻案”。而苏云据理辩驳，他说：“我讲的都是事实：为什么提出‘艺术家、技术家治厂’和‘组织创作集团’的某些领导一点责任不担，相安无事？而响应他们号召和受鼓动的导演却被扣上右派帽子?”因而他拒绝检讨，哪怕落选，依然坚持意见。这就是苏云的正气，他只认真理，不屑被诬或出局。后经省委和文化部领导对一些同志解劝，指出看人要全面，很快众望所归，苏云高票当选党委委员。转瞬至1963年9月，他又被文化部任命为长影代厂长，与新党委书记岳林搭班，全面挑起了主抓创作与制片生产的重担。

履新之始，苏云厂长首先把目光盯在如何点燃主创人员的创作热情和恢复长影的元气上。他深知，最困难的两年间长影之所以出片凋零，关键在于人心涣散，失去了凝聚力量。因此，他同岳林书记和艺术副厂长——当年“七月剧社”的师长，今日的剧作家兼搭档林杉商定，要尽快选一批剧本推导演拍戏，剧目一上，全厂的热情立刻会高涨。于是他不顾非议，批准调来摘帽右派、原《渡江侦察记》编剧沈默君，化名迟雨赶写剧本《自有后来人》（即《红灯记》前身），并安排被评为“厂先进”的导演于彦夫执导担纲。那时我刚到此剧组跟戏，对调沈默君写本的大胆决定感叹不已。与此同时，苏云还破格起用来自军队的年轻导演赵心水，答应他重启炉灶，再出外景，续拍半路夭折的惊险故事片《冰山上的来客》。结果一炮打响，片中雷振邦谱写的优美乐曲和具有浓郁新疆风情的歌唱，至今在观众耳边还余音绕梁。接着为体现百花齐放，迎来了影剧界才子吴祖光，推动评剧《花为媒》改编电影，继影片《刘巧儿》《画中人》之后，再次让名角新凤霞、李忆兰在长影镜头中亮相。毛泽东“文革”前观看的现代豫剧《朝阳沟》，先期也被苏云等推上银幕。当年在长影拍过《花木兰》的常香玉，以豫剧院院长身份到了现场。由山西作家马烽编剧、“二十二大明星”李亚林、金迪主演的《我们村里的年轻人》，曾以劈山引水的故事和崭新的时代面貌受到观众欢迎。3 年之后，为让人探寻山乡发展的新貌，苏云支持导演苏里邀马烽新立创意，再写续集。之后安排中年导演尹一青加盟，抢拍外景。而我也在此时被调往该组，充当导演助手。年底影片完成，由乔羽写词、郭兰英演唱的插曲《人说山西好风光》，随着影片上映迅即轰动！不难看出，在周恩来的正确引导与亲切关怀下，苏云为改善长影创作环境，推动新作问世并培育壮大队伍，凸显了他在选择题材上的前瞻睿智和团结文艺界名流及量材用人方面的魄力与气度。

宽松环境之所以可贵，是由于它能调动艺术家们的创新想象和制作精品的热情，不至于担心失误而受到责难或批评。此时的厂长苏云，与分管艺术、剧本、生产的副厂长林杉、胡苏和袁小平等，在待人宽厚的班长岳林书记的带领下，扫去往日横加干涉的阴影，以他们精通业务、礼贤下士之态，配合默契，相互照应，民主和谐之风蔚然形成。

时至 1964 年，根据巴金小说《团圆》改编、由武兆堤执导的抗美援朝题材影片《英雄儿女》拍出，剧中王成的英勇形象感动了千百万观众。曾以拍《甲午风云》而闻名的导演林农，一扫反右挨批的怨气，铆足劲把以解放长春为背景、受周恩来肯定的话剧《兵临城下》拍成电影。此片气势宏大，情节生动，有功底很强的演员阵容。与其同时，导演王炎精益求精，力攀形象塑造与黑白片摄影的高峰，投拍了影片《独立大队》。在反右中落难的郭维导演，摘帽后刚要出山，有人却以他刻了一枚“历史将宣判我无罪”的印章而报告党委，扬言这是想“反攻倒算”，欲阻止他继续拍片。苏云对此不以为然，他相信郭维对党的感情和艺术才干，因而仍全力支持他拍出了由马连良、张君秋、裘盛戎和李多奎等名家联袂主演的绝版京剧《铡美案》。待十年动乱结束，长影党委为沙蒙、郭维和吕班等同志平反并恢复名誉后，人们再看这部影片，赞美与感叹声接连不断。由此，我们也看到苏云善待艺术干部的厚道作风和他政治见解上的清醒与坚定。就在1964年秋，华北话剧会演拉幕于北京。苏云经与班子成员商量，迅速组织主创干部进京看戏，随之摄制了一批现代戏短片和反映农村现实生活的《青松岭》。加之1965年连续拍出广受称赞的《“特快”列车》《景颇姑娘》《节振国》和《三进山城》等，这一部部描绘参战将士、煤铁员工、边疆民族靓丽形象和样式多姿多彩的作品，集近年来之大成，俨然把长影创作推向了“文革”前的第二次繁荣。

实践表明，这一阶段繁荣局面的出现，在于本届党委敢于排除“左”的干扰，平复职工心中的沟坎，沿着党和毛泽东指引的文艺方向，把一批卓有才华的艺术家重新推到创作前台。而作为主要推手的苏云，在“文化大革命”浪涛席卷而来时，一些在反右中得到政治加分与信任的人，将他列为长影文艺黑线的头牌代表，进行批判声讨，也就不令人感到奇怪了。

在长影，我对苏云厂长近距离的了解与熟悉，更多是在“文革”后期。当时他已移居长影一宿舍集体公寓，算是楼上楼下的邻居。虽然我也曾去他家串门，希望听听他对“斗批改”的看法，但慑于那个年代的政治氛围，人们对敏感议题噤若寒蝉，加之他出于对各派群众的爱护，故从不轻易表达个人观点。党的“九大”之前，长影军宣队、工宣队积极推进解放干部，组建厂革委会。他们拟定头一个要解放的，便是红小鬼出身的苏云。但是，由于他对挨批的“为右派分子鸣冤叫屈”“重用文艺黑线人物”等主要“错误”认识不上去，甚至对有些事实拒不认账，毫无悔意，搞得工宣队、军宣队头头十分来气。他们没办法交差，只好找来几位老长影，组织拉帮队，先忆苦思甜，再上纲上线，这也没能让苏云回心转意。就在这当儿，与我同宿舍的赵导去郭维家聊天，回来很晚，进屋他便对我说：“嘿，真叫人开眼！过去我瞅苏云根红苗壮很傲然，没想到在挺沙蒙、郭维申诉这件事上这么有骨气，宁可不解放，硬是不服软！”我问：“怎么回事？”他透露：“听说拉帮会上苏云没听劝，他说，‘1957年提出‘艺术家治厂’和‘改革体制’的，明明是省委宣传部某领导，还几次来厂鼓吹动员，结果响应号召的成了右派，鼓吹动员的却一点责任不担，怎么能认定我赞同沙、郭向党组织申诉，就是为右派鸣冤呢？’”是啊，在重大原则问题上敢于坚持己见，不肯随风就摆，这足见苏云对同志政治生命负责的正直品格与坦荡胸怀。

众所周知，围绕江青封杀电影《创业》的那场斗争，曾在中国文艺舞台掀起了巨大波澜。直到1975年7月剧本作者张天民上书，毛泽东亲自批示："此片无大错，建议通过发行。不要求全责备，而且罪名有十条之多，太过分了。不利调整党内文艺政策。"至此这场斗争的余波也没有完。而后江青借"反击右倾翻案风"继续打压，让长影《创业》剧组一次次遇险。自新中国成立以来，毛泽东曾对多部文艺作品提出严厉批评，唯独《创业》是他老人家保护的影片。在十年"文革"行将收尾的年月，随着邓小平的复出与拨乱反正，电影《创业》的蒙难或脱罪，固有其深层背景，但就这一创作本身而言，曾参与策划与审查的人们，特别是长影领导苏云和岳林，都表达过他们对开掘石油会战题材的不同取向和创作观点，并经历了长达3年的争辩。

我是《创业》创作的参与者。1971年林彪折戟沉沙后，当时重返长影领导岗位的苏云和岳林根据《人民日报》发表的《工业学大庆》社论，及《繁荣社会主义文艺创作》的评论，选派我作为奔赴大庆油田深入生活并组织剧本创作的先遣人员。而且，他们的举措比江青想起抓大庆题材、下达拍片指示要早一年。在大庆众多干部和文艺积极分子的协助下，创作组经过大量收集素材，走访全国各大油田，由张天民执笔写出剧本初稿后，长影和大庆员工进行了广泛讨论。尽管根据各方建言，剧本曾做过多次修改，但在"如何表现阶级斗争"这个关键点上，把关层却产生了截然不同的意见。

翻开当年我的上万字剧本讨论记录，长影领导苏云和大庆会战老指挥宋振明的发言格外显眼。苏云指出："大庆精神的核心在哪里？我认为，就是周挺杉、华程代表的自力更生、艰苦创业、走中国自己工业发展的道路，通过会战拿油田，显示了我们民族的雄心壮志和自豪感。写阶级斗争，首先一个斗争方面就是反对苏修。现在剧本写苏修给我们的压力写得很不够。是否可以把冯超视为苏修搞工业那一套的代表……对华程、周挺杉形成更强的思想干扰。我想这可能对揭示主题、刻画人物会更有利。"宋振明讲的更明确，与苏云不谋而合："通过找油、拿油的斗争，写一种精神一种气，写人气、志气，还有豪气和壮气。更要写形势逼人，顶恶风上，为拿下大油田革命加拼命，干出大名堂。当时国际反华势力封锁中国，苏联强权要压服中国。我们打的就是一场政治仗，志气仗……要让人看到我们中国有一支像铁人那样充满豪气、志气，拖不垮、打不烂的石油队伍和无愧于毛泽东时代的英雄人物……”

然而就在剧本定稿前，长影和大庆具有审查决定权的军代表却亮出不同观点。一个说：“大庆会战如何写阶级斗争是个大问题。现在写的这两个敌人，不够分量。冯超要加强政治上两面派嘴脸的勾画，调子要更加阴险奸诈。对田家根应联系其罪恶史，他的活动应出于对社会不满，心怀鬼胎，恶意对油田进行破坏。”另一个则与他遥相呼应，并提升了调门：“根据中央首长对拍大庆题材电影的关怀和指示要求，现在，我们必须以党的‘十大’精神来统帅剧本创作。从三条原则上看，冯超是搞修正主义的，搞分裂的，搞阴谋诡计的。这样，在出场安排上就该有变化：比如解放前他是地下党，有过叛变，是叛徒，是内奸。会战中他发展成野心家，两面派，还是党内走资派，是无产阶级专政下继续革命的对象。这样写，才能和现实斗争背景，和毛主席‘三要三不要’原则联系密切。写戏嘛，应站在20世纪70年代高度写60年代的故事，来为70年代的斗争服务。这样现实意义强，剧本才立得住。”

令人痛心的是，在当时政治风向由批“左”急转为批右中，老干部们的发声难以与政治新秀们抗衡。而且掌权者傲居审查剧本的强势位置，倘不遵命修改，不可能为本片投产开放绿灯。于是在政治高压与强制下，冯超摇身变成玉门的工贼，暗藏的内奸。而且为了表现他与会战指挥华程之间斗争旗鼓相当，还把他提升为党委委员。呜呼，一部本来是塑造铁人形象、讴歌大庆精神的壮丽篇章，却让冯超丑角的黑斑玷污了《创业》的光亮，给这部赞颂时代英雄的影片带来无可弥补的硬伤。今天回头看，如果当年表现大庆会战题材，按苏云、宋振明的思路来揭示矛盾斗争，《创业》电影又何至于难以公映而遗憾地尘封呢？

在江青怒指张天民“告老娘刁状”，并擅将长影《创业》剧组人员叫到大寨开训的闹剧中，她把张天民和苏云又推上了当面对阵的浪峰。这位内心衔愤的失意者拿出一大损招儿，就是威逼张天民再次给毛泽东写信，承认“《创业》没大错，但还有小错和中错”。呈请“愿意再写一部新《创业》”来补过。而且还要他提出，“原片是否可不再发行。”这是江青对毛泽东“7·25”批示明目张胆的不满和违抗，但却要告状人自打嘴巴来否定。看穿她别有用心，张天民当然不从。江青憋气之下，责令吉林省省委书记王淮湘施压放话：“小张，信不写，你离不开大寨呀！”两天过去，面对僵持的窘境，历经政治风雨的苏云察觉硬顶不是办法，便悄悄提醒他：“信可以写，但究竟怎么写？写什么内容？不妨慎重考虑一下……”心有灵犀一点通，张天民意识到：在信的内容上做文章，或可化被动为主动。于是他想了个办法：以接到批示向毛泽东写感谢信的方式，反话正说，婉转透露江青在大寨借贯彻批示之名，在另搞倒行逆施的活动。点子一出，苏云赞同。而且他也支持由摄制组另给文化部写信，为张天民分担“是否发行”的责任。就是这样，他们采用搪塞、软顶的方法，逃脱了这位“红都女皇”设下的陷阱。

当我们离开大寨，按苏云布置四散躲风之后，中国大地掀起的批邓、反击右倾翻案风运动来势迅猛。在斗争深入揭批时刻，江青始终对《创业》耿耿于怀：什么“主席对《创业》批示来路不明”，什么“授意张天民写信的指使人就是邓小平”等诬言、密报，又把《创业》作者推到了被监视、被追查的旋涡中。为了保护张天民不受迫害，苏云以再写会战题材剧本为遮掩，让他迅速隐身于大庆。直到1976年伟大的10月，党中央将“四人帮”一举歼灭，伴随着伟大祖国阳光普照，为拍《创业》遭难的人们，才由衷感到庆幸。

早在苏云领我们去大寨之前，即邓小平抓“整顿”的1975年春，忽而有一天，我被厂副主任刘儒召唤。他让我停下开始执导的影片，立即“上山”。他对我说：“《踏遍青山》剧本搞了一年半，编导跑了不少名山大川，到现在也没进展。地质部领导很着急，干脆招呼一批地质队的标兵、模范，来厂搞剧本会战。你在大庆好几年，熟悉勘探，所以叫你去挑担子。”我听明白后忙摇头，说：“人家组里有著名的老导演和外请编剧，半路把我塞进去，多碍眼呐？”刘儒回答很干脆：“这是苏云定的，要你明天去小白楼报到，不许提困难！”

所谓的小白楼剧本会战，听各种发言，实际上是两种创作思路的争辩。其中多数人认为：剧本之所以难产，主要原因是“没有写好复辟与反复辟的斗争”，“只有把主人公——地质队新来的党委书记，写成敢揭敢批走资派的斗士，并挖出权威工程师的历史问题，把阶级敌人打翻在地，地质队的面貌才能焕然一新，找矿才能取得胜利”。而地质学院一位董老师却力排众议，语出惊人：“如果仅仅靠斗垮走资派、挖出阶级敌人，地质队就能找出高品位矿床，革命和生产就能大变样，那剧本可真的有希望了！不过很可惜，我看谁也拿不出来现实生活中有这种典型。在座的有云南、辽宁地质队的模范、标兵，请问，你们找到富矿和稀有金属，都是靠打走资派、挖敌人搞出来的吗？毛主席早就教导我们说：阶级斗争、生产斗争和科学试验，是建设伟大国家的三项法宝。写地质队不提找矿目标，不表现科技人员的攻关智慧和热情，单单强调反复辟，抓阶级斗争，我看剧本再照这个路子搞下去，只怕行不通！”双方争论好几天，骑虎难下。我只默默听会，一言不发。

就在这时，苏云和刘儒从董老师嘴里，听说我试编了一个故事，颇有新意。于是把我叫来，向观战的地质部领导汇报。因客人赶飞机，我只讲了故事梗概：“在云南边陲，乘车来地质队上任的新书记赵旷军，一路听司机小迷糊五吹六哨，说队里有人里通外国，窃取地质资料。被怀疑的秦工已被隔离审查，就等新官到来收拾他。而新书记抵达之后，并未开展批斗，而是抓住一桩‘火烧库房’的事故，发动群众，消除派性，并配合公安明察暗访，搜集物证。很快，他在推动全队以新科技手段探测镍矿的进程中，抓住了狐狸尾巴，查出了敌情，让贼喊捉贼、诬陷秦工，并阴谋篡权及火灾中盗取情报的后勤坏头头孙魁原形毕露。接踵而来，便是恢复老队长职务，秦工再被重用，全队大干快上，迎来找到矿苗的欢呼声！”听了我的设想，双方领导当场肯定。之后，苏云和刘儒让我拽住老董，奔赴辽宁地质队，按这个思路补充生活，另写剧本。转眼20天过去，我们同原班子把两个不同构思的剧本交到厂务会，开启了本厂“剧作打擂”的先例。

厂务会讨论结果，多数领导认为：原本修改仍强调打走资派，写地质队夺权，这既显得概念，也不符合形势发展。后写的剧本侧重解放干部，大干快上，不仅触动感情，而且故事性强。因而苏云当众拍板，以后者为基础，吸纳各方意见再改一遍，力争尽快通过、投产。但是很不幸，就在全国各条战线全面整顿、国民经济初见起色的时刻，张春桥《论对资产阶级的全面专政》文章一发表，以“打土围子”为信号，反“左”与批右之间的较量，立刻呈现于国内政坛。随着批右风声渐明渐显，受苏云等肯定的创作思路，很快被认为有否定“文化大革命”及为走资派鸣怨的嫌疑而被推翻。无奈之下，老厂长只好动员我和董老师，另外思考方案；并在离开大寨之后，派我们飞赴云南地质9队，重新开掘生活矿源。于是在一个月内，我们在四届大人提出建设四个现代化目标的鼓舞下，以三线国防工程上马、边疆老矿稀有金属供应不上为背景，编出了一个在当年长征路上地质队和兄弟民族，利用现代化手段探查锌矿的故事，并很快写出剧本，带回长影。遗憾的是，我们满怀信心剧本能够通过，而结果却再次令人懵懂。苏云透底说：“你们的构思虽有新创意，新主题，但老导演却认为它存在‘无冲突论’痕迹。他顾虑如果撇开现实的路线斗争来表现时代英雄，影片即使拍出来，电影局也不会发通过令。”天哪，处在政治斗争旋涡中，创作简直是翻烙饼！我们不明白，究竟是创作者误入歧途？还是极“左”棍棒把人打得无所适从？

紧接着，“批邓与反击右倾翻案风”运动突袭而来，紧跟江青的省委书记为加强领导，给长影又派来了新书记和戴军章的政治部主任。于是乎《踏遍青山》剧组随着掌控者的引导急剧转向，抛开我们两次提供的剧本雏形，掉头追风；继而使这一创作滑稽地转了一个圈，又回到年初“会战”时的窘境。此时的苏云，眼巴巴看着多达八个人掺和的创作组，按照“反击右倾翻案”的主调，最后把剧本定型，并无可奈何地任凭摄制组先后奔赴云南丽江、吉林桦甸，抢拍了大量外景。然而天有不测风云，盲目追风的人们不听苏云“追风会翻车”的劝告，实指望此片能配合“批邓”一炮打响，没想到内景还没拍完，揪出“四人帮”的礼花弹，便将这只在追风中颠簸的航船炸翻了！

回顾过往身影，我清晰地看到，苏云作为引领长影创作的掌舵手，如果说在“文革”后期的艰难跋涉中，更多显示了他对形势观察冷静、政治理念坚定和勇于承担风险的特征，那么，在新时期把握电影作品成败的征途上，特别是在监管高层审查误判、阴晴难测的状态下，则突出展现了他基于丰厚素养而表露的应对才智与抗压本领。突出的例子，是他因老导演朱文顺所拍《刀光虎影》受到苛责的抗争，和我编导惊险片《诱捕之后》的两次“起死回生”。

1981 年，随着我国电影创作回暖，广大观众不断发出对作品多样化的呼唤。就在这时，长影推出了几部表现历史斗争并具有惊险特色的故事片。然而这些影片还没出厂，便遭到审查官们的封杀与批判。这年春节前，文化部一位刚复职的副部长由电影局官员陪同，专程来长影视察创作进展。他们审阅了一些投拍剧本、待剪样片及部分完成片之后，在“清除精神污染”的驱动下，为校正创作方向，对《刀光虎影》《诱捕之后》等作品提出了严厉批评和责难，几乎叫停了四部影片。这不仅让全厂职工和创作人员感到压抑，也引发厂长苏云的不满。在苏云看来，像《刀光虎影》这类表现敌我对阵的情节剧，尽管拍了一点枪战和武打，甚至有些镜头打得不够真实，但也只是缺点；并不能因此就认定武打不可取，更不能因顺应观众的欣赏趣味，就呵斥创作存在倾向性弊端。他不赞成把艺术表现和思想倾向混为一谈。何况朱文顺是位卓有成就的老艺术家，拍过许多为观众喜闻乐见的情节片如《神秘的旅伴》《寂静的山林》《古刹钟声》《烽火列车》及《南海的早晨》，曾为长影票房做出过突出贡献。如今面对市场变化，怎么可以以个人审美好恶，对整个作品加以责备与推翻呢？因此经过争辩，他只让老导演剪下某些扎眼镜头，又建议对正面形象做一点修补，最终保护影片安然过关。

与前者境况不同，《诱捕之后》则经历了更多磨难。这部作品，是根据发表在《人民日报》的小说《伍豪之剑》改编。主要内容是表现 1931 年五卅惨案之后，山东地下党组织遭到破坏，中共上海领导人派要员赴青岛查奸除叛。从摄制筹备到拿下外景，我遭遇了腰伤住院和抢季节的苦战。然而当我回到长春，在病榻上得知此剧被“枪毙”的消息时，立即向大夫要来纸笔，给苏云写了个短信，大意是：“听说部长已把《诱》片示众，开刀问斩，让我惊叹！我不理解，若有罪过何不听听被告申辩，再来宣判？故恳请剑下留人，我要求与部长面谈！”信送出后很快产生效应。当晚，苏厂长便派车把我接回长影，参加部长和主要创作干部的对话会。我拄拐杖来到办公楼前，恰与苏云碰面，他招呼我说：“华克，你的信，我看完便递给部长。你不论有什么意见，都可以在会上谈。”有他这句话，我顿时扫去不安，进入会议厅，单等申辩。

会一开始，我被推第一个发言。事先我已知道，这次整肃的目标，主要是电影为迎合市场，出现胡编乱造的剧情。所以在示礼客气话之后，我坦率直言：“听说部长今天赠送我两顶帽子，一是反现实主义，一是歪曲地下党形象，这让我有点想不通！”接着我援引他曾经对“现实主义”的论述，表明本剧不是凭空捏造，而是来源于现实生活。我理直气壮地列举事实：例如全剧的中心事件，取材于当年青岛处决叛徒的公案。主人公原型叫刘英，曾是红四方面军骨干，历史功绩见于档案。再如两位女主角原型，是我党外围有名的傅家姐妹。神父的原型有两个，一位是我党朋友董建吾，另一位是在西安事变中向我党传递情报的王神父。我问：既然剧中的主要人物和事件都有真实依据，怎么能说它是反现实主义呢？我又申辩：坦白讲，此剧没有美化叛徒，而是对查奸除叛坚贞卫士的颂扬。改编中，我们从根本上扭转了暗杀原貌，而是把重点摆在对深藏内奸的调查与识别上。这样做，又何至于严重到“歪曲地下党”啊？老部长对我的辩解颇感错愕。在整个座谈会进行中，他不时插话对我解释，但却坚定认为，作品即便来自生活真实，并不都属于艺术真实。不过在散会前，他还算留了点余地，声称：“如果你们厂有不同意见，认为样片拍得不错，还有希望，也可以提出修改方案。文责自负嘛。但是我个人认为，像这样故弄玄虚的惊险片，要救活很难！”

部长说“救活很难”，自然话有来头。直到春节后，苏云才向我透露：“部长临走时告诉我一个情况：前不久中央办公厅下发一个文件，指示今后凡涉及周恩来的文艺作品，一律要停写停演。”这让我顿时傻眼！原来封杀的原因并非都怪在艺术上，而是涉及周恩来的形象。既如此，影片还能有救吗？我心里正在发慌，苏厂长立刻帮我松绑，他说：“我建议你想一想，主干情节不动，看看有没有可能更改历史背景，跟上海特科这条线彻底脱钩？凡艺术创作，都允许虚构嘛！”他一语提醒，使我顿开茅塞。见我欲开口回应，他连忙摆手：“你不必匆忙，先打开想象，回去把剧本结构和样片采用的可能性做出评估。必要时，再查查资料，拿出个设想。等你准备好了，我再找两位老导演，一块儿来商量！”

全厂一下四部影片沦陷，苏云压力可见。而且在部长走后，长影人为了争气，喊出了“救死扶伤，施行革命人道主义”的口号。于是苏云拉来导演赵心水和周予，积极参加“抢救”，对我赶写出来的修改方案，一起会诊研究。我的方案要点是：根据史料把全剧背景由1931年改为1936年；主人公由来自上海中央特科，改为由中共北方局从天津派遣；要员来青岛的任务，从原来单一的查奸除叛，改变为为开展抗日武装斗争，清除隐患，挖出内奸。这一方案的产生，虽在背景上有较大改动，但主干情节并未伤筋动骨。而且，溶入抗日色彩使人物形象更加鲜明，已拍的样片绝大部分能用。方案一经认定，马上有人提出，是否先向部长报送？苏云摇摇头：“不必。报上去一旦搁浅，摄制组怎么办？拍完再说，送审完成片！”

“死刑”既有了缓冲，“回生”就必须拍好内景。这时我在“病”“压”交加下，同全组演员与合作伙伴齐心协力，紧拍快赶，很快将影片制作完工。接着，我带着送审片赶到北京。为了求保险，先将它拿给电影局副局长、我的老学长胡启明看。他告知“改得挺好，票房不会少”之后，又特意安排中调部人员看片拿意见。正是在他的帮助下，局长正式审查在得到部长口头允诺后，原则上予以通过。但必须按中调部意见，对5处不妥加以改动，才能发通过令。至此，我总算首次迎来“死里逃生”。但好景不长，就在我回厂完成修改、制作拷贝之际，突然接到苏云厂长从北京打来的电话，告诉我：“昨天老部长把我和电影局几位领导叫去，他说考虑再三，认为《诱捕之后》还是不能放行。”我急问：“为什么？中调部书面意见第一句话便是：‘总的看，这部影片表现了我地工人员对敌的英勇斗争和坚贞不屈，作为一部故事片，可以演。’这意见我已经抄下来，交给厂里了。”苏云说：“我看的是复印件，这句话没见。怎么回事呀？”

后来得知，问题出在电影局某部门复印上报时，把人家肯定影片的关键语覆盖了。作为中央部门的书面意见，他们可以不同意，不传达，但不能篡改。露出把柄，当然被动。因此，当苏云决然令我把完成拷贝送京后，局长们自知理亏，立即审看，并聪明地向部长递一纸片，上写：“《诱》片拷贝局已看过，该改的都改了。导演态度很好。请酌定。”部长无话可说，只好画圈。通过令拿到手我虽然心喜，但回想经历的磨难，又何尝不为再次“起死回生”捏一把汗？而到这部影片上映时，拷贝数已达218个，发行量可观。苏云更感欣慰的是，在上海召开电影创作会议期间，门外国泰电影院抢看的黑票由一元五角竟涨到两元，多年少见！

就我国电影事业发展而言，新时期起步的十年，是电影人随着思想解放，荡涤“文革”的污泥浊水，创新作品如雨后春笋般催生的十年。但同时，也是新旧文艺思想、不同美学主张起伏较量的困惑阶段。在此阶段中，各种干扰不时迷住人的双眼。而作为电影制片厂的引导者，应该怎样独立思考，守护艺术家驰骋想象的创作空间，无疑是一种如何应对难题的考验。恰恰在这方面，苏云以其积累的真知，过人的胆识，在一些影片碰到挫折时，显示了他的前瞻和主见。

例如1981年前后，长影如何面对争议很大、忽上忽下的知识分子题材剧本《人到中年》。当摄影师王启民最初把这部小说呈荐苏云时，他一口气读完，按捺不住激动说：“好看！”于是立刻将它交给剧本副厂长纪叶，请他判断。很快两人一致认为，这一力作切中时弊，体现了社会对当代知识分子窘境的同情与关爱，是感染力很强的好题材。然而，当他们主张将此剧列入投拍项目时，厂里的反对声浪叠叠涌来！班子成员中有人说：“不客气讲，这部小说的立意，简直就是在挑拨党和知识分子关系！”还有的说：“全篇充满了怨气、泄气和不满，长影绝不能拍一个出气片！”更有一位老导演，出于好心和担心，拉住苏云直言相劝：“拍《苦恋》教训够大了，你头脑清醒清醒吧！小说、剧本我都看了，它过多描写伤痕，宣扬受难、压抑，如果你硬推它上马，会栽跟头的！”苏云反驳说：“这正是它的长处。不然，邓大人干吗强调解放‘臭老九’啊？”

但支持者在党委毕竟是少数。无奈之下，苏云直接找省委书记和宣传部长陈述。被否定后，又去北京请示文化部。可叹的是，尽管主管电影的副部长表态剧本没问题，但囿于投产权在省里，加之长影党委表决不同意，已筹拍的《人到中年》只能中途停息。直到1982年春，随着改革春风再次劲吹，苏云通过电影局协调，把半路丢掉版权的剧本重新要到，终于推动王启民、孙羽执导投拍，跃过了大浪扑面的寒潮。

翌年的电影创作会议在上海召开，当《人到中年》影片在锦江饭店首映时，与会者无不为作品的感人至深鼓掌喝彩。值得深思的是，世纪伟人邓小平在他的文选第三卷上，曾写下这样一段文字："我们现在一方面是知识分子太少，另一方面有些地方中青年知识分子很难起作用。落实知识分子政策，包括改善他们的生活待遇问题，要下决心解决。《人到中年》这部电影值得一看，主要是教育我们这些老同志的。看看，对我们这些人有好处。"读了这段教诲，不知当初那些反对者该作何想？又该如何面对？

再如常彦执导的新片《在被告后面》经电影局通过时，本已受到称赞，却不料被当时中宣部一位大人物突然勒令停演。在这位官大人看来，影片赞颂的中华机械厂厂长李江川，怎么可以有"走后门""请客送礼"的不正之风呢？而且在调查组来厂检查时，还将他推到被告席上，挨批挨整。这简直是给共产党员抹黑，哪里是塑造时代英雄？然而他并不了解，长影的苏云和常彦，之所以大胆把史超、李平分的这一剧作推到观众面前，恰恰是看重它在艺术上的"反色彩"：它是借当时在"煤老虎"趁火打劫、逼得全厂生产动力"弹尽粮绝"的情势下，来展现这位厂长为保生产活命，不惜暂屈权势，压痛憋气，认同运输、财会科长的做法，四方磕头作揖，请客送礼，以解"批煤救厂"的燃眉之急。而环绕他在难堪面前的痛苦、焦虑和气懑，正是以其强烈呼声，表达了全社会对现代化建设拦路虎的鞭挞与愤恨！影片以破旧框框的全新手法，揭示出从战争年代走来的共产党员的开拓意志和时代激情，无疑显示了这部现实主义力作在艺术上的成功。

一方是官员对此片叫停，另一方是导演愤愤不平，而苏云却不动声色，力劝常彦保持冷静。他认为，在当今改革开放大潮中，文艺界对社会上各种矛盾现象的认知，不尽相同。加之审美取向各异，对某一作品想求得评价一致，不大可能，需要一个思辨过程。但关键是，一定得把邓小平的讲话吃透，看懂。事情果不出他所料，不知闷了多久，忽而有一天编剧李平分从北京打电话给长影，告诉常彦："好消息！《在被告后面》邓大人看了。他认为很好，问工作人员：为什么禁演了？工作人员没答上。于是他又通知胡耀邦，请他看一看，说影片很好，禁演是罪过呀！”而这，大概也就是苏云所预料和企盼的春雷声！

实践表明，迷茫里只有正确的引导，才能给创作点亮指路明灯；因循中只有坚持与时俱进，才能催唤艺术家们的创新热情。看，一部题材新颖、引人入胜的惊险片《保密局的枪声》，在全国各地一上映，立刻引起不小轰动。与它同时获奖的影片《苦难的心》，则是刚摆脱被打压厄运的编剧张弦，以他经受的政治苦难与冷暖体验，表现了一位从医知识分子的高尚心境和牺牲精神，使观众们受到强烈感染，让“臭老九”形象返原归真。而扶持这些题材上马的人，正是勇于冲破禁区、鼓励大胆创新的厂长苏云。在高歌猛进中，他支持老摄影师李光惠与刚恢复党籍的齐兴家，联袂执导了讴歌抗日英雄的大片《吉鸿昌》。此作不仅使这一在极左思潮压制下沉封多年的剧本重见阳光，并且以其拍出的宏伟场面与感人形象而荣获百花大奖。历经一波三折的影片《人到中年》，塑造出的女医生形象在银幕上一亮相，立刻感动了千百万观众，在知识界引起强烈共鸣。而另一部表现农村党员挽救党的声誉的影片《不该发生的故事》，以其浓郁的生活气息和强烈的时代感，赢得观众称赞，参加评奖时连中三元。还有苏云大胆起用青年导演陈家林，拍出追怀戊戌变法英烈的历史大片《谭嗣同》。同时，他还亲自帮女导演姜树森、赵实安排演员，推动她们合作执导了反映改革进程的影片《花园街五号》。他一部片接一部地扶植、引导，在推动艺术家大胆创新中，又鼓励《创业》导演于彦夫变换风格，以诗情画意描绘城市开放，相继拍出了获奖之作《十六号病房》与《黄山来的姑娘》……仅仅几年，长影以其获得亿万观众赞赏的新片，重写了新中国电影摇篮的光彩，再现了开创新业的繁荣局面。也正基于此，吉林省政府把一方“吉林省先进企业”的光荣匾额，挂在了长影饰有工农兵塑像的厂大门前。而此时此刻，人们在回味长影艺术家和职工付出的艰辛时，自然不会忘记引领他们振兴长影的老厂长苏云，以及与他同道拼搏的班子成员。

在长影人和苏云共命运的交往中，一个被关注的人物便是他的夫人向隽殊。全厂职工都看得见，自从苏厂长披挂领衔，他的家基本上被戏称为“下班办公间”。平时，向大姐回家还没瞅见丈夫身影，找厂长、谈创作的造访敲门声便接连不断。特别在剧本投产的紧张阶段，新老导演遇难题，问意见，在厂里没排上号，往往无顾忌地闯进家里谈，让晚下班的苏云端不上碗。这种没时没晌的接待，苏云已习以为常，但作为长影翻译片的台柱演员向隽殊，却苦得连背练台词都没地儿待，也没时间。她不仅为应酬要烹茶陪坐，还得在客人走后进厨房热饭。像这样非正常的日常生活，夫妇俩一挺就是30年。无怪乎有人感叹："苏云这套老八路作风，可惜没有一直往下传！"

1985年4月底，即党的十二届三中全会之后，中国电影家协会在北京召开全国会员代表大会。会上，习仲勋代表党中央发表讲话，要求电影工作者以群众喜爱的电影艺术，反映伟大时代的沸腾生活，激发人民的爱国热情，鼓舞他们奋发图强地为祖国社会主义现代化建设而奋斗。在这次会议上，各电影厂的代表在总结5年来电影业绩的同时，认真讨论了伟大时代赋予自己的历史使命。苏云以其众望所归的声誉，高票当选新一届电影家协会副主席，成为引领电影界创新奋进的又一位开拓者。

时隔多年，当我来到北京再次见到苏云时，已是2004年中秋月圆。那天，我特意买了上好的月饼，赶至安定门外东河沿8号楼，在家里和他见面。大概他发现我是生平第一次给他送礼，因而觉得意外新鲜。落座之后，我打量他这幢格局不大颇显拥挤的房间，心里不禁一颤：一位在1938年便参加八路军太行剧团的老干部，历经抗日战争、解放战争的枪林弹雨，并为新中国电影事业做出卓越贡献的电影家协会副主席，暮年住在这般狭陋的住房，不可思议！而他笑呵呵地说："不错啦。刚调来时，借住外单位的房比这还小。北京房挤，这还是影协帮我争取来的呢！"

说笑间，老厂长夫人向隽殊端来茶盘，于是进入阔别后的欢谈。我们一起回忆长影历年的巨变，感叹30年前《创业》的遭遇和蒙难。接着又说起《诱捕之后》的起死回生，还触发了对《踏遍青山》因赶"批邓风"而流产的深深遗憾。抚今忆昔，感慨万千。记得那天他曾意味深长地对我说："制片厂要兴旺，关键是出作品。有好影片出厂，才能创造辉煌。拍的片子有生命力，才有长远影响，这个厂才有希望！"谈兴话多，难以中断。我担心他心脏犯病起身要走，苏云和夫人定要留我吃饭，说是今天过节，难得邀我品尝一下他家的火锅美餐……

然而万万没想到，仅仅一年后的仲秋之前，霹雳般的噩耗传到长影，老厂长苏云因不幸突发绝症撒手人寰！他永远离开了终生相伴的电影事业，离开了他亲手参与编造的新中国电影摇篮。而我作为他热心扶持的晚辈，一年前他同我中秋节相聚的谈话，竟成为他临别的遗言，永远留在我的心间。

（本文写于2010年4月，原载《电影文学》2010年第13期。）

二十二、岳林：繁荣长影的护花园丁

——纪念原长影党委书记岳林诞辰九十一周年

在长春电影制片厂创建与发展的征途上，有许多值得我们怀念的领导人，例如：在东北解放战争的炮火硝烟中，从长春组织转运电影器材到兴山，创建东北电影制片厂，被党任命为第一任厂长的舒群；曾负责组建“延安电影团”，于1946年来东北参加接收伪“满映”，同时成为“东影”开拓者，并继任为厂长的电影艺术家袁牧之；同为来自延安，担任“东影”党总支书记，辛勤培育干部、组织电影创作的著名艺术家陈波儿；以及“延安电影团”领导人，后任“东影”第三任厂长的杰出摄影家吴印咸……这些新中国电影摇篮的开创者们，都有一大特点，便是对党的电影事业倾心投入，绝无私念，以满腔热情团结与鼓励艺术家拍出优秀的电影作品为高尚目标，为占领新时代文化阵地及为广大人民提供精神食粮做出了巨大的贡献。在这些先期开拓者相继离开“东影”十余年之后，于三年困难时期受命担任中共长影党委书记的岳林，以宽厚敬业的长者姿态，挑起了抚慰长影反右创伤、恢复电影厂元气的重担。正是在他就任期间，这位党委领班人与厂长苏云及班子成员通力合作，为创作人员提供方便条件与宽松环境，带领全厂职工奋力拼搏，把长影创作推向了“文革”前的又一次繁荣。回顾岳林在振兴长影年间经历的苦辣酸甜，以及他为排除各种错误干扰付出的辛劳，他那平易近人的音容笑貌，坚持原则、善待创作干部的品格，至今让我们长影人深深怀念。

大凡老长影人，一提起岳林，对于40年前有人喊出“岳林，我忘不了你！”这句话，几乎都有记忆。但这句话那时并非赞美，而是在“文革”揪斗走资派的喧闹中，一位女编辑批判岳书记开场白的第一句用语，并成为后来人们讥笑她颠倒黑白的一个蒙羞印记。

实情是：1966年8月27日，长影大剧场正在召开批判“反动路线”大会，一批辽大红卫兵突然冲到台上造反。他们怒叱大会开得温良恭俭让，高喊“革命不是请客吃饭”的语录，反客为主地上演了一场“红色恐怖”。这时，随着造反头头逐次点名，一个个被诬指为“走资派”“反动权威”“恶霸导演”“黑线演员”，以及胡乱冠名的所谓“黑帮人物”“牛鬼蛇神”，从会场人群里被揪到台上示众，并糊了许多纸高帽，强行戴在满台被罚跪人们的头顶。在宛若群魔乱舞的嘶叫里，淹没在众人之中的厂党委书记岳林，被指控为长影头号走资派推搡到舞台正中。旋而大批判开始，在工作组组长被批之后，一位自命为敢造反的女编辑，带着平时少有的怨气，冲近岳林，扯嗓一声凄厉嘶喊，叫道：“岳林，我忘不了你！”在异常恐怖的静寂里，谁也没料到她冷不丁冒出这样一句令人发笑的奇语，让人感到滑稽！而此女子却板起面孔，对窃笑的人吼叫：“有什么好笑？是忘不了嘛！他包庇总编室黑编剧、反党分子唐漠，罪行累累，我要揭发，要控诉！”她接着挥手高呼口号：“打倒走资派岳林！打倒反党分子唐漠！”

长影“文革”运动之始，起于批判“毒草影片”《两家人》。此片编剧署名为林漠晨，实际是林杉、唐漠和导演袁乃晨三人。林杉名气大，编过《上甘岭》《党的女儿》《风从东方来》《冬梅》等剧本，又是艺术副厂长，加之早年他作为地下党员在白区坐过牢而历经政审，因此大革命风暴一来，他便被原省省委首先在《吉林日报》上点名。袁乃晨则是“东影”元老，为新中国电影摇篮译制过第一部苏联翻译片《普通一兵》，老先生无过而有功。至于唐漠，原为《大众电影》编辑，调长影后历任总编室副主任兼编剧，历史清楚，并无政治瑕记。或许这位女编辑为入党而自持表现积极，曾直接找岳林反映过唐漠压制她并有“历史问题”，但被岳书记善言劝告，不能无根据怀疑，从而被认为是“蓄意包庇”。此刻《两家人》一经省报定性开批，她迫不及待地要揭露“包庇内幕”，从而想出一出这股整人未遂的恶气！

然而就在“8·27”事件之后，揪人、斗人、整人、打人的狂暴阴霾笼罩长影上空，政治上的捕风捉影、陷害逼供，很快推向高峰。就在长影党委被打倒瘫痪、恐怖气氛令人窒息的时刻，一个个悲剧发生——先是著名演员张巨光忍受不了对他出身的追查，恍惚之下，一头撞向驰来的电车而自杀！他纵身飞扑时，恰逢我路过回家，让我生平第一次受到惊吓。接着，总编室的唐漠在挨批挨斗之后，经受不住诬疑缠身，出于伤心和义愤，竟于夜里服毒自尽。今天，想起这些不堪回首的往事，倒使我真正领略了当年“岳林，我忘不了你！”的反向涵义。试问，如果不是这位正直坦荡的岳书记义正词严，不容越过党的政策界限，随便打小报告对人怀疑，唐漠副主任哪能被党信任，守职尽责地在长影一直干下去？如果不是他对知识分子有一颗善意保护的心，唐编剧又何能心安理得、思绪飞扬地去创编一个个剧本？可是风暴无情，善良代之以残忍，祸至浩劫年代，连岳林自己都被践踏在地，还有哪位当权者能挽救像唐漠、张巨光这样无辜者的命运呢？

对于我这个当年走进长影不久的大学生而言，凭借记忆，我也会情不自禁地呼出：“岳林，我忘不了你！”大约在1962年年底，听厂党委秘书胡昶说，长影要调来一位新的党委书记。我高兴地应道：“太好了。眼下困难时期，我能不能向他反映一下咱厂大食堂的问题？”胡昶说：“可以呀！我也听说大家对职工食堂意见很大，你抽空写个材料，我帮你转给他！”过后不久，一天上午，我正路过厂区办公大楼，忽然被迎面而来的胡昶叫住。他指着我对履新视察的党委书记岳林说：“他就是华克同志……”岳书记立刻和我握手，并说：“你反映的情况很好啊，我这就去食堂看一看，你也来，咱们谈一谈！”这，就是我同岳林的第一次见面。我随他边走边陈述意见：“您看，长影职工近2000，一小半在大食堂吃饭。棚里拍戏，就餐有早有晚，大冬天，晚来的全是吃凉饭！再者，眼下供应困难，我们外请的演员、编剧、客人那么多，小白楼不开小灶，也跟着职工吃大锅饭，这合适吗？至于食堂内部，多吃多占，管理混乱，大家已司空见惯。但总不能长此下去，克扣大伙的营养啊？岳书记，职工们都说以厂为家，这个家总该多给点温暖吧？”

听了我的唠叨，岳林频频点头，随之阔步走进人食堂，开始了他的调查研究。大概只有半个月吧，食堂的饭菜顿有起色。我们看到，所有卖饭窗口的菜盆下，都安装了保温炉灶。后勤处把最好的厨师调往小白楼，通过各种关系，设法拉鱼调肉，改善对外聘人员的应酬。党委还特别设置了一个抓生活的小班子，负责食堂整顿，改变服务态度。啊，吉星降福，新官上任的这把火烧起后，一下暖在全厂职工的心里头！

2009年，我由北京返回长春，曾与导演常彦就岳林来长影前的背景做过交谈。我们回顾长影历史，对不同阶段党的领导人和艺术家们的关系做了一番评判：

1946—1955年，是新中国电影摇篮初创阶段。这期间，党的优秀干部袁牧之、陈波儿和吴印咸，带领从延安跋涉而来的艺术骨干抵达兴山，团结进步电影工作者和新学员，艰苦创业，边学边干，拍出了一大批表现革命战争、土改斗争和为迎接新中国诞生的故事片，如：《桥》《光芒万丈》《中华女儿》《赵一曼》《钢铁战士》《白毛女》《六号门》，以及《内蒙人民的胜利》《草原上的人们》等等。袁牧之、陈波儿、吴印咸三位来自“延安电影团”，他们早在20世纪30年代就蜚声影坛，政治性强，能导能摄能演，对年轻的从影新手们循循善诱，加强培训；团结有成就的艺术家如于敏、王滨、沙蒙、成荫、水华、凌子风、吕班、王家乙、张新实、朱文顺等，艰难中帮他们创造拍片条件，扶植与鼓励他们为表现新时代新生活大胆实践，充满了热情关怀与亲切感。这就为从“东影”到“长影”的电影创作提供了温暖环境，规划了前进目标，从而增注了动力源泉。

1956—1960年5年间，从制片生产看，是长影第一次走向繁荣的阶段。《祖国的花朵》《神秘的旅伴》《平原游击队》《董存瑞》《上甘岭》，以及为庆祝新中国成立十周年献礼的《党的女儿》《我们村里的年轻人》《黄河飞渡》《冰上姐妹》《五朵金花》和《战火中的青春》等作品，都是这一时期被看好的优秀影片。但不幸的是，也恰恰在此期间，国际国内政治气候风云变幻。作为1955年任职的一位长影厂长兼党委书记，不是以党的知识分子政策和“双百”方针来团结艺术家，调动大家的积极性，让他们心情舒畅地为电影事业呕心沥血，相反，却以从老区带来的行政命令作风，对艺术粗暴干涉，并且常以“党的化身”自居，对不大听话或违拗其个人意志的创作者，常打棍子，扣帽子，施以政治苛责。特别是1957年，《中国电影》杂志1月号曾发表了这位厂领导的新年展望，他以北京“花园饭店”会议讨论电影体制为由头，大谈访问南斯拉夫取得的好经验，主张学习他们的电影生产管理体制，及艺术家和技术家治厂的规范。那时长影刚刚下放吉林省，他把会议精神带回长春后，省委宣传部某部长急于求功，来长影积极吹风，霎时在艺术家范围内引起很大反响，其谈话为许多人赞赏。于是，在党中央发动“整风运动”前夕，一批如沙蒙、郭维、吕班等挑大梁的编导们，喊出了“艺术家和技术家治厂”的口号，并很快经过酝酿，组成若干创作集团，在自由竞争的理念推动下，准备为拍出更多创新影片大干一番。照理说上述口号并非喊叫者所发明，但随着大鸣、大放，火烧“五气”，批评官僚主义，大字报集中向本厂主要领导人冒炮提意见的时候，反右斗争一个急转弯，把许多有成就的艺术家推向了灾难。此时，长影小白楼发生了所谓的“棍棒事件”，诬指提意见者用美工尺打了党委副书记，这还了得！仅仅是一次过激地拍桌子争辩，居然酿成长影反右斗争的爆发点！很快，此事在混淆是非、小题大做的情况下，经全国各大报一刊登，提意见者立刻被指为反党的急先锋，“艺术家和技术家治厂”的口号随之被认定为反党纲领。加上这帮不识时务的艺术家们有点骄傲，无忌地宣扬起“自由结合、文责自负、自负盈亏，以导演为中心”的组合内容，无疑被认为是不折不扣“反对党的领导”的罪行。于是，一批共产党员，如来自延安的艺术家沙蒙、吕班和成长在晋察冀军旅的导演郭维等，均被划为右派分子，使他们在蒙冤中度过了后半生……

1961年，周恩来总理连连召开重要会议，平息文艺界、教育界、新闻界、科技界等知识分子对反右扩大化的不满和怨气。陈毅副总理还连连致歉，向在场的广大知识精英们行免冠脱帽礼。同年秋，文化部在北京香山召开全国故事片创作会议，周恩来再次同代表们欢聚。这次会议的基本精神，是重申坚定不移地贯彻党的团结知识分子政策和“百花齐放、百家争鸣”繁荣文化艺术的指导方针。座谈会将完，中宣部、文化部领导得知长影同志在此次会上语犹未尽，为深入了解他们对本厂领导在艺术创作、工作作风方面的问题，决定单独邀请长影与会代表座谈，“背靠背”听取意见。一个多月后，按照中宣部确定的“畅所欲言向前看”的精神，吉林省省委又主持召开了长影党委扩大会议。在这次会及翌年 8 月继续召开的长影党员干部座谈会上，大家对长影主要领导人在创作上大搞群众运动，违反电影创作规律，对艺术横加干涉的粗暴作风，以及用行政命令手段压制民主，在政治上伤害创作人员感情等问题，提出了中肯意见和尖锐批评……

也正是在两年间长影两次党的会议总结诸多教训之后，以中共长春市市委宣传部部长身份参与长影会议的岳林，浮出水面，于 1962 年 10 月由中共吉林省省委发文，决定调任他为长春电影制片厂党委书记，开始了他和厂长苏云联手开拓长影二次繁荣的新局面。

岳林上任伊始，面临很多难题：领导班子调整，推动电影生产，继续干部精简，开展理论学习。千头万绪，作为党委一把手，对每一件大事，他都必须拿意见，定主意。比如党委委员改选。选前，他赞同有名望的党员艺术家像林杉、武兆堤等进入党委，但林杉入选有不少党政干部反对，理由是，他对把沙蒙、郭维划成右派心存不满，为他们鸣冤，是想翻案。岳林通过说服、协调，并报请省委、文化部领导，协助做思想工作，终于圆满完成改选。洞察这件事的内里，且不说岳林认为林杉有艺术才干和号召力，单凭他作为当年长影反右领导小组成员之一，对于曾是他老师的沙蒙是如何当上右派的，自有难言的隐秘。只不过他不像林杉是性情中人，敢斗胆放言“某些人为自保官位却置他人为牺牲品”而已。信任的力量令人鼓舞，林杉一进党委，积极性立刻发挥。他首先为提高长影人的文化审美素养，大力倡导读书：开展“马克思主义美学”讲座，请专家讲《文心雕龙》《李笠翁曲话》等文学名著。他以强化专业理论学习，来落实中央制定的“调整、巩固、充实、提高”方针，培育艺术队伍，夯实电影创作基础。若干年后，人们不仅称赞林杉的善举，同样也钦佩岳林择贤的眼力。

作为党委领班人的岳林，其领导艺术的显著特点是他敞开胸襟，宽厚待人、知人善任。这又如面对副厂长苏云。当他得知不少政工干部指责苏云附和林杉，为右派鸣冤，不同意他当选党委委员时，他却从苏云红小鬼出身着眼，历数他抗战结束后和成荫等人奔赴东北兴山，为电影事业开创局面，在艰苦磨炼中自学成才。岳林认为对待干部，不能以局部思想障碍，将其大节和能力掩盖。正是有这位好心班长的善待，使苏云很快从困扰中解脱出来，并成为他的亲密合作伙伴。由此仅过一年，苏云便以他年轻有为的面貌，走上了长影代厂长的前台。

紧接下来，便是党委为所谓改造好的右派分子摘帽，对不该认定为犯右倾错误的干部与创作人员进行甄别。这犹如和煦的春风，化解了政治压抑的严冬。此时，我们虽不能说岳书记像是一把火，但起码他充当了一个热水袋，温暖了艺术干部们的心，使他们甩掉包袱，心情舒畅，在创作中施展雄才。于是，重新燃起艺术激情的导演林农很快完成了壮阔的历史巨片《甲午风云》；推动年轻导演赵心水，挽救已夭折的剧目，拍出了传诵一时的惊险片《冰山上的来客》。之后，于彦夫拍出了曾为《红灯记》前身的电影《自有后来人》；王炎执导了《冬梅》《独立大队》；苏里拍完了再次受到欢迎的《我们村里的年轻人》（续集）。到1964年，更有一批轰动的影片呈现，它们是：武兆堤根据巴金小说编导出抗美援朝题材影片《英雄儿女》，塑造了舍生忘死的王成英雄形象，为人们众口传扬；林农执导了解放长春题材电影《兵临城下》，情节曲折，规模宏大；还有马连良、张君秋主演，导演郭维重新上阵拍出的绝版京剧片《铡美案》；吴祖光编剧，新凤霞、李忆兰及赵丽蓉联袂主演的评剧影片《花为媒》。此后一年，又继续拍出为观众叫好的影片《“特快”列车》《三进山城》《景颇姑娘》和现代京剧《节振国》，以及根据华北话剧会演剧目改编而成搬上银幕的电影《战洪图》和《青松岭》等，可谓佳片云集，异彩纷呈，俨然把长影推向了二次繁荣！

在我耳闻里，岳林进厂碰到的又一棘手难题，是在缩短战线的要求下精简机构，下放干部。1962年6月，周恩来和邓大姐来长影视察，厂领导人请周恩来题词，周恩来说：“你们厂1600多人，庞然大物！等精简合理了，我再来写字吧。”对此，岳林来到长影后，他反复考虑：人事处理关系干部前途，对被精简的人往哪里安排？应该负责地想出适当出路。本来，厂党委想把部分业务人员向各省小厂分流，但获悉大跃进中一哄而起的制片厂纷纷下马，这样子决心很难下。为了寻找干部储备库，经过一番打探，他们把目光盯上了珠江、峨眉、潇湘和西安厂，虽说现在去那里没事干，一旦形势好转，各大区还要抓电影生产，愿去的人有可能成为业务骨干，总比现培养划算吧！多年后，待这些兄弟厂名声大噪，一看电影字幕，有不少人竟是从长影摇篮送来的顶梁柱！

带病坚持工作的岳林，虽然事务繁忙，却对创作队伍成长，培育年轻力量，一直放在心上。当时厂里拍片任务“僧多粥少”，党委从长远着眼，积极推动以老带新，给摄制组多配助手，或增设联合导演，让更多的人有机会多实践。开会时，岳林告诫制片主任：“不要因循守旧，担心剧组人多会增加成本负担。想想看，送年轻人去进修不一样得花钱吗？”对于分配来的大学生们，岳林更是严格要求，强化历练，让他们在艰苦磨炼中求发展。我在1963年正式入厂前，曾在长影试办的电影学院任教两年，并在苏里续拍《我们村里的年轻人》时做过副导演，受到他的称赞。但是我进厂入编，先定职助理导演，没过两天，又宣布改为场记。再过一星期，二次改为实习场记，派我到《自有后来人》剧组跟老场记当徒弟。这使我很生气，觉得太丢脸，这让我的学生怎么看？于是立刻找领导提意见。就在我发牢骚、表不满期间，有一天，导演王炎拉我到他的房间，促膝谈心。这位电影学院的老学长厉声批评我：“你呀，别好高骛远，当导演哪能不干场记呢？当场记既能跟导演学镜头，还能和剧组各部门联系。老弟，这是当导演的底子功，学好了一辈子受益。你安心干吧，别贪图虚名没出息！”他一瓢冷水泼我脸上，让我清醒之余，很快消气。从那以后，我听他的劝，脚踏实地做起了场记。哪知没过半部戏，一个通知下来，调我再跟苏里导演去当助理，拍《我们村里的年轻人》续集。又过了大半年，厂领导派我随新剧组去看华北话剧会演，回来便安排我到《一颗红心》剧组担任副导演。老同志们羡慕说：“嗨，到底是学院派，这么快地登梯子，照长影老规矩，不知要熬多少年呢！”直到“文革”开办学习班时，我才听王炎透露：“当初你小子闹情绪，要不是岳林书记听到反映，叫我劝劝你，我哪能对你那样不客气呢！”

王导演的话，使我对老书记的敬仰更深一层，也引起我许多联想。当时和我同宿舍的副导演老赵，曾是郭维拍片的搭档，常去郭维家串门。听他说，岳林是山东人，挺大气，1940 年去延安，先后在抗大、鲁艺学习，和老沙蒙有师生之谊。郭维佩服他厚道正派，作风实在，不论对上对下，都诚恳相待。还说这位书记从不整人，相反，对挨过整的艺术家，不持偏见，一向尊重，通过坦率交谈，常听他们的心声。郭维受压多年没上戏，当他跃然写出表现长征将士一个个惨烈牺牲的剧本，立意要拍《亲人》时，岳书记起初给他鼓劲，后来听说有“一将功成万骨枯”的疑虑，便和苏云劝他先到北京去看京剧《铡美案》，支持他与香港合拍此影片，让电影版《铡美案》成为名家演出的绝版。《五朵金花》导演王家乙，1959 年反右倾曾受到错误批判。岳林帮他舒展心情后，鼓励这位喜欢民族题材的老导演再走边疆，热情支持他为筹拍《黛诺》继续奔忙。还有一位老干部任蒜，和沙蒙一起来自延安。东北局曾任命他当过某工厂厂长，还为创建“一汽”贡献过力量。而这位老兄偏偏喜爱文艺，调长影后甘愿给导演郭维当助手，学习拍电影。不幸的是反右中他因参加“沙、郭集团”而蒙难，长期坐冷板凳靠边站。岳林去看望他时，不仅说服他卸包袱，振精神，争取条件执导拍片，还鼓励他爱人傅佩珩回到翻译片室，为翻译剧本辛勤挑担。伴随政治关怀，岳林还特意叮嘱行政人员，帮他们改善住房条件，解决生活困难，使老夫妇重新感受到党的温暖。曾经以拍《三毛流浪记》和《祖国的花朵》闻名的导演严恭，新中国成立前就追随田汉、夏衍，积极参加左翼文化战线的活动。他长期靠近党的组织，追求上进，并以自己对党的电影事业尽职尽责和不懈耕耘，来表达他争取入党的决心。老骥伏枥，壮心不已，正是在岳林这一届党委的关怀下，老导演终于如愿以偿，晚年焕发了青春！

早在延安时期便受到党风教育的岳林，来长影后深切意识到，作为一名党务工作者，关怀和帮助创作人员心情舒畅地从事艺术活动，既是自己担负的光荣职责，也是党赋予团结知识分子、贯彻“百花齐放、百家争鸣”方针的神圣使命。这使命不只是对党员艺术家的信任与爱护，也包括对各部门从业成员，并涉及对党外人士，乃至从旧社会过来人的体恤与关注。长影是大厂，不同时期留下与吸纳了不少特殊人物，例如1954年吕班为搞喜剧题材，曾调来20世纪30年代名角殷秀岑、韩兰根胖瘦二公，相继拍出《不拘小节的人》和《未完成的喜剧》两部影片。但紧随吕班反右落难，胖子和瘦子也变成了“倒霉蛋”。他们虽受宽大而没给戴上黑帽子，可是从此被另眼看待，让其长期靠边赋闲。岳林来厂后，坚持党的一贯政策，倡导对他们不歧视，不嫌弃，给工作，给待遇。于是胖子积极参加演出话剧《升官图》和喜剧电影《满意不满意》。瘦子尽管因病不能拍戏，剧团对他们俩的多种关心照顾，也让韩兰根、殷秀岑心存感激。像这样合乎人情的事例，职工们都看在眼里。其影响不仅鼓舞殷胖子经常义务做好事，而且也让多数人感受到政策阳光带来的春意。可惜，这一胖一瘦迎来的春光不长，“文革”的无情棒又打在他们头上。什么“20世纪30年代丑类”“电影界的残渣余孽”……各种名目的污蔑，竟把他们推上了挨批挨斗的角色。而主张善待他们的岳林等人，自然难以逃脱保护“牛鬼蛇神”的罪责。记得有一天，工、军宣队召开“清理阶级队伍”批判会，插空之间，我正碰见岳林上厕所。因我知道调胖瘦二人来厂和他没牵扯，所以看看四周无人，便悄声递话道：“哎，憋着嗓门儿，不知道的情况不说，能沉默就沉默！”他一瞅是我，点点头，没吭声，直到我整衣而去，他还站在门里沉沉地望着。

在我脑海里，岳林那时苍白的脸就像定格画面，持续在眼前盘旋。直到1971年他重新复出，我再看见他时，他却是以和蔼可亲的面孔，代表党委找我谈话，决定选派我去大庆深入生活，准备石油会战题材的剧本创作。我知道，岳书记对宣扬“工业学大庆”历来充满热情。2009年7月我回长影，见到乐团老团长潘德民，他告诉我，石油会战年代，第一次鼓动他带领长影乐团去大庆慰问演出的，不是别人，正是岳林。记得我在大庆钻井队生活、搜集素材几个月后向他汇报，他从电话里听到我提出的困惑：一是在目前形势下，剧本创作如何同大庆油田合作？二是我们的任务是继续搜集素材，还是自己动手搞剧本写作？三是如果写剧本，究竟以什么样的创意来驾驭会战题材？在“四人帮”对文艺扫荡肆虐的年月，不少人对“繁荣文艺创作”的召唤还陷于茫然，而电影界在帽子、棍子横飞乱打中，已被搞得一片混乱。如此情况下，我在大庆下一步应该怎样活动，急盼老书记提醒。那天岳书记在通话中亲切对我说："我了解你在大庆很辛苦，收集很多素材，还建了创作组。希望你按照自己对毛泽东文艺思想的理解，在深入生活上扎下去，继续多听多看；在与大庆工人结合中汲取营养，克服困难。还应该独立思考，试探着去搞一个初步方案。"

我没想到，他电话里的声音落下没多久，有一天，军代表薛涛通知我去接站，说长影党委书记岳林由革委会副主任刘儒陪同来大庆参观。这显然是老书记对大庆题材创作十分惦念，必定要亲自来大庆走一走，看一看。就在他们参观地宫、第一口油井还有铁人展览馆之后，岳林和大庆政治部几位领导交谈，双方明确这次创作以长影为主，大庆配合，采取专业和业余相结合的路子，把表现石油会战的电影剧本写好。而且岳书记还首次提出，在国庆节前希望创作组能拿出一个剧本初稿。

他希望十一前拿出剧本，足以显示他抓大庆题材的急迫和热心。当晚我陪他回到招待所时，干打垒住房里石油取暖的高温，热得他全身冒汗，他红光满面地干脆脱下汗衫，光着脊梁对我讲："拍大庆，不能等。毛主席发出'工业学大庆'号召 8 年了，我们干电影的有愧呀！"他接着讲了开掘这一题材的想法："写大庆题材，关键是突出反对苏修断油压力，表达独立自主、艰苦奋战干工业的主题，并且要塑造好铁人式的工人形象，写出一股子战天斗地的大无畏精神。"又提醒说："你们创作组写初稿，剧本中党的领导形象不要设计太高，指挥一级就可以了。太高矛盾多，难驾驭。写大会战，能展现出大气势、大面貌和时代精神就可以，关键在于写好苏修压力，突出铁人形象的感染力……"他这些话，我如实抄于当年 1 月 17 日的日记。今天重新翻阅，可见其独到见地。而回顾此后电影《创业》创作碰到的各种干扰和全国上映后突如其来的蒙难，对照岳林在开掘大庆题材上提出的见解，我们不能不佩服他在创意把握上的真知灼见！

令人遗憾的是，在《创业》遭遇大难后的几年里，这位一向廉洁自律的老书记已病魔缠身。他虽满怀赤诚，力促长影在粉碎"四人帮"之后有大发展，重开繁荣局面，但此时的他，已心有余而力不足，相伴的只能是治疗和休息。1983年4月10日，他终因心脏病与糖尿病久治不愈，远离长影而去。我们的好书记驾鹤归西时，年仅64岁。英年壮志憾未酬，痛惜啊，痛惜！

当我得知敬爱的岳林同志去世，身在外地的我悲痛不已。为表达对他的哀悼，我忍不住望空泣喊："岳林，我忘不了你！"

在遥祭他逝世28年的今天，出于对师长的怀念与盛赞，我情不自禁地给岳家后人——他的女儿岳晓湄、儿子岳扬各写一首诗，一是：

岳帅浩气贯虹云，林木参天护幼根。永叹疾风识劲草，生展枝花叶飘魂！

二是：

采风岳阳楼，介子林中休。晓梅不沾露，盛誉朽难酬。

藏头与藏文诗内，含有八字："岳林永生"与"岳林不朽"。

（本文写于2010年5月，原载《电影文学》2010年第17期。）

二十三、与成荫导师的一段奇缘

——纪念著名导演暨前北京电影学院院长成荫逝世二十七周年

成荫，新中国电影著名导演，他以执导（或参与编剧）《钢铁战士》《南征北战》《万水千山》《停战以后》及《西安事变》等革命战争题材影片的卓越成就而享誉影坛。这位早年曾在延安“鲁艺”学习、活跃于晋绥120师政治部战斗剧社的教导员，在解放战争战火纷飞的年代，曾和钟敬之带领西北电影工学队的一批骨干，奔赴兴山，参加了东北电影制片厂的创建。至1956年他随汪洋率领的赴苏联电影实习团结束实习归来，便置身新北京电影制片厂拍片，并成为北影领衔创作的“四大帅”之一；直至改革开放新时期，他在完成最后一部获奖大作《西安事变》后，又以院长之职入主培育电影事业后继人才的北京电影学院。我与成荫导演相识在1956年，之前同他素昧平生，从未谋面，只是由于这一年我高中毕业“进京赶考”，才有幸同他结下一段意想不到的奇缘。

1956年，这是新中国成立后实施第一个五年计划、开展大规模经济建设的第三年，也是我行将结束中学学业进入大学门槛的关键岁月。那时我在河南新乡市第一高中上学，校园生活朝气蓬勃，班级同伴兴趣广泛。特别是课余时间，学校鼓励学生参加长跑队、美术组、合唱团，促进全面发展和素质锻炼。而且每逢星期天，班级常组织大家去市影院看电影，当时为观众熟知的苏联影片像《金星英雄》《蜻蜓姑娘》《中学生毕业证书》《忠实的朋友》等，几乎看个遍。而每当晚自习间隙，集体舞的歌声便回荡校园。然而这年春天，一个大的困惑让我入夜难眠，那就是：眼看就要毕业，我该确定什么样的高考志愿？

对于我这个从小就喜欢画画的少年来说，未来当一名建筑设计师是一大诱惑。加之我数学、物理、几何成绩还不错，若报考名校的建筑系，选择目标理应是工科。但涉于常年受文史教员父亲的熏染，我又喜爱文学和音乐。且不说我课余参加合唱团并嗜好写作，即使到了春节放假，家乡组织剧目会演，也要拉我去帮他们导戏排练。如今我若弃文从工，似乎于心不甘。就在恍惚之间，学校一张留苏预备生报表发至眼前，这让我毫不犹豫地定下学工志愿。然而喜悦仅仅过了几天，便传出我因家庭出身不合标准而被剔除名单，这让我顿生失落感。一阵烦恼过后，便改主意向文艺方向发展。可是一具体到报考什么学校，又陷入茫然。我总琢磨能上一个综合文学、戏剧、绘画与音乐的学科，使个人兴趣都有着落，可是这样的大学哪找啊？

烦闷间我来到学校图书馆，翻看新一期《大众电影》杂志，一则新闻图片跃入眼帘。报道称：中国电影赴苏实习团团长汪洋、导演成荫等人回国。这让我顿时浮想联翩。成荫是我崇拜的著名导演，他拍的影片我看过多遍。如果我给他写信表表心愿，不知他能不能回信给以指点？一时贸然冲动，我把信寄往北京；小秘密我谁也没告诉，生怕扑空惹来嘲讽。时间一天天过去，在我不敢奢望也不愿多想的当儿，一封来自北京的回札送来惊喜。打开看，啊，两张稿签上竟是署名成荫的笔迹！信中说："卢友汉同学（我原名）：你的来信我已看过，得知你兴趣广泛，喜爱文艺，为你高兴。但中学阶段主要是学知识，打基础。希望你在老师教导下刻苦学习，全面发展，在获得基础知识的前提下，根据个人条件，再考虑未来志愿……"这一番开导勉励使我激动，班上同学也都为我能幸运地收到名导演来信而高兴。可是下一步该怎么办？我想，自己冒昧投书，得来的顶多算是给观众的一个回音，若继续写信不会招烦吗？

青春期的躁动无忌，让我不知天高地厚。时至春假，我按捺不住心头的活蹦乱跳，打算以校园生活为素材，以班上独具个性的同学如绰号“虾米”“狗熊”“博士”“烧饼（少爷兵）”等为模特，在《中国青年报》刊登的诗篇《我们是接班人》的启发下，索性模仿着写一个电影剧本寄给成荫，想让他如实了解我的智商与爱好，看看我到底能成为一块什么料？说写就写，我趁同学们春游不在，便憋闷在教室里赶稿。五天冲刺，近三万字成草；之后又利用课余时间誊改一遍，冠名《时代接班人》，便神不知鬼不觉地把这一处女作寄出了。这次能否有回应？我不知道，也没深想，只是凭一股勇气撞大运；待总复习开始，就全神贯注地投入了毕业终考。

时间一天天过去，我虽在期盼，但不敢在意，只能悄悄另做投考外语学院的准备。将近三周之后，命运之神忽然降临，邮差送来了寄自北京厚厚的信。拆信看足有五页稿纸，成荫的笔迹令我惊喜，他写道：“……你的剧本表现了中学校园生活，人物可爱，生动活泼。这个剧稿能否成为有用的作品？我已把它交给电影剧本创作所，请他们审处好了。不过我认为，经过加工是可以有作为的。”看到此语，我不敢相信自己的眼睛，简直是受宠若惊！接下去是：“从作品看，你是一个爱好文学的青年。从这一点着眼，我建议你最好报考大学文学系，因为文学是综合艺术的基础。当然，高尔基并没有上过大学，也成了俄国的文豪；但那毕竟是高尔基，他经受过艰难生活的磨砺，也受到过俄罗斯传统文学熏陶……”在他谆谆教诲我一定要打好文学基础再考虑从事艺术之后，转而又加了一则附言：“尽管我主张你报考文学系，但我还是要告诉你一个消息：今年北京电影学院建院招生，如果你坚持从事艺术的愿望，也可以向他们索要招生简章。”啊，这位敬爱师长的亲切话语，既让我这个稚嫩青年倍感温暖，也着实给予了自己通往艺术理想的启迪。

这封回信在班上几乎引起爆炸，许多要好的同学都鼓动我向电影学院进发。而班主任和预感艰险的人们则劝我别好高骛远，称艺术院校门槛那么高，咱小城市学生哪能攀得了？而我虽觉有点冒险，但深知此路最称心愿，因而在了解我的制图老师（画家潘天寿弟子）郝石林的支持下，我抛开犹豫，毅然向北京电影学院招生办索来简章，完成报名程序。至此，我又向成荫发信，一是告诉他学院已通知我准考，二是询问我若到北京应试，能否给一点指引辅导？导师第三封信很快回复，对我说："能考就好，你不必负担太多。只是很不巧，我最近要外出采景，你来京怕不能见面了。不过不要紧，我给你介绍两个人：一位是我的副导演任颖同志，另一位是我的爱人申伸（时任电影局人事处长）。他们都会给你帮助的，放心。"信的末尾，还特别注明一下他阜成门的家址及电话号码。从未见过面的大导演，对一个无名中学生的关怀如此巨细，即便在当时延安作风盛行的年代也属鲜例。

由于我兄弟姊妹多，父亲教书，爷爷种田，家境比较困难，因此，我赴京考学没敢让老爸寄钱。为帮我摆脱窘涩，热心的郝老师资助买了车票，一位要好同学写信给北京的哥哥王金善接应留宿，我这才安稳上路。我抵京后走出永定门车站，搭上当当响的老式电车，掠过窗外古都景色，很快便寻找到位于西直门胡同里的建工宿舍。热情接待的金善大哥对我说："放下衣包，你该先去见成荫导演爱人，了解考场情况。这儿离阜成门很近，顺城墙溜达会儿就能走到。"听他的话，午后四点多我便来到阜内121号大门口。步入四合院，门人问我找谁？应答之后，上房屋很快走出申伸老师。她打量我土里土气的模样，问我从哪里来？我回话间她欣喜又问："你是河南那位考生吧？"她瞅见我点头，立刻转脸呼叫："成荫，你的考生来了！"话音刚落，成荫便闪出屋门。突然望见他爽朗的身影，我顿时喜出望外！原来他还没有走啊？慌乱间我不知所措，上前深深一鞠躬，惹得成导演哈哈大笑，顺手把我拉进屋里了。

成荫一派军人气度，讲话干脆利索，客厅落座后，他开门见山对我说："你进考场，要紧是不能怕。学院今年招生，设导演、演员、摄影三个系和一个专科。你报名的导演专业，一方面有在职人员应试，另一种是在高中生里选择，因为是建院第一班，要摸索经验。对两种考生要求不一样：来自艺术院团的虽懂很多，重新学习怕要改毛病；而在校生是一张白纸，主要是测试素质、想象和对艺术的灵性。既是这样，有什么好怕的呢？"扫去我的怯场情绪，他接着说："导演系主考是我的战友干学伟，而主要提问者是苏联专家伊万诺夫。我也是招生委员会委员，但不参加考场事务。你写的剧本，还有一封你老师的推荐信，我已转交他们。考试科目除了影片分析，就是面试提问和即兴表演编小品。你可以做点准备，但不必过于费心，因为测试悟性你想法太多，反而丢分。”精辟的指点，热诚的关心，一席话让我摆脱迷茫，以轻松之态迎考上阵。临别他特别提醒我：“对于现场提问，你知道多少说多少，不懂的别瞎蒙，一定要诚实应考，这很重要。”握手完毕，我又行鞠躬礼，他在不习惯接受校礼的含笑中，乐呵呵送我出门。

开考第一天是影片分析，所有考生先观看《南岛风云》影片，然后走进教室写答卷。这对我说不算难，我紧紧围绕女主人公符若华的战斗命运和性格成长做文章，又对相应画面和音乐加以点评，自感良好地走出考场。接着，展开轮替式初次面试——北影演员剧团排演厅外，各色生员云集，热闹非凡；相识与不相识的簇拥交流，探风询问。按日程我被安排在第二天，当我走进大厅，面对列坐一排的考官时，刹那间由紧张转而坦然。坐在主考旁的苏联专家首先提问：“你看过电影《钢铁战士》吗？”答：“看过。”问：“你最喜欢哪个人物？”我眨眨眼，没有认定是主人公排长张志坚，而是指壮烈牺牲的刘海泉。他问：“为什么？”我答：“小刘有个性，机智，勇敢！”他“哦”了一声，立刻让翻译撂给我一个篮球，指示我以它为道具演小品。我一闪念，必须反应快，于是把球一放，便哼着乐曲先做起广播体操，边做边悄悄思考。很快主意拿定，我觉得不能把球啪嗒啪嗒打一通了事，而是设计应球场呼叫，来体育器械室找篮球。我进屋在架上箱内翻腾寻觅，好不容易找出后，却发现篮球瘪气（早年篮球有气胆）；心一急，伸手拆胆吹气；再不成，又找来气管打气。一系列无实物动作结束后，我向室外喊一声：“球来了！”到此表演完毕。尽管自知演技差劲，但扫望考场眼神，似乎对构思还显满意。紧接着主考让听曲走舞步，我说不会；转而问我会弹琴么？我走向钢琴，没加犹豫，弹出苏联国歌的主旋律……专家仅仅听了两句，便挥手喊停，说了声俄语“喝拉少（好）”，叫我退场了。

再过一天，初试张榜，我一大早赶到学院看结果，36 位初录生名单贴在墙上。我挤进人丛赶快找，一看榜上有名，高兴极了。有好消息我立刻给成荫老师打电话，他得知我参加复试，遂叮咛第二天到位于西单花园饭店的创作所去见他。我如约到达后，他说复试要求高，应该给以辅导。于是他让我在房间等一下，很快找来副导演仜颖和《白毛女》导演水华，三位前辈花半晌功夫轮番开导，孜孜调教，以实例给我很多启发，期待后续成绩有加。紧接的复试再次考小品，之后招生办让我们回去参加统考，待综合分评定出笼，录取通知才能送达。

10天应试紧张而开眼，当我又走进成荫家告别时，他语重心长地勉励我说："文化考试你占优势，回学校抓紧复习，不要多想，即使电影学院没考上也不要紧，只要你坚持不懈，我会想办法帮你如愿以偿的。"导师的体恤，让我激动不已。我回到建工宿舍，把一切告诉金善大哥后，他在饯行的餐桌上感慨说："你老弟上京赶考不容易，能遇上这样好的恩师引路，实在有运气！"

回校参加完大考之战，最先发来录取通知的是北京俄语学院。而就在我和家长掂量上与不上的时刻，慢腾腾的电影学院寄来了录取通知单。见通知我发自内心地感叹：幸运，真是幸运！导演系800名考生只取二十几名，如果不是巧遇成荫，我哪儿来的胆量和信心？然而，我自踏进北京电影学院门槛，除了入学时一次探望，还有另一次去他执导的《上海姑娘》片场参观，几乎多年没能再和导师见面。这期间一是各种政治运动不断，往来困难；再就是他创作与摄制任务繁重，连家里人都很少见。直至"文革"接近后期的1971年，他在完成样板戏《红灯记》拍摄后，奉命来到长影《沙家浜》剧组传授经验，一天我刚走下楼梯，抬眼看见他来到摄影棚前，我张口便叫："成荫老师，您好啊？"他转脸瞅见是我，讶然问："唔，你不是卢友汉吗？毕业后来长影几年了？"我惶怵应答："一晃11年，还没独立拍片。您住哪儿？我去看您好吗？"他还没来得及回话，便被制片主任拽走了。

我再次和成荫老师相遇，已是在1975年秋的大寨宾馆。那时由于电影《创业》遭到封杀，毛泽东下达了呵护批示。而江青对此不满，擅自调我们《创业》剧组来大寨继续发难。在阴风四起的氛围中我同来自北影的导师偶然见面，除了阔别的几句问安，几乎难以接触深谈。转眼又8年过去，我在长影继执导《谁戴这朵花》《诱捕之后》两部作品后，开始筹拍第三部影片《蓝鲸紧急出动》。这时成荫已出任北京电影学院院长，为聘请学院派摄影师，我借机给导师第一次送礼。提着一篮水果礼品，到老师的新居楼房探望。多年未见，老导演已挂鬓霜。畅谈中，他最关切的依然是我在创作磨砺道路上的成长。而我一提起当年考学的经历，他淡淡微笑之余，风趣地对夫人申伸说："那时他给我印象最深的，是那土气朴实的鞠躬礼！"导师执意留我吃晚饭，用餐中途我看见他放下杯筷，匆匆走进里间。我悄声问："老师怎么了？"夫人解释："他有心绞痛，经常犯病……"这使我一怔，忙说："我有朋友在开封，那里出冠心苏合香丸，能有效缓解病痛。北影的谢添、陈强常让他们寄，很管用。"申伸老师听说很高兴，问我："有这种好药？能买到吗？"我当即回答："您别管了，只说声需要，我让朋友马上寄到！"

此后仅过一周，我便给他家打电话，问药收到没有？申伸老师告诉我已经收到，而且效果很好。然而一个月后我再次问候时，家里孩子哽咽着对我说："药您别再寄了，父亲上星期已经走了！"天呐，如此急促，怎么回事？我慌忙跑到厂办公室问情况，只见北影发来的讣告摆在桌上。望着黑体字的治丧函我眼泪汪汪，这才得知敬爱的师长心脏病猝发，抢救无效而殇。此时此刻我一片木然，瞬时间他教诲我的一幕幕影像浮现眼前，让我在发唁电遥祭中悲伤痛哭，感慨万千……

多年后我一直在想，凭成荫导演的声望，不知当年他出于何种心仪，为什么对我这个既不沾亲带故，又未厚礼相赠的陌生小子全力相帮？日后几次见面他也从未流露原因，显得如乎寻常。回顾20世纪50年代初的背景，联系起毛泽东在发起《红楼梦》研究讨论中，对党内文艺家"要重视新生力量"的召唤，我或以为能解开谜团。可是在庆贺我们原导演系主课老师干学伟90华诞时，他却对我说："那只是一种因素。我和成荫多年交往，他最可贵的品质，是他热诚无私，胸怀坦荡，具有助人为本的人格力量。"2011年4月26日，是成荫导师逝世27周年纪念日，为悼慰这位难忘的前辈，我把与申伸老师及其子女欢聚时相赠的一幅素裱挽词"江城子"重抄于此：

五六年春花正香，小乳燕，觅巢忙。千里茫茫，飞鸿话衷肠。蓓蕾绽开恩泽露，花园情，自难忘。　　弹指秋枫挂鬓霜。浓荫下，幼树长。桃李满园，盛誉载歌扬。一阵惊风飘红叶，白桦林，泪成行。

大德垂范后继，愿导师英灵笑慰安息。

注：电影《南征北战》《万水千山》分别为成荫与汤晓丹、成荫与华纯联合导演作品

（本文写于2011年元旦离开母校50周年收到学院寄来本班毕业合影时刻，原载《电影文学》2011年第17期）

附录：文论四篇

当代银幕呼唤什么形象？

如果把 1985 年各制片厂出品的电影片目摊开，可以看到有相当一批惊险样式的侦探武打片蜂拥而出。观其势头，像要刮起一股不小的“惊险旋风”。作为具有广泛群众性的片种，惊险样式本身无可非议。我们需要具有一定观赏价值的娱乐片（包括喜剧片、武打片、惊险片）。然而，若将这一创作现象加以分析，此类影片竟汇成一个时期电影作品的主流，而且其中有不少题材内容脱离生活，格调低劣，拼命迎合某种庸俗趣味，这无论从正确理解电影艺术的功能，还是从积极提高影片的质量而言，都不能不令人关注。

从另一角度观察：自从粉碎“四人帮”以来，我国故事片创作生产逐步复苏，电影在题材的开掘、风格的多样化、艺术的创新等方面，都有重大的突破。可是，真正无愧于伟大时代的，血肉丰满、独具个性的社会主义新人形象，应该说还是屈指可数，实在太少了。一方面是“侦探武打片”之多，另一方面是具有鲜明时代特征的新人形象之少，这一“多”一“少”是正常还是反常姑且不论，至少它向我们提出了一个尖锐的议题：当代银幕呼唤什么形象？从这一议题入手，我感到很有必要对电影创作所涉及的若干观念，进行深入的讨论。

决不仅是为了“娱乐消遣”

当人们开始重视电影的商品因素，并力图使电影同电视及其他文化娱乐活动争夺观众市场的时候，有人提出了“观众就是上帝”的口号，接踵而来的是鼓吹电影的“娱乐”功能，“消遣”作用，说什么“把电影当成思想宣传工具是愚蠢的”，“不认识电影同观众的媒介——娱乐和买票，就不能从他们口袋里掏走那两毛五分钱（此时票价）……”。在这样一种观念支配下，电影制片厂为了保住岌岌可危的电影发行市场，自然就要想方设法改变选材计划，尽量拿出一些迎合时尚的节目。

中国有些人就喜欢刮风。每当一强调电影教育作用的时候，立刻就会夸奖某某影片是什么“好教材”，甚至发红头文件，鼓动各单位组织“专场”“包场”观摩，讨论，直到观众倒了胃口，才算了事。相反，一提倡电影的“娱乐性”与“商品性”，倏忽间，银幕上的“飞侠”“魔女”“海盗”以及“奇案”“尸变”“幽灵”之类，又是五花八门，一拥而上。

多年来我们吃了多少盲目性的苦头。出现在当前喧嚣甚烈的“庸俗消遣’之论，同过去片面强调“思想教育”一样，不仅是观念上的盲目，也是理论上的浅薄。

远在1907年，列宁和彭契·布鲁耶维奇谈话的时候，就曾经对电影的性质，提出过耐人寻味的见解，他说：“电影暂时处在庸俗的投机家的手里，是害多于利的，它时常以可厌的剧本内容，败坏群众。可是，当群众掌握了电影的时候，当电影落到真正的社会主义文化活动家的手里的时候，当然就成为教育群众的有力工具之一了。”

这里，列宁所说的“败坏群众”与“教育群众”，是性质相反的两种功能。“败坏群众”容易理解，而“教育群众”则成为我们经常争论不休的题目了。有人一听到“教育”，就搞耳提面命，生硬灌输，使观众纷纷退避三舍，产生逆反心理。表现在创作上，就是图解生活，空泛说教；殊不知任何形式的图解都是反艺术的，任何脱离形象的说教都会扼杀艺术生命。试看，1985 年前后出现的一大批公式化概念化的电影作品，不就是在这种观念指导下的产物吗？

记得 20 世纪 50 年代末《中国青年》杂志曾经就怎样欣赏电影问题，展开过一次有意义的讨论。当时有人推崇“教育性”，有人强调“娱乐性”。一位同志写道：“如果把看电影仅仅当成娱乐，请问，当成千上万的观众在看白毛女受凌辱、受欺侮的时候，他认为自己是在娱乐吗？当我们在银幕上看到董存瑞舍身炸碉堡，上甘岭的英雄们在流血牺牲的时候，能认为这是在娱乐吗？”这种说法固然不无偏激之处，但从中我们也可以得到一点启示：一定社会的文化现象，决非仅以“娱乐消遣”为最高目的，而往往以本阶级崇尚的道德精神与思想感情，去征服人心，影响其品格和斗志，促使他们去实现本阶级追求的种种目标。

由此看来，社会主义的电影文化，作为推进社会精神文明的有力武器，有责任通过艺术形象来宣扬中华民族的传统美德，先进人物的优秀品质，开拓新的、美的、高尚的感情领域，促进亿万人民为民族的振兴、国家的富强去奋斗。

主张“票房价值至上”的人往往抬出艺术的“大众性”（又称“通俗性”）来自圆其说。所谓“大众性”，不同美学观点有不同理解：可以认为是表现方式上的深入浅出、通俗晓畅；也可以认为是俯就低级趣味——认为支配观众兴趣和爱好的是“情欲直觉”，而不是“心灵共鸣”。

毫无疑义，社会主义的电影艺术家，应该正视现代观众多层次的欣赏结构，善于采用新鲜活泼的艺术形式，适应广大观众越来越丰富的审美趣味。但是，决不能把“大众性”当成使艺术降低为“廉价娱乐”的护身符，更不能把西方电影愚弄观众的“感官刺激”“恐怖猎奇”“色情肉欲”当作时髦和标新立异。

不提“重大题材”行吗？

往往一强调“重大题材”，创作人员就陷于困惑和烦恼，其原因是，在

“左”的观念支配下的艺术领导者，常常把“重大题材”变成“配合政治任务”的同义语，限制了题材的多样性和反映生活的能动性，挫伤了艺术家探索新的题材领域的积极性和创造性。20世纪60年代初，在周恩来总理的关怀下，《文艺报》曾就“题材问题”发表过专论，一定程度上批评了题材“单一化”的倾向。党的十一届三中全会之后，随着思想解放运动的兴起，电影艺术在开拓新的题材领域方面，呈现出前所未有的活跃局面。然而，随着经济开放而出现的文化开放，在西方种种思潮骤然涌进的情况下，不能不看到一些同志在社会主义电影选材问题上表现了某种不够健康的倾向：这就是所谓写“琐事”，写“变态”，写“灰暗”，等等。题材有无轻重之分，大小之别？创作实践早已作了肯定的回答。问题是，什么类别属于“重大题材”？什么作品是写“家庭琐事”？形而上学者往往从外部形式着眼，似乎只有表现重大的事件，宏伟的场面，以至史诗般的规模，才称其为“重大”。其实不尽然。事件规模固然也重要，但有决定意义的在于它是否揭示了重大的社会矛盾与思想冲突，是否有可能塑造出具有鲜明时代特征的性格，并展示出一定历史阶段的社会生活本质。《红楼梦》是不是写“家庭琐事”？而它却成了揭示一切封建关系和封建家族败落命运的百科全书。我们有一些军事题材影片，战争规模不能算小，但它展现的社会冲突内容却十分贫乏。因此，我们不能一般地以外部规模来评定题材的轻重、大小，而应该鼓励艺术家更看重选材的思想容量和社会价值。

选材问题，归根结底，是创作者站在哪一社会角度，以哪一历史视点，来观察、解剖和评价生活的问题。唯其如此，当然有“宏观”，有“微观”，有“大江东去”，也有“小桥流水”，有“重大题材”，还有“轻松小品”。就创作方法而言，艺术从来是以小见大，以少胜多，即所谓的形象概括。我们既不能把方法与内容混为一谈，生硬地批评艺术家“失重”，但也不能以“杯水风波”去冷落去代替“重大题材”。

一个有趣的现象值得注意：当我们来回顾20世纪50年代电影作品的时候，可以骄傲地举出许多无愧于那个历史时代的代表作和典型形象，例如《白毛女》《钢铁战士》《南征北战》《董存瑞》《平原游击队》，以及《上甘岭》《战火中的青春》等等。但是，如果把时间推移到下一个世纪初，我们的后代要举行20世纪80年代电影回顾展的时候，他们将为我们留下的哪些银幕形象而感到自豪呢?

这的确是引人深思的。然而也只有理解到这一点，才能敦促我们的电影艺术同形形色色的资产阶级美学划清界限，把塑造具有崭新时代风貌的社会主义新人形象，推到社会主义银幕突出的地位，因而也才能把展示我们民族的爱国主义精神，人民在现代化建设劳动中产生的美好品格和新型关系，当作一代人的精神丰碑那样来努力完成。当然，电影以它丰富的表现形式，也可以自由地同时表现其他题材，包括一切直接或间接有利于人的健康感情、审美要求，有助于人们紧张劳动之余娱乐休息的作品在内。但是，艺术家作为人类灵魂的工程师，从高度的历史责任感出发，必定应该更多地呼唤代表时代前进主流的各种动人形象。

不可忽视作品的思想倾向

马克思主义美学从来不承认有所谓“纯粹的艺术”，只有形式主义者才主张“为艺术而艺术”，认为电影创作不受思想政治的影响。事实无可争辩，在无产阶级和资产阶级两种意识形态相对立的社会生活中，电影艺术家不可能不通过作品表达他对社会的经济、政治、文化与道德诸方面的思想见地或政治倾向。只不过清醒的艺术家公开承认思想性和真实性是艺术的生命，而某些现代形式主义的追求者们，则极力排斥艺术的倾向性。

恩格斯在给德国女作家敏娜·考茨基的信里这样写道：“悲剧之父埃斯库罗斯和喜剧之父阿里斯托芬都是有强烈倾向的诗人，但丁和塞万提斯也不逊色；而席勒的《阴谋与爱情》的主要价值就在于它是德国第一部有政治倾向的戏剧。现代的那些写出优秀小说的俄国人和挪威人全是有倾向的作家。”同时他又指出，“倾向应当从场面和情节中自然而然地流露出来”，“作家不必要把他所描写的社会冲突的历史的未来的解决办法硬塞给读者”。

时至今日，恩格斯这一马克思主义的美学论断，依然是我们应当遵循的。关于这一点，几乎连批判现实主义作家巴尔扎克都很明确：真正的艺术家要表现自己时代的主要思想。只有在这样的情况下，他才配称为天才。

在我们的电影画廊中，《高山下的花环》《人到中年》《不该发生的故事》等作品，之所以强烈地震撼人心，除了艺术表现的因素而外，突出之点，在于它们充满了时代精神，在于它们真实而典型地再现了变革时代新与旧、美与丑、先进和落后之间尖锐的矛盾冲突。很可惜，像这样具有深刻的历史意识和思想深度的作品太少了！而今有不少影片，要么罗列一堆不疼不痒的矛盾现象，找不到反映生活本质矛盾的焦点；要么对所选择的矛盾冲突进行错误的解释，得出既不典型又无普遍意义的结论。

不可否认，近年来我国许多优秀的电影作品，在主题、意蕴的丰富性，情感与心灵开掘等方面，作了创造性的可喜的探索。与此同时，在西方悲观主义、神秘主义、非理性主义种种思潮的影响下，也有同志热衷于表现分裂的心态、灰暗的人生、不可知的命运。在他们看来，这才符合“生活真实”，才最有“表现价值”。其实，这恰恰是对社会主义现实主义创作原则的背离，是对空虚的形式主义的盲目膜拜。

艺术不必回避生活中的平庸与灰暗，但艺术的哲学不该平庸与灰暗。我们承认生活中有困苦和彷徨，但更要看到还有排忧解难的斗士和闯将。马克思主义美学一向主张，革命的文艺家应该走在时代的前列，向旧世界挑战；应该满腔热情地赞扬新事物，鞭挞旧意识。他们应该是人民群众所向往的美好感情、高尚精神的歌者，是以深刻的思想力量推动人们奋进的鼓手。也只有具备这样的观念与气质，他们创作的电影作品才能显示出战斗的倾向性，也才能闪现出耀眼的思想光辉。

（原载《电影文学》1986 年第 2 期）

当代电影呼唤风格

风格就是独创

1985年初电影创作会议期间，我有幸观看了北影厂著名导演凌子风的新作《边城》。影片透过那青山、秀水、古道、渡口的画面，透过船家女翠翠和爷爷相依为命的遭遇，在展现作家沈从文笔下的旧时代湘西老船工的生活图景中，通篇显示出悠悠动情、古朴淳厚的民风，洋溢着令人眷恋、婉约而纯真的情调。由此使我联想到这位艺术家在20世纪60年代导演的影片《红旗谱》。这部以冀中滹沱河畔锁井镇农民朱老巩父子，反抗恶霸势力的代表冯兰池为斗争内容的电影画卷，凭着它深沉、悲壮的艺术格调，炽烈、浓郁的乡土气息，真实感人地再现了中国农民从被压迫剥削，到走向革命斗争的苦难历程。作品中细腻的抒情与壮阔场景的结合，不仅把原著“出水才见两腿泥”的生活哲理，揭示得生动、具体，而且它创造了“燕赵多悲歌”的感人情境，集中透视了中国农民的特质和性格，从而显示了它独有的地域风味与民族特色。由此使我又追溯到这位艺术家在1949年根据“八女投江”故事拍摄的影片《中华女儿》（与翟强合作）；1956年以冀东暴动为题材导演的影片《母亲》，以及1982年荣获双奖的优秀影片《骆驼祥子》，等等。所有这些作品，从剧本选材到导演构思，从造型处理到音乐运用，几乎无一不渗透着凌子风酷爱民族精神与乡土感情的志趣，也无一不显露出他那情势兼备、粗细相间的艺术风格。

宛若赴宴的人们喜欢品尝风味菜一样，随着现代电影观众欣赏水平的日益提高，人们愈来愈渴求中国电影样式的新颖与风格的独特，也愈来愈反感和厌弃那些思想干枯、艺术乏味的平庸之作。我们十分钦佩名菜馆的烹饪大师，他们可以用巧夺天工的手，做出来“色、香、味”各有特色的“风味菜”，任凭食客们垂涎享用。而作为银苑花师的编导，如果不正视当前电影观众欣赏心理的变化，不从中国民族文化传统的发展和当代中国大地发生深刻的变革出发，努力探索独具个性的艺术风格和流派，提高作品的美学价值，那么现代中国电影的生命力将要受到很大限制。

所谓风格，就是艺术家的创作风貌。不论哪一种风格，都表现了艺术家本人对作品内涵的独到见解和在形式上的独创特色，是他区别于别的艺术家显著不同的个人特征。唯其如此，风格的形成不仅是创作个性的突出表现，也必然是艺术家走向成熟的标志。

在电影创作中，风格的出现，首先反映在艺术家对自己作品的选材上。因为选材不仅意味着创作者对现实生活中的哪些现象感兴趣，产生激动，引起共鸣，而且还取决于他以何种方式，确定对某一生活断面的观察角度，以及对人物性格面貌的透视点。固然，这往往和艺术家自己的生活经历，兴趣爱好，包括其世界观与文艺观有密切关联，但同时并不排除他以特有的形象思维方式去开动想象，施展天才，以独出心裁的构思使作品别开生面。倘若我们把某一位风格显著的艺术家的作品加以浏览，不难发现其选材上的共性。而这共性既显示出他们在文学与美学上的追求，也构成了他们作品的总体艺术风貌。

例如，我们从《林家铺子》《革命家庭》《烈火中永生》以及《伤逝》等影片中，可以看到水华导演擅长于“时代咏叹调”与“革命抒情诗”的创作风格。可以说他的每一部作品，都饱含个人的内在激情和生活体验，也都独具艺术匠心和思想见地。这里，前两部影片，是他与电影编剧大师夏衍合作的成果。作品显示出来的文学风貌，既呈现出两位艺术家对旧时代各阶层的人物，对投身于大革命洪流的先驱战士透辟的观察，也蕴含着对他们对每一特定历史年代中现实矛盾的深刻解释。具体说，两位修养丰富的大师不论是对林老板这一个“既是绵羊，又是豺狼”的复杂性格的刻画，还是对周莲这位承受丈夫、儿子重大牺牲与各种生活磨难的妇女的心理揭示，都摒弃了一切概念与图解，去塑造特定情境中的特定性格，深入挖掘每一种性格形成、发展与变化的社会成因，从而形成了他们作品鲜明的时代特征和严峻的现实主义风格。

另外两部影片《烈火中永生》和《伤逝》，两者尽管在题材上有很大差异，一个是表现解放前夕中共地下党员许云峰、江竹筠等与军统特务头子在狱中展开的殊死搏斗；另一个则是反映“五四”时期一对男女青年知识分子在追求新生活道路上的彷徨苦闷与心灵裂痕。然而两者在同一位导演的造型处理中，镜头结构都是同样的严谨而细腻，艺术格调都一样显得严峻而凝重。显而易见，传统的叙事风格在水华导演的作品中占据突出位置。这对于今天的青年导演来说也许是一种“守旧”，但在我来看，这位大师善于运用电影语言来创造散文诗般的意境，真实而含蓄地揭示特定时代里的人物感情，使作品的美学境界达到和谐的统一，感染力深浓而隽永，这却是青年艺术家应以追慕的功夫。

毋庸置疑，艺术风格离不开艺术家的素养。正由于每一位艺术家的生活积累、感情体验、思想见解和艺术趣味各不相同，因而在创作中便形成了他们各自偏爱的主题和擅长的表现手法。当然，不能否认，社会现实生活与民族文化传统经常作用与影响着艺术家的创作风貌，但是，受个人经历和习惯支配的审美意识，毕竟要推动他们产生各自不同的表现特点。

例如已故导演成荫的风格，就和水华、凌子风大不一样。这位在抗日战争与解放战争年代里，经受革命炮火洗礼与艰苦部队生活磨炼而成长起来的艺术家，在他拍的一系列表现革命战争与革命历史斗争的作品中，如《钢铁战士》《南征北战》《万水千山》《停战以后》和《西安事变》等等，无不显示出他独有的创作个性与艺术才华。他对军事题材大胆、深入的开掘，对敌我战将、政治人物和普通战士众多形象的塑造，以及对历史事件、战争场面和壮阔后景的再现，无不表现出他开阔的视野与豪迈的气度。特别是，他善于以粗犷的笔触，把纷纭复杂的斗争，面貌繁多的人物，全面而有机地组合在一部史诗性的结构里，给予高度的艺术概括；不仅处理得简繁有致，纵横得宜，而且气势磅礴，场景恢宏。在镜头运用与节奏的处理上，那种简洁、洗练、明快、多变的格调，也充分显示了与他性格相应的独创功力，反映了他那刚劲雄浑、朴素简练并具有浓郁的生活气息的艺术追求。

所以，风格如其人，风格就是独创。

不能割断传统

我们现在之所以强调创作特色，呼唤艺术风格，不只是囿于我国每年生产的上百部影片，能够被观众承认的独出心裁的艺术佳作为数甚少，而且对于我们电影的民族特点与时代特征而言，探索的步伐也并不为快，甚至不够协调。比如说大家都主张创新，在当前电影拼命追求“上座率”和“商品价值”的风头中，创新之说更应该打出鲜明的旗帜。但是，对于“创新”的观念，看法并不一致。不论是所谓“坚持传统”还是“反传统”，也不论是侧重于内容或者形式，众说纷纭，各持己见。其实只要引起争论，就是好事。一旦大家都发表创见，拿出标新立异之作，就可以开阔思路，促进发展。

我认为，任何艺术家的创作风貌，总是在其民族传统、时代精神和社会思潮的影响下逐渐形成的。一个艺术家不管多么富于个性，创作风格多么鲜明，他的作品不可能不具备那个时代的社会特点和审美特点。倘若我们从广义的风格概念出发，集中观察某一历史时期和创作集团显示出的艺术面貌，便可以从其既广泛而又统一的创作追求中发现艺术流派。

例如苏联从20世纪30年代进入和平建设时期以后，曾经涌现出一大批为我们熟悉的“社会主义现实主义”的电影名作。像《夏伯阳》《马克辛三部曲》《乡村女教师》《波罗的海代表》《政府委员》《肖尔斯》《列宁在十月》《列宁在1918》《金星英雄》以及《伟大的公民》和《青年近卫军》等等。由这些代表作塑造出来的生动形象，构成了苏维埃政权创建时期光彩斑驳的电影画廊，至今还具有其可贵的社会价值的艺术生命力。而其间每一位大师所形成的个人风格，无不是苏联继《战舰波将金号》及《母亲》之后，以爱森斯坦和普多夫金为奠基人的“社会主义现实主义”总风格的继续和发展，同时也是他们每个人对所处年代发生的历史事件，在认识上的深化与本人激情的再现。

苏联电影美学家在论述这一历史时期风格流派的形成时，曾着重指出两个因素：一是艺术家高度的社会主义觉悟和历史责任感；二是他们努力创造为千百万苏维埃观众所理解并感兴趣的艺术形式。他们一贯强调，创作风格的形成，起主导作用的是艺术家的思想倾向和美学趣味。不论创作者从哪一个角度选材与采用何种表现方式，侧重点是看他是否敢于揭示那个年代具有普遍意义的社会矛盾和思想冲突，并以自己的见解对这些矛盾冲突作出符合时代发展的回答。为此，他们不仅反对过粉饰现实的“无冲突论”，批评过反艺术的“政治图解”，并且在20世纪50年代中和60年代末，也曾对“典型”问题和汲取西方电影形式等问题，从理论到实践进行过广泛而深刻的争论。

应该说，我国20世纪50年代的国产影片曾受到苏联这个时期电影作品与创作理论的深刻影响。我们一大批经受过抗日战争、解放战争以及抗美援朝斗争洗礼的革命文艺家，在新中国成立后创作出来的大部电影，像《白毛女》《赵一曼》《钢铁战士》《董存瑞》《南征北战》《上甘岭》《平原游击队》和《战火中的青春》等影片，那种充满时代气息的炽烈激情，那种强烈鼓舞斗志的战斗格调，至今仍给广大观众留下深深的印象，显示了所谓“土八路风格”的生命力。也许有人要说，这些老生常谈之作只能代表过去，不能指导现在和将来。是的，飞速发展的时代总是要求新的时期有新的风格流派出现。但我们不能割断历史。一切创新，绝不意味着把基础全盘推倒，另起炉灶，就像改变文风不能重新造字一样。严肃的历史唯物主义，恰恰是启迪我们善于从那些经受住考验的代表作之中，及具有代表性的艺术家身上，去发现其获得艺术生命力的真谛，探寻其风格流派形成的固有规律。我们这样认识，绝不意味着反对电影观念的更新，而是反对以虚无主义的态度来对待不少前辈用心血换来的电影文化遗产。

因而，“所谓创新，就是同传统观念彻底决裂”，这种说法，未免偏颇。电影作为民族文化的一部分，各国各民族都有自己的传统，应该而且必须有它的发展和更新。这种发展与更新，说穿了，是因为电影形式更频于国际文化交流，可以较快地相互借鉴，相互促进。但绝不意味着因为电影具有国际性，我们从中汲取并丰富一些创作手段，就认定是观念的彻底改变，可以腰斩我们的电影文化传统，实际是膜拜别国的电影传统。应该说，真正的创新，是在发展传统精神与吸收外来精华的基础上，在思想内容与艺术形式上的融合更新与大胆创造，而不是把舶来品当“神圣”，徒作装璜，貌合神离。

鲁迅说，“人生却不在拼凑，而在创造。”又说，“我们需要的，不是作品后面添上去的口号和矫作的尾巴，而是那全部作品中的真实生活，生龙活虎的战斗，跳动着的脉搏，思想和热情，等等。”（见《鲁迅全集》第五卷《难得糊涂》与第六卷《论现在我们的文学运动》。）在他看来，文艺作品的创造性，首先表现在它有足以点燃热情与焕发精神的思想内容，而不是首先推崇装饰它的外表。像这样一种具有代表性的传统观念倘若被推翻，那么，又怎样去正确理解我们民族文化发展的道路，怎样去促进我们电影的中国风格与中国气派的形成呢?

追求完美的统一

在长时期禁锢人们的“左”的观念被冲垮之后，随着思想解放运动的兴起，一批年轻的电影闯将，试图以“新的电影观念”“现代化的电影语言”等创新立论，对偏于保守、墨守成规的电影创作手法提出了挑战，并确实涌现出了不少让人耳目一新的作品。其中，影片《小花》的冲击力在当时最为突出，接踵而至的便是《沙鸥》《我们的田野》《巴山夜雨》《逆光》《都市里的村庄》等等。这些作品的可贵之处，不只是创作者敏感于国外各种风格流派电影的信息，勇于在表现手法与艺术形式上标新立异，同时，也在于他们越出常轨，改变电影视角，探索从局部入手去窥看与揭示当代人最敏感的生活矛盾，形成了与同时期文学创作相呼应的所谓“解放派”。尽管他们之中的某些艺术主张，不一定为其他电影学者所苟同，但他们拍出的影片毕竟是有新的构想之作，用谢飞的话说，这些作品包含着“深刻而又独特的思想、立意与完整而又新颖的艺术构思；说虚幻点，是艺术家自身最激动、最迫不及待地要表现的意念和感情，以及最迷恋、最痴心追求的艺术情境”。因此，它显示了一代新人的崛起，也提出了当代中国电影向何处去的命题。

不错，在冲击死板僵化的电影模式之始，诸如“形式反转影响内容”，“追求非戏剧化、非情节化、非典型化”，“创造立体交叉式的电影空间”，“主题多义与多层次、多侧面地刻画人物”等艺术观点相继出现。与此同时，“意识流”“生活流”及其他国外现代派所常用的技巧也相应产生反响。于是在电影界舆论界引起一阵骚动，产生了各种非议，什么“追求形式主义”“过分炫耀技巧”“生硬地搬弄西洋”“脱离内容的探索”等说法，不一而足。一些惯于大惊小怪的庸碌之辈，看不到中青年艺术家成长需要一个过程，看不到他们对电影艺术的本性或特性，电影的表现形式与风格，以及电影美学、电影史学、电影观念诸范围探索的积极性，而往往抓住一点，不及其余。这有如20世纪50年代后期，当我们看到苏联片《雁南飞》《士兵之歌》《一个人的遭遇》以及新浪潮电影《广岛之恋》以后，立刻被贬责为修正主义的代表作和西方颓废派作品一样。其实，当时还没有弄懂这些作品出世的时代成因及其风格特点，便瞎说一通，乱反一气。而在若干年后，一旦发现了人家的变革精神，才暗中愧感自己的无知。所以，在对待外国电影各种风格流派和表现形式上，我们不能简单从事，重蹈覆辙。即使是学步者的“拿来主义”，只要有利于学习借鉴，有利于促进我们自己艺术风格的创造和追求，就应该报以满腔热情的支持、鼓励。因为时代的发展愈来愈证明，没有独创风格的电影作品，非但没有吸引力与生命力，而且也必然失去了它的美学价值。

不可否认，在实践过程中，中青年导演开始难免热衷于对形式的追求。然而随着认识的推移，很快便深入到对作品内涵的开掘，对人物心灵的窥探和对复杂性格的展现方面。例如北影文彦导演的影片《血，总是热的》，就是以大胆触及时弊，在新旧势力面对改革的尖锐交锋中，真实地再现当代人的坎坷与磨难，多侧面对主人公性格进行刻画，以深刻地挖掘人物的内心风暴而见长，显示了作品充满火热激情的时代风貌。同样，华勋创作的获奖之作《武林志》，并没有把风格样式摆在一般武功片所热衷的武打与功夫之上，相反，导演的追求，恰恰是通过武术，再现人民的志气，中华民族的精神。他所运用的电影表现方法，并没有搬弄外来技巧，而是从内容出发，追求朴实无华，因而内容与形式显得和谐而统一，比较完美地体现了民族情调和民族气派。唯其如此，我们从这两位导演追逐的风格中，可以得到这样的启示：电影作为拥有现代科学技术表现手段的艺术形式，只有当它所表达的内容吻合了时代精神和民族感情，其思想内容和艺术形式融合为一体时，才显示出崭新的风貌，才为群众喜闻乐见，也才焕发出具有民族风采的美感。

如果说影片《城南旧事》的出现，标志一代新起的艺术家在揭示作品内涵方面走向深入，在追求个人风格与电影民族化上有了新的突破，那么，继它之后拍出的《黄土地》，则以其更显独特的艺术面貌——大胆地在干枯贫瘠的黄土高原上追索诗意，在缓慢、凝滞、深沉的基调中突现情怀的大起大落；从人物、事件和环境单一的再现，到寄寓形象以广义、以具体与象征的概括——具有代表性地显示了中国年轻一代导演在电影观念上的更新和表现手段上的变化。尽管有人认为这一作品的立意与艺术表现脱节，形式大于内容而造成失重，以及从意念出发而影响了真实性等，但是从总的方面看，影片那种发挥画面和音响特性所产生的强大张力，那种表现历史感和民族感所引起的感情共鸣与深沉思考，毕竟体现了陈凯歌这位青年导演在风格上的独树一帜和勇敢探求。

话虽如此，我们总归要正视缺憾，使幼嫩变为成熟。任何作品欲使其风格臻于完美，都必须达到内容和形式尽可能的和谐统一。特别在当前，新的时代、新的人物和新的社会关系所产生的新的思想内涵，更需要通过崭新的艺术形式，赋予它们以深刻的揭示与完美的体现。这就是说，我们既不赞成脱离思想内容，专门要弄技巧的形式主义；也不同意只讲内容，不管形式的陈腔老调。我们不但承认影片的思想内容决定着艺术表现手段，同时也承认表现手法与风格样式应有多样的美妆和变化。

（原载《电影创作》1986 年第 4 期）

尽力追求观赏、思想和艺术的统一

《当代电影》编者按 1990年9月2日，本刊编辑部在长春市与长春电影制片厂联合召开“发展有中国特色的社会主义电影创作”座谈会。会议由本刊主编陈播和吉林省影协副主席赵子明主持。会上，围绕有中国特色的社会主义电影这一中心议题，与会者结合创作与理论工作实际，发表了许多有创见的意见……

这篇短文，是笔者与会的首先发言，也是在电影界官方刊物上较早提出“三性统一论”的议题。为深化此议题探讨，特将它收入本书。

我理解，有中国特色的社会主义电影创作，应该把作品必备的观赏价值、思想价值和艺术价值有机地融为一体，尽力追求“观赏性、思想性和艺术性”三者完美的统一。

一个时期以来，随着电影舶来品过分时髦的喧嚣和国内经济大潮对电影的冲击，我国电影由热衷追求的“艺术弄堂”急转为一切“为了观赏”，“为了娱乐”。这样一来，不仅给轻视与“淡化”作品应有的思想营养敞开了大门，而且，在实践上贬低与泯灭了影片的观赏标准与艺术光泽。

记得20世纪80年代初，我在拍《诱捕之后》的时候，曾受到过荒煤同志一次批评。他告诫：大家要警惕反现实主义倾向，电影制片厂应努力克服脱离生活、违反现实的胡编乱造之大弊。当时正是情节片兴起之始，我自认为剧作有生活依据，拍摄也很严肃，因而对此批评很不服气。事隔十年，当我看到银幕上“盗匪横生”“谍侠乱舞”，情节东拼西凑，人物随心所欲，情境虚假，行为失真的时候，方惊悟当前电影创作脱离生活、脱离时代并脱离真实何等之严重！于是，当代中国电影是否还需要表现我们身处的伟大时代？是否还应当反映社会主义的现实生活？以及是否还有必要描绘中华民族开创大业的优秀人物？这些，在一派“观赏第一”“娱乐至上”的蒸热空气中，似乎已成为问题了！

诚然，电影制片生产深受资金制约。各电影制片厂在市场缩减、经济拮据的困境中，先行考虑投资回收与“养家糊口”，原可以理解。但是，作为民族文化形态之一的电影艺术，其功能原本是以娱乐形式给广大人民群众以精神营养与美学享受，而今，由于过分强调其商品价值与拷贝收入，致使电影在其文化属性与商品属性之间，产生了严重对立。唯其如此，各厂为了赢得利润，竞相投拍“商业片”，于是，猎奇胡编蜂起，粗制滥造出现，严重地背离了我国社会主义电影的现实主义传统。毋庸置疑，观众需要电影有强烈的观赏性、娱乐性，这是对长期片面强调其“教化”功能的一种反弹。但，观赏性不是廉价诱惑与低劣刺激，更不卑为所谓的商业片所独有。我们倡导的观赏性，应该创造出高层次的审美情态和审美趣味，引导观众憧憬社会主义崇尚的真、善、美，使他们在欢娱的陶醉中，汲取精神力量和美的向往。

有人认为，我们除了一批像《开国大典》《焦裕禄》等优秀影片外，不少影片患有“贫血症”和“软骨症”，这不该是社会主义电影文化的特征。而应相反，我们的电影应该充分显示中国人民的思想威力和杰出品质，以及我们民族特有的美感和情操，而不应该以嗜摄落后，展览愚昧为癖，以“无情节”“无思想”为荣。有中国特色的社会主义电影，应有自己的审美标准。趋从资本主义世界的低级趣味，等于在精神追求上与其同流合污。近年来，一批青年电影闯将，在吸收西方电影表现手段、发挥电影特性方面确有建树，但在深入与展示现实生活，充分发掘现代中国人的精神美与情操美方面我却不敢认同。我们反对电影说教，反对图解思想，因为它是反艺术的，违背了形象特征。但这不等于说作品不要思想哲理，不要艺术灵魂。

另有人云，提倡思想性，必定影响娱乐性；而强化观赏性，很难有艺术性。可见一些人头脑中，在观赏、思想和艺术三者之间，存在着不可逾越的鸿沟。应该说“三性”之间确有差异，过分强调一方，都会导致片面。我们的任务是努力发掘与创造三者和谐配置与融会贯通的条件，创造尽可能完美的影片。我国农村风情片《喜盈门》，苏联喜剧片《办公室的故事》，为广大观众喜爱称道，可谓“三性”统一的佳作。为什么这类作品何其少呢？因为它需要有生活，有功力，这是“走捷径”和“懒汉哲学”所办不到的。一句话，创造有中国特色的社会主义电影艺术，需要一批勇于投身生活，勤奋钻研创新的攻坚战士，像攻克艺术堡垒那样，把电影当做真正的精神食粮宝库，去冲锋陷阵，夺取硕果。

（原载《当代电影》1991年第6期）

电影美学的引领地位岂容漠视

《电影文学》编者按 在当前推进文化体制改革，促进文化产业快速发展的关键时刻，重视电影美学的引领地位，已经显得日趋必要。引导社会、教育人民、推动发展是电影文化的重要功能，是电影产品的根本所在，更是广大电影工作者担负的社会责任。……本期长影导演华克先生特为本刊撰写了《电影美学的引领地位岂容漠视》一文，针对电影美学的引领地位如何在电影美学领域具体体现，并在电影评论环节上充实扩展，表达了个人的看法和意见……

在当前深入推进文化体制改革，促进文化产业快速发展的关键时刻，对于电影领域出现的所谓以观赏性为主轴、以高票房评业绩的阔论高谈，应当清醒明辨。具有讽刺意味的是，就在某些风云人士强调电影作品的商业属性而漠视其精神影响效能的喧嚣中，社会上却连连出现观众对热捧“烂片”的指责，并愤怒发出“实行退票制”的呼喊。可以说，广大观众对如今“花高价，看烂片”的责难，正表明他们对一些思想浅薄、感染力低下作品的不满。而在文化产业百态丛生中冒出的庸俗、低俗、媚俗之风，无疑也是这种“观赏至上”悖论误导下的反映，是以廉价诱惑与低劣刺激的观欲妄图取代高尚的审美功能。作为文化产业改制振兴的电影艺术，在市场经济大潮冲击下出现这类现象，究其因由，除去创作人员对追求思想性艺术性和观赏性完美统一作品产生片面理解与功道乏力而外，更重要的是业内创作引导者对电影美学理想的淡化与茫然，因而在实践上形成对电影美学引领地位的挑战。

应该说，对于像《卧虎藏龙》《十面埋伏》这种以武打类型取悦观众的娱乐片，褒义侠，贬恶道，内容健康，观赏叫好的作品，通过汲取西方大片高超的摄制技巧与强化院线营销的妙招，以示范方式推动中国电影走向产业化与规模化，进而昭示我们由模仿学步转向更新创造，这一借鉴过程自然必不可少，并且其可喜成果也为人们称道。然而值得忧虑的是，如果不分题材、无视内容，单纯地把西方电影表现技巧吹捧得天花乱坠，把“观赏至上”奉为至高创作目标，其后果必然导致作品漠视审美品位，缺乏思想营养，以至鼓励那些无视审美准则、失却艺术灵魂的烂片如洪浪袭来，不仅使广大观众对电影暖化精神、发人深省的艺术功能感到失望，无疑也会对振兴中国电影产业滋生伤害。

其间刺扎眼球的，首推那些表现重大题材和现实生活的主旋律影片。坦率说，当今见到的某些作品虽其选材耀目，片名雷人，甚至冠以“红色经典”麾旗，有明星大腕云集，但由于其欠缺美学追求，开掘肤浅，感染力低，且将内涵丰富的社会冲突画卷演绎成事件展览式的片段堆砌，因而虽炫目于一时，终不能真正具有电影形象震撼心灵的征服力和生命力。

回顾电影昔日的辉煌，一个有趣的现象不能不令人深思默想，那就是，为什么一些技巧质朴、人物生动、内容充实的老影片至今还为广大观众津津乐道，回味赞赏？突出例证，是前不久在纪念抗美援朝战争六十周年的日子里，电影频道重播了已故导演沙蒙的力作《上甘岭》。此片我年轻时看过多遍，如今鬓白重观，依然热泪滚落，充满震撼。这或称之为作品生命力的持续延展吧！当年在毛泽东文艺“源于生活，高于生活”论述指引和“创造革命英雄典型”立意昭示下，对于这样一个重大题材的开掘，编导在体验朝鲜战场生活而获得的浩瀚素材中，并没有着眼于展览我志愿军出生入死、流血牺牲的各种表象和事件，而是经过反复构思、呕心提炼，集中把最艰苦最惨烈的坑道战作为表现重点，活灵活现地塑造出一个既似猛虎，又像顽童的连长张忠发的英雄形象，推展到观众面前，并以他为代表将我志愿军英烈的战斗精神与乐观情调再现得感天动地，气壮山河，其无愧是透过电影形象来宣扬中华儿女勇于拼搏、捍卫道义的壮丽诗篇。而由此产生的巨大征服力和艺术感染力，也无可争辩地使其成为震撼几代人心灵的电影经典。同样在新中国成立十周年期间展现的影片《红色娘子军》，它塑造出的巾帼英雄吴琼花、党代表洪常青的隽美形象，其故事吸引力、艺术感染力和思想征服力，也未因岁月流逝审美隔代而稍有所减。当时代跨入改革开放的新时期，在“努力创造社会主义新人形象”的美学追求引领下，像表现拼搏不息、为国争光的女排英豪的《沙鸥》；揭露分房不公，抨击社会恶风，弘扬共产党员正气的《邻居》；以及描绘中年知识分子身负重荷，隐忍苦难，以牺牲自我、拼搏奋进姿态面对改革事业的《人到中年》等影片，这些上乘之作之所以好看，耐看，经得住时间考验，创作者并非将主人公巧缀光环，打扮成图解生活意念的模特，而恰恰是从火热的现实生活体验中，由美学理想召唤而催生出来了既真，又善，又美的鲜活人物形象，从而使其成为引人精神共鸣，在人心灵中经久回旋，并能启迪他们对人生哲理思考的艺术镜鉴。

2010 年春节前后，基于我有感近年来引领电影创作的主导美学思想跟不上趟，以致形成良莠主张杂陈，真善美恶趋盲的现状，曾向掌控电影产业发展与开拓理论言路的有关主管提出“关于加强电影美学理论建设的建言”。中心议题，是围绕学习与实践党中央提出的“树立社会主义核心价值观”，如何在电影美学领域具体体现，并在电影评论环节上充实扩展，表达个人的看法和意见。也呼吁有影响的理论家拿出勇气，强化电影美学理论研讨，为促进电影产业健康发展及时提出正确的审美导向与评价考量，以提升各种类型片，特别是主旋律题材作品的美学品位和艺术质量。

在我看来，社会主义核心价值观的巨大意涵，在于它是有中国特色社会主义社会建设和精神文明建设的思想支柱，动力源泉；而由它构成的社会主义价值体系，也为电影美学定位和文学艺术发展提供了广阔空间。比如，在创作中，如何以昂扬的调子宣扬“爱国主义”和“英雄主义”？又如何以壮美篇章赞美“舍己为人”与“牺牲精神”？再如，以何种格调讴歌“真善美”，鞭挞“假丑恶”？又以何种风采宣示“人道主义”“民族修和”与“国际主义”？以及如何以唯物史观来展现至今还为万众推崇的中华传统美德，像“孝道”“气节”“廉耻”“信义”等等。诸如上述的选材内涵，无疑应成为社会主义影视作品倡导的主流美学内容，在推进全民族精神美、情操美与品格美的文明建设中，使其能起到鼓舞人心的振奋作用，真切地体现出电影的观赏价值、思想价值和艺术价值。正由于电影作品处于向亿万观众输送健康精神食粮的前沿，因此作为其引领创作的美学理论支柱，在当前电影产业大发展大繁荣的时刻，及时以雄健姿态，宏大魄力，围绕“核心价值观”来推动广泛而深入的艺术理论研讨，提出更加具体的美学诠释及可行的创作评论举措，排除各种漠视美学引领地位的谬论与干扰，就迫在眉睫了。

毋庸讳言，近年来随着对文化艺术产品经济效能的追逐，评论队伍中出现的趋赶时尚、善吃热捧饭的怪相已屡见不鲜。那些为顾全投资者脸面，迎合为谋利而掩丑的溢美评说，时不时把一些假空肤浅之作，当作美味佳肴强推给观众下咽，从而遍布艺术审美的混乱。而那些深知没有中肯批评便没有艺术发展的严肃理论家们，面对上下左右闻过则怒，则跳、则护的评论环境，除了尴尬缄默，谁敢放胆直言？特别涉及美学主张的不同，在侧重经济价值还是文化品位的取舍较量中，后者往往失去撑腰底气而叹无招架之功。再者，由于文化艺术产品远不像工厂企业那样，有固定的质量标准，审查部门检验通过影片，更多关注政治门槛，其艺术品位高低，则多让社会评判。唯其如此，仁者与智者各揣度量衡，将电影美学这一首要判别精神文化产品的界尺放空，哪里还可能通过正常论争，把艺术创作推向创新精品的高峰？

实践证明，“百花齐放，百家争鸣”，是我们党倡导文学艺术与科学事业发展繁荣的有效途径。特别在以“科学发展观”为指南深化改革，奋力建设，争取实现民族振兴伟业的今天，为推动文化艺术产业的大发展大繁荣，在坚持社会主义先进文化前进方向的前提下，创造宽松环境，鼓励学术论争，形成不怕批评，欢迎批评的良好学风，从根本上扭转片面追求观赏唯重票房的现状，恢复电影美学引领创作的肃正地位，无疑是崇尚高品位创作电影人的诚挚期盼，也是渴求见到更多电影佳作、名作和杰作观众的热切愿望。

谈及文艺批评，毛泽东文艺理论明确指出有政治标准和艺术标准两条界定。在他谆谆教导文艺创作要首先遵从不同时期政治原则的同时，也郑重告诫我们，没有感染力的作品是没有力量的。遗憾的是，长期以来，一些权威评论家往往把重点放在政治谬误的批判上，却很少花费气力剖析困扰创作的“反艺术”倾向。什么是反艺术倾向？它的危害在哪里？为说明此议题，我作为当年电影《创业》创作组的成员，不妨透露一则鲜为人知的事例。

1972 年夏，我们《创业》创作组赴上海走访，向中共上海市市委提出，要看上影拍摄的大型艺术性纪录片《大庆战歌》。这部影片摄制于文革前的

1965年，是周恩来总理在毛泽东主席发出“工业学大庆”号召之后，要求文化部电影局组成专门摄制组，由大庆职工配合，再现一次当年石油会战艰苦拼搏的场面，用纪录片形式拍摄下来，这对历史、对后代，都是不可缺失的史料和教材。上影同行告诉我，早在拍此片前，周恩来就曾批评过电影局长，指出：1958年、1959年，我希望拍些艺术性纪录片，及时反映时代面貌，记载重大社会事件。或许有些事件已时过境迁，但可采用补救手段，拍真实人物予以再现，免得留下遗憾。当时，我说的是用艺术手段拍纪录片，要看真人真事；而你们却大搞纪录性艺术片，许多有价值的新闻事件，让演员去演，完全丧失了真实感嘛！——所以，当上影导演张骏祥接到任务后，严格遵照周恩来指示，在大庆动员了上千名当年参加会战的工人、干部和技术人员，以他们亲身经历的装扮，重新回到艰苦年代的场景中，操作各种熟悉的动作，让摄影机镜头再拍一遍。比如像著名的画面：王铁人人拉肩扛运钻机，会战井喷跳泥浆池，都是王进喜自己现身拍成的……

这里，操盘者曾把“艺术性纪录片”改头换面为“纪录性艺术片”，一语之差，竟将艺术的真实性抹杀！然而尽人皆知，真实性正是艺术作品的灵魂，是其产生吸引力、感染力和征服力的命根。电影作品一旦丢掉真实，令人产生虚假感，那里还有信服感人可言？因而，所谓反艺术，实质上就是在艺术作品中拼虚造假，摒弃从生活到创作，由现实到想象艺术概括而出的理想画卷。由此也无疑地造成所描绘人物的苍白无力，枯燥概念，无怪乎当年照此路拍出的上百部“跃进片”没人看，全被尘封库房当废品了。面对此景，只有感叹！

以生活中的真实人物与真实事件为原型创作故事片，依照我国社会主义电影实践证明正确的现实主义法则，应该是集中概括，塑造典型，以鲜明的色彩，生动的笔调，描绘出走在社会前列的人物形象，来真实地揭示现实矛盾，表现伟大时代的面貌。像大庆会战这样战天斗地，展现中国工人阶级豪气、志气和壮气的大题材，周恩来提出首先将它用艺术性纪录片样式记载下来，就是为了保留它难能可贵的生活真实性。而在其八年之后，长影拍出的同题材电影《创业》，主人公形象虽然囊括了中国工人阶级先锋战士王进喜的大量素材，但他的名字却是周挺杉，并没有照搬王铁人。而其上映效果，由于它是在

“四人帮”倒行逆施的年月，首度在银幕上奏响了我国石油战线的雄壮凯歌，不仅赢得了轰动，而且破例且非同寻常地获得毛泽东的肯定。同样题材，两种样式，受到两位伟人的关注，可见表现生活的真实性和上升到艺术的真实性不啻是电影艺术的生命。

令人不解的是，时隔多年之后，周恩来批评的“纪录性艺术片”样式，又在某些新闻选题和现代先进人物身上以各种所谓“纪实性”手法故伎重演（此例甚多，不胜枚举），使不少这类题材编出的人和事有真有假，真假混集，可信度备受质疑。唯其如此，自然就损伤了形象的光辉，很难让人在信服中感受到“真实形象”的魅力。并且此模式后果，往往造成某些人对号入座，其概括的局限性不仅捆绑创作者手脚，甚至因某一细节的更改让当事者亲友怒不可遏。如果重温毛泽东《在延安文艺座谈会上的讲话》，这类创作对于艺术应“源于生活，又高于生活”的理解是否有悖呢？对于马克思主义美学提倡的艺术要通过大量生活素材创造典型的原则，是否认为已经过时呢？既然真实性是艺术的灵魂，由生活真实通过“概括”和“虚构”升华为艺术真实，自然是文艺作品达到完美形象与理想境界的基本规律。而以各种借口违反这一规律，我认为这俨然是对开掘主旋律题材的误解和对引导观众审美的扭曲，也是对我们时代艺术“贴近实际、贴近生活、贴近群众”要求的背离。或许有人以“勇于创新”自诩，不大认同现实主义是反映生活的最佳途径，但无论是热衷现代主义浪潮中的意识流，象征学或荒诞派，其表现手段再显超前，也无法更改揭示生活本质和表达内容真实是获得美感与艺术生命的前提。

反艺术倾向的一大特点，是不能以正确思辨力揭示社会现实的矛盾冲突，致使作品不能彰显积极的思想内涵。其间，一种表现是夸大社会阴暗面，形象正不压邪，甚至以自然主义手法宣扬落后、恶行和非正义，造成美丑颠倒和善恶扭曲。近期遭到观众猛烈抨击，以南京大屠杀为题材摄制的故事片《南京！南京!》，便是这种倾向的产物。这部电影，标榜以日本兵角川为视角来反思战争罪孽，旨在宣扬所谓的“人性”。而血淋淋的残忍图像表明，它恰恰是以“人性”光环来掩盖践踏中国人尊严并虐杀中国生灵的兽性；是以中国姑娘向恶魔献身贞洁“救同胞”的虚假编纂，来曲解侵略战争对人性的狂暴摧残。它在战争冲突中显现的审美取向与价值观，不仅玷污了中国国格，美化了敌寇汉奸，而且也混淆了善恶是非及“人道”与“兽道”的界限。难怪公众对它发出愤怒指责：这种借沉重战争伤痛说故事的商业片，是“以国耻换金钱”。它丢掉了民族人义，泯灭了中国人的精神美，让国人在展览丑陋中倍感屈辱和难堪！

不能深刻揭示冲突的另一种形态，则是回避矛盾，粉饰太平，一味以“正面反映生活”为借口，为讴歌的人物贴金打扮，制造美容。殊不知“沧海横流，方显出英雄本色”。恩格斯早就指出：“现实主义除了细节的真实外，还要真实地再现典型环境中的典型性格”。离开人物身处尖锐矛盾的环境，掩饰其坎坷与拼搏，仅仅把一些意念化的优秀品质强塞给他，既不见真实的性格面貌，也难以洞察其内心生活，这种创作结果往往造成形象貌合神离，损伤作品的形象魅力和思想威力。以优秀援藏党员干部事迹为选材的影片《孔繁森》，获奖很多，名气很大，也着实以其鲜明主题与上佳形象赢得了赞赏。但从严格美学意义上讲，它还不能被誉为一部有深刻思想冲突熔铸的作品，而更多似以表彰好人好事为看点的艺术报道篇章。对于表现时代先进人物而言，美学的关注点不尽在他做了那些好事，更重要的如黑格尔所说，要揭示他为什么做？又怎样做？对于孔繁森的事迹，新闻报道已家喻户晓。而化其为影片，观众更看重像《钢铁是怎样炼成的》那样，要回答他是怎样成为楷模的？支撑他优秀品格和萌生睿智的源泉在哪里？而这正是思想冲突、性格冲突乃至意向冲突必应发挥的力量。生活实践表明，任何先进思想、高尚品质和丰满性格不是天降的，而是在同谬误，同低愚交锋撞击中显现的，并且是在自我分辨与坎坷磨砺中提高成长的。孔繁森在西藏高原极为艰险与难阻重重的环境中拼搏，无可减免地由遭遇各类抵触而有低谷，有痛苦。我们本渴望看到他在排解障碍、迎送挫折里掀起的更多内心波澜，并以丰富的人情味和感人的电影语言，将这位山东硬汉豪迈的个性活画再现，但很可惜，由于其中有许多思想冲突的尖点浅现辄止，感情旋涡望峰急转，因而其形象的魅力和感染力无疑被打了折扣而留下遗憾。这也正是在现实题材创作中挖掘欠深，疏于提炼，而造成艺术概括品位的浅显。

反艺术倾向之所以应当被重视，是它展览生活现象，图解主题思想，不善于通过深入体验，艰苦提炼，把思想和素材化为活的形象。依照美学诠释，形象，它不是一般的生活现象，而应是具有生活自然特征，并深具美学内涵的社会现象的集中反映。这就像苏联影片《列宁在1918》中，瓦西里与妻子道别时互相塞面包的那个细节——一个负责运粮的革命者，自己已忍饥多天，为不让妻子挨饿，把袋里仅有的一块面包悄悄塞给她。而妻子也为不让丈夫再忍饥，反过来又把面包塞回去……在这里，苏维埃大地的饥饿形象，仅从这小小的面包块中，得到了极具感染力的艺术再现。它不仅饱含夫妻深情，也揭示了新政权初创时期的艰难。其篇幅虽短，但意味无穷，不啻是电影美学中被称之为“形象”的典范。可以说，艺术家对生活的认知与感受，总要变成趣味，化为感情，渗透在艺术想象的内核之中，并通过创造出的形象与美感来融化观赏者的心灵。美学的冲突律之所以重要，是它在通达英雄、崇高、伟岸、神圣等美境坐标时，总善于借助强大冲突来揭展独特的行为方式和心灵闪光点，来完成表现对象人格和性格的创造，活画臻美出“这一个”。而我们某些创作者懒于形象构思，习惯图解生活，殊不知图解是艺术的敌人。不少作品仅仅靠某种意念支撑或政绩光环标榜，以捷足先登快速反应为由，冠以“纪实性作品”名堂，请问，像这样以宣教为主轴的快餐之作，缺乏审美意涵，怎么能赢得观众的喝彩与鼓掌？我们对此若不提出针砭，今后将如何提高国产电影特别是主旋律力作的艺术质量？

艺术美感来自于深刻内容和有新意的形式。特别作为创新中国风格与中国气派的电影作品，更应该坚守民族文化崇上崇美传统的雅作阵地。而恰恰有某些素养欠丰的创作者，虽对现实题材满怀热情，但不善于从普通生活中掘出带有普遍意义的素材和选题，而是醉心于争艳猎奇；不善于在深入体验中和民众的情感与审美诉求融为一体，而是望空捕月般地玩孤芳自赏的游戏；不善于在时代奔进里做历史沉思，而是浮光掠影地编造虚拟；不善于在火热斗争中创造独特的人物性格，而是像克隆模特那样去翻版“千面一律”。唯其如此，我们渴望的主旋律新作，就很难展现时代风采，紧扣时代脉搏；也很难催唤出愉悦心灵的醒世震撼，来鼓舞人们去迎接并创造新的生活。我斗胆对包括已获得国家奖项的一些主旋律影片提出质疑，并非对其选材及主题持有异议，而是对这种所谓“纪实性”的创作方法不敢恭维，也是对“题材宏大必获奖”的冒犯叩问。严格讲，我们早该对这种创作思维重新审视并作美学考量了。问题的提出并不在于这种形式应否存在，恰恰是由于将它捧为一种模式，可能成为今后主旋律创作的导向，这就不得不发人深省与磋商了。

一个敏感话题摆在眼前：电影作为精神产品兼或商品，它的功能究竟侧重于直接宣传教化，还是对人心灵的潜移默化？它的制作究竟该加大思想和理念的直白传导，还是应着力于把深刻思想化为动人形象，发挥其好看震撼与征服人心的力量？我以为这是宣传品和艺术品的分水岭；也是盖于其界限模糊，混淆美学源流，形成障碍作品艺术性提升的因由。应该说这种创作理念分歧，早在20世纪50年代便有先例。当时有识的艺术家和评论家为争取艺术感染力空间，曾大胆提出反对“主题先行”、摒弃“公式化、概念化及标语口号式”的创作。不解的是，时隔50多年之后，一些膜拜好莱坞大片制作的精英们，只顾推崇其高超奇妙的摄制技巧与华丽包装，却看不见人家具有深度的思想内藏。而我们的创作引导者们，摄于电影产业市场化与投资艰难的困扰，一度放松以美学理论引导来校正电影创作轨道，致使一些创作者们盲目行进而重蹈覆辙。

在我们今天讨论电影美学引领地位的时刻，还有一个议题值得关注，那就是应该怎样正确地吸收借鉴世界有益的文化成果？其间固然有许多发声有待专家评判，但就美国好莱坞影片对我们的影响而言，不可谓不存在某种认知偏误和解读肤浅。认真说，好莱坞一些作品好看，不仅在于它类型片多，善造奇观，明星耀眼，有宏大场面。如果把目光投向他们的严肃题材，可以清晰发现，不论其对社会问题的哲理解析，对公众人物复杂性格的雕刻，往往都具有集情节、悬念、抒情、乃至惊险于一体的多元看点。远的影片像《公民凯恩》《巴顿将军》，早已被公认为电影经典。而近期在奥斯卡颁奖台上，组委会没有把小金人送给奇观制作宏魄及票房风靡全球的《阿凡达》，却令人意外地颁给了以深刻反战主题征服人心且投资有限的《拆弹部队》，西方大腕评委们对当代电影艺术的优选标准，难道不值得中国赶时髦的电影人深省吗？

（原载《电影文学》2011年第1期）

图书在版编目（CIP）数据

在长影拍片解密：我的电影创作回顾／华克著．—
北京：中国电影出版社，2015.5
（中国电影艺术家传记丛书）
ISBN 978－7－106－04155－7

Ⅰ.①在…　Ⅱ.①华…　Ⅲ.①华克—传记
Ⅳ.①K825.78

中国版本图书馆 CIP 数据核字（2015）第 101959 号

在长影拍片解密：我的电影创作回顾

华克　著

出版发行　中国电影出版社（北京北三环东路 22 号）邮编 100029
电话：64296664（总编室）　64216278（发行部）
64296742（读者服务部）　Email：cfpygb@126.com

经　　销　新华书店

印　　刷　中国电影出版社印刷厂

版　　次　2015 年 8 月第 1 版　2015 年 8 月北京第 1 次印刷

规　　格　开本/787×1000 毫米　1/16
印张/17.5　插页/6　字数/270 千字

书　　号　ISBN 978－7－106－04155－7/K·0179

定　　价　58.00 元